SOCIÉTÉ UNIVERSELLE DU THÉÂTRE

Premier Congrès International du Théâtre

XX - XXVI JUIN MCMXXVII

à PARIS

Dans les locaux de l'Institut International de Coopération Intellectuelle (S. D. N.)
2, rue Montpensier, 2

1

SOMMAIRE

SOCIÉTÉ UNIVERSELLE DU THÉATRE

PREMIER CONGRÈS INTERNATIONAL DU THÉATRE

Le 30 juin 1927, à 10 heures, s'est ouvert à l'Institut International de Coopération Intellectuelle (S. D. N.), 2, rue Montpensier, à Paris, le premier Congrès International du Théâtre, organisé par l'Union Française de la Société Universelle du Théâtre.

Le Comité d'organisation était composé comme suit :

Président : M. FIRMIN GEMIER, président de l'Union Française du Théâtre ;

Commissaire général : M. ARQUILLIERE ;

Secrétaires généraux : M. PAUL GSELL et M. ANDRE MAUPREY, secrétaires généraux de l'Union Française.

Secrétaire : M. CHAVANCE ;

Trésorier : M. HENRI CLERC.

Au bureau prirent place M. FIRMIN GEMIER, M. ANDRE RIVOIRE, président d'honneur de la Société des auteurs et compositeurs dramatiques, M. GUSTAV RICKELT, président de la Fédération Internationale des artistes dramatiques et lyriques, et M. WEISS, représentant M. LUCHAIRE, directeur de l'Institut International de Coopération Intellectuelle.

M. FIRMIN GEMIER déclara ouvert le premier Congrès International du Théâtre et prononça le discours inaugural.

DISCOURS INAUGURAL PRONONCÉ PAR M. FIRMIN GÉMIER

Mesdames,
Messieurs,

C'est un très grand honneur pour nous de vous accueillir ici, dans la maison qui porte le beau titre d'Institut International de Coopération Intellectuelle et d'ouvrir, sous les auspices de la Société des Nations, le premier Congrès International de la Société Universelle du Théâtre.

L'Union Française est infiniment fière de recevoir à Paris une élite appartenant aux divers pays où l'art dramatique et lyrique est le plus florissant.

Je salue les représentants des Etats qui font officiellement partie de notre Société Universelle et de ceux qui témoignent le désir d'y prendre place.

J'adresse la plus cordiale bienvenue aux personnalités auprès de qui je trouvai une hospitalité si fraternelle, quand je me rendis dans leur patrie, en pèlerin de nos idées, et qui voulurent bien me témoigner qu'elles s'associaient ardemment à nos espérances.

Leur présence me rappelle de nombreux voyages où je m'efforçai de répandre la bonne parole et où le bonheur de me sentir en communion avec les esprits les plus généreux de nos corporations allégea pour moi les fatigues inévitables de trop rapides déplacements.

Je revois Londres et la majestueuse Tamise sous ses brumes d'argent. Je revois Berlin, la cité si bien ordonnée, si bien entretenue, où fut créée, il y a un an, la Fédération internationale des acteurs. Je revois Vienne, capitale de la musique; Budapest si animée, si joyeuse; Prague, la ville étagée, la cité pittoresque et la fête des Sokols ; Varsovie, songeuse et jalouse de ses anciens souvenirs ; Rome, cité de l'Avenir comme elle est celle du Passé. (*Applaudissements.*)

Et de nombreux visages me rappellent qu'à mon grand regret j'ai dû brûler des étapes. Des regards me signifient qu'il y a encore bien d'autres stations, où les messagers de la Société Universelle devront se rendre pour dire les mots d'entente et d'harmonie.

En vérité, ce premier rendez-vous où sont accourus tant

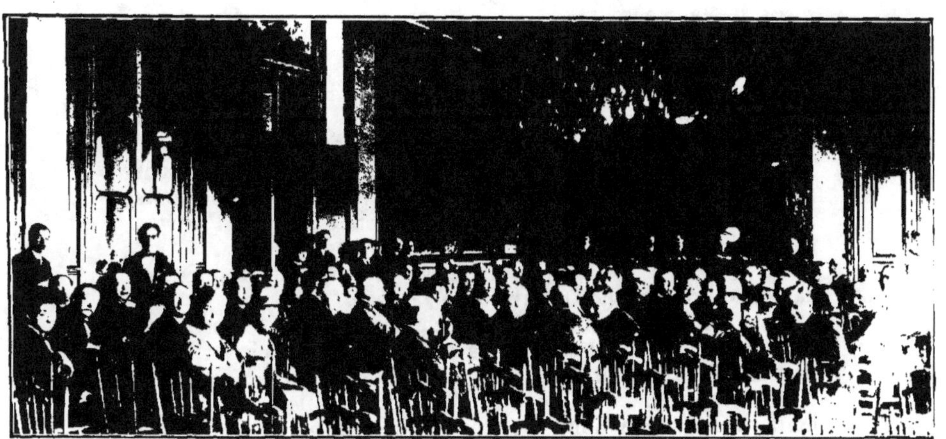

SÉANCE D'OUVERTURE DU CONGRÈS

de fervents du théâtre est déjà une précieuse récompense de nos efforts. Nos vœux commencent à se réaliser. Dans cette salle se rencontrent des délégués de nombreux pays. Voilà l'image de l'union qui, grâce à la Société Universelle du Théâtre, doit régner entre tous ceux qui se consacrent à tous les arts du théâtre sur toute la terre. (*Vifs applaudissements.*)

Vous rappellerai-je ce qu'est, et ce que souhaite d'être, notre Société ?

Nous voulons qu'elle soit un lien puissant entre les hommes qui, partout, vivent du théâtre et par le théâtre.

Nous voulons d'abord qu'elle groupe, dans chaque nation, toutes les professions qui gravitent autour de l'art dramatique et lyrique : auteurs, compositeurs, interprètes, critiques, techniciens de la scène.

Le théâtre, par sa nature même, nous dicte cette coopération.

Le théâtre n'est pas l'œuvre d'hommes isolés. C'est le travail commun de beaucoup d'intelligences, de beaucoup de bonnes volontés de toutes sortes. C'est la gerbe diaprée de tous les arts, poésie, couleur, musique, danse. C'est le rapprochement des artistes et du public. C'est aussi la fusion de toutes les catégories sociales, depuis le philosophe jusqu'à l'artisan, depuis le chef d'Etat jusqu'au citoyen le plus humble.

Le théâtre, c'est le symbole, c'est l'exemple de l'union, de la sociabilité, de la fraternité. (*Très bien!*)

Pour qu'il prospère, il faut rechercher toutes les occasions de fortifier la collaboration de ceux qui y participent. L'art dramatique ne sera vigoureux que si tous les officiants du Théâtre apprennent à se bien connaître, veillent ensemble à leurs intérêts communs, se voient sans cesse pour produire ensemble des œuvres solides, se mettent constamment en rapport avec les législateurs mandataires du pays, se tiennent en contact étroit avec l'opinion publique, réalisent enfin, pour la gloire de l'art dramatique, voix de toutes les aspirations sociales, cette unanimité sans laquelle il n'y a pas d'œuvre vraiment grande. (*Approbation unanime.*)

Voilà ce que nous voulons dans chaque pays: une union de toutes les corporations théâtrales, sous la bienveillante sympathie du public.

Et nous voulons, d'autre part, que toutes les unions de tous les pays se fédéralisent.

Les peuples ne peuvent plus vivre à part les uns des autres. Ce n'est plus admissible. Les communications entre eux se font de jour en jour plus nombreuses, plus rapides, l'échange des nouvelles, des renseignements de toutes sortes est, pour ainsi dire, instantané, au-dessus de toutes les frontières. Ces conditions de l'existence moderne nous ordonnent de nous entendre. Le progrès ne peut plus s'accomplir dans les limites d'un territoire national. Il faut désormais que chaque peuple contribue à la prospérité de tous les autres. Il faut que chacun d'eux profite des améliorations réalisées hors de chez lui. Il est clair que les nations civilisées ne devraient plus être que les provinces d'une même patrie. (*Très bien !*)

A travers l'Europe, l'Afrique, l'Amérique, l'Asie, l'idée vole sans trève, beaucoup plus prompte que l'aile de l'avion le plus rapide. Elle féconde toutes les âmes, elle boucle sans cesse la terre qui devient si petite et où il ne devrait plus y avoir de place pour les malentendus ni pour les haines.

Quels avantages doit apporter à l'art dramatique la transmission des idées entre tous les pays ! Quel profit les hommes trouveront à échanger plus facilement les œuvres de l'esprit ! Quel bénéfice ils tireront à se communiquer sans cesse, de peuple à peuple, les ouvrages dramatiques et lyriques où s'expriment le plus clairement, le plus hautement, les pensées et les sentiments de chaque race !

Nous ne demandons pas que les traditions nationales se mélangent et se neutralisent dans une seule inspiration mondiale qui serait monotone. Au contraire, nous souhaitons fortement que l'âme de chaque peuple se conserve vigoureuse dans sa production dramatique. Mais nous désirons, comme vous tous, que tous les pays s'offrent les uns aux autres les fruits de leur savoir et de leur cœur.

Nous désirons tous que l'art dramatique et musical se vivifie, se régénère par les offrandes que lui tendront à la fois toutes les mains humaines.

Nous venons d'ouvrir notre premier Festival International d'Art dramatique et lyrique.

Ce ne fut pas sans peine, je le dis comme je le pense.

Pour accomplir cette œuvre d'altruisme, cette œuvre de collaboration, l'Union Française a rencontré bien des difficultés que lui a suscitées l'égoïsme. Car l'égoïsme veille toujours chez les individus et chez les peuples. Les efforts pour réconcilier, pour unir, l'inquiètent et se heurtent à son hostilité.

Mais pourquoi évoquer ce passé récent ? Il n'en est déjà plus question. Des sympathies nombreuses et chaleureuses nous ont dédommagés. Le Gouvernement français et le corps diplomatique ont, avec empressement, patronné notre initiative.

Le festival a été inauguré et s'est poursuivi avec un brillant succès.

Et déjà, les plus utiles leçons s'en dégagent.

Un petit pays, le Danemark, peut nous servir de modèle par la passion, par la foi qu'il témoigne pour l'art du théâtre. Le triomphe du Théâtre Royal de Copenhague nous apprend ce que peuvent ensemble la conscience artistique, le travail opiniâtre et la faveur éclairée d'une opinion publique très intelligente et très instruite. (*Applaudissements.*)

Un autre petit peuple, la Hollande, nous donne un enseignement analogue et je suis heureux de voir que les petites nations sont capables de guider les grandes : cela prouve qu'il faut juger les peuples par leurs qualités plus encore que par la quantité de leurs habitants. Une seule chose compte : la culture. (*Bravo! bravo!*)

Succédant au grand comédien danois Johannès Poulsen, un autre grand artiste le tragédien Louis de Vriès a développé devant nos yeux des visions dont la puissance pathétique rappelait le clair obscur des eaux fortes de Rembrandt.

Je ne veux pas réciter un palmarès, quoique tous ceux qui se sont rendus avenue Montaigne aient bien mérité de l'art dramatique. Mais je signale encore la soirée où le grand compositeur russe Igor Stravinsky ouvrit des perspectives si larges en révélant les infinies possibilités que la mécanique, dans l'éxécution musicale, peut ajouter aux aptitudes physiques de l'homme.

Je salue la jeune troupe britannique, les Venturers, où brillèrent des comédiens sincères comme Miss Gwen Ffrangcon Davies et M. Colin Keith-Johnston, qui, aidés de leurs camarades, guidés par leur metteur en scène, M. Filmer, donnèrent une interprétation originale et parfaite des *Ratés*, la pièce de M. Lenormand.

Et je veux rendre hommage à la grande actrice anglaise, Miss Sybil Thorndike, qui commence ce soir même ses représentations de *Sainte Jeanne*. Elle ne pouvait assurément placer sous une plus noble invocation que celle de notre sainte lorraine des soirées où doivent battre ensemble les cœurs réconciliés de l'Angleterre et de la France. (*Très bien!*)

Le succès de ce Festival aura sans doute pour effet de rendre cette institution périodique. Ce beau tournoi pacifique se renouvellera à Paris ou ailleurs, partout où il se trouvera des énergies inspirées par le bien général. Le courant, maintenant, suivra sa pente.

Quant à notre Congrès, vous voyez d'après l'ordre du jour ce qu'il peut et ce qu'il doit être. Vous en comprenez toute la portée. Les questions y sont envisagées sous un angle nouveau ; elles ne sont pas étudiées par une seule corporation, mais par plusieurs à la fois et c'est ce rapprochement qui peut être extrêmement profitable. Dans les sciences, l'échange des points de vue amène souvent d'importantes découvertes. Ici, je l'espère, l'originalité si rationnelle de notre méthode ne manquera pas d'être féconde.

Je n'ai point l'intention d'aborder les problèmes que vous allez traiter.

Permettez-nous, cependant, d'en mentionner deux qui me paraissent requérir tout votre intérêt : la fondation, dans chaque capitale, d'une *Maison du Théâtre* et d'un *Théâtre International*.

Oui, nous souhaitons vivement que dans chaque capitale soit créée une Maison du Théâtre, où les membres de toutes nos corporations pourront se retrouver, s'aider, travailler ensemble, discuter leurs intérêts communs.

Nous voudrions que cette Maison du Théâtre fût le logis de l'entr'aide, que tous les professionnels de l'art dramatique et lyrique y entretinssent des relations amicales, que des conseils y fussent donnés à ceux qui en ont besoin, des recommandations à ceux qui les méritent.

Nous voudrions que les écrivains, les artistes, les techniciens du monde entier y fussent reçus et qu'on y mît à leur disposition tous les renseignements possibles sur les théâtres de la ville et du pays. En un mot, nous voudrions que cette maison du théâtre fût, dans chaque nation, un foyer de civilisation humaine. *(Vifs applaudissements.)*

A vous de dire ce que vous en pensez.

Et nous ne vous cachons pas que nous formons aussi des vœux passionnés pour l'institution d'un Théâtre International dans toutes les capitales. Cela encore serait la consécration de nos idées. Sur cette scène défileraient au cours de l'année des traductions des meilleures œuvres dues au génie de toutes les races. Et de cette façon, chaque peuple serait initié à toutes les formes de la pensée.

Ce théâtre serait comme un domaine exterritorial où chaque peuple déléguerait comme ambassadeurs spirituels ses plus illustres littérateurs ainsi que ses meilleures troupes.

Organiser notre grande famille dramatique interprofessionnelle et internationale pour le bien de toute la Société contemporaine, tel est en résumé, le but de notre Société Universelle.

Organiser, voilà quel devrait être le mot d'ordre de tous les hommes d'aujourd'hui. On commence à le comprendre.

Assez d'égoïsme, assez de particularisme ! Assez de nationalisme étroit ! Cela n'a produit jusqu'à présent que l'éparpillement des efforts, la confusion, la haine, le massacre. Il est temps que de toutes parts les hommes s'organisent, s'entendent, travaillent ensemble. Et c'est la *Pensée* qui doit imposer partout ce commandement. Or, l'expression la plus brillante, la plus pleine, la plus sociale de la Pensée, c'est incontestablement le Théâtre. Le Théâtre doit devenir une des grandes forces organisatrices du monde ! Faisons-le servir au triomphe des idées de paix et de concorde ! Hélas ! murmurent des sceptiques attristés, il y a longtemps que ces idées-là courent le monde et toujours, après un moment de vogue, elles ont été étouffées. Toujours le matérialisme haineux a vaincu l'esprit. Le prétendu progrès est semblable au rocher de Sysiphe : c'est une pierre que l'on pousse sur une pente abrupte et qui retombe aussitôt qu'on l'a poussée.

Eh ! bien, quand même, il faut pousser notre pierre. Peut-être un jour prochain, parviendons-nous à la maintenir sur le sommet, peut-être réussirons-nous à y pousser tous les matériaux qui permettront d'élever la cathédale nouvelle.

Quand nos ancêtres du xviiie siècle eurent achevé sur la hauteur de Laon le splendide sanctuaire qu'on y admire encore, ils voulurent associer à l'honneur de l'avoir construit les bœufs qui avaient durement peiné pour tirer jusque sur le plateau les lourdes pierres de taille. Et entre les colonnes des tours, ils dressèrent des images de ces robustes animaux.

La gloire que les hommes du Moyen-Age décernèrent à leurs compagnons de labeur, c'est celle que nous ambitionnons, nous autres pionniers obstinés de l'avenir. Nous n'aurons peut-être pas élevé l'édifice ; mais la postérité nous saura gré d'avoir poussé les pierres qui serviront à le bâtir. *(Applaudissements répétés.)*

Après cette séance d'ouverture, les congressistes se rendirent à l'Hôtel de Ville, où une réception avait été organisée en leur honneur.

RÉCEPTION DES MEMBRES DU CONGRÈS INTERNATIONAL DU THÉATRE A L'HOTEL DE VILLE DE PARIS

La Municipalité a reçu à l'Hôtel de Ville, le 20 juin 1927, à 11 h. du matin, les membres du Congrès International du Théâtre.

Les honneurs de la réception qui a eu lieu dans le Salon des Lettres, des Arts et des Sciences, ont été faits par M. Pierre Godin, président du Conseil municipal ; M. Darras, directeur des Beaux-Arts de la

Ville de Paris, représentant M. Paul Bouju, préfet de la Seine ; M. Aucoc, syndic du Conseil municipal ; M. Froment-Meurice, président du Comité du Budget ; M. Léon Riotor, membre de la Commission des Beaux-Arts; de nombreux Conseillers municipaux et généraux, et M. Weiss, directeur du Cabinet du Président du Conseil municipal.

Les congressistes avaient à leur tête M. Firmin Gémier, directeur du Théâtre National de l'Odéon, président de la Société Universelle du Théâtre, assisté de MM. Arquillière, commissare général du Congrès, Paul Gsell et André Mauprey,secrétaire généraux de l'Union Française du Théâtre.

Les auteurs et compositeurs français étaient représentés par MM. André Rivoire, président de la Fédération Internationale des Auteurs ; Henri Hirchmann, vice-président de la Société des Auteurs ; Gustave Charpentier de l'Institut ; Lenormand, membre de la Commission des Auteurs; Paul Ginisty, président de l'Association de la Critique ; Tarride et Pizani, représentants de l'Union des Artistes. Parmi les Congressistes étrangers : Ashley Dukes (Angleterre) ; Rickelt, président de la Fédération internationale des Artistes dramatiques; Paulo de Magalhaès (Brésil); Hansing (Allemagne); Baumbach (Allemagne); Wertheimer et Stella (Hongrie); Louis de Vriès (Hollande); Vocos (Grèce); Silvio d'Amicio (Italie); Mme Valsamacki (Grèce); Médgyès (Hongrie); Liberts (Lettonie); M. et Mme Stoïcheff (Bulgarie); Stark (Roumanie); Werner Sinn (Autriche); Iconnicoff (Russie).

M. Pierre Godin, président du Conseil municipal prononça le discours suivant :

DISCOURS DE M. PIERRE GODIN
Président du Conseil Municipal

.. Messieurs

La Ville de Paris dont le cœur battit toujours pour toutes les nobles initiatives et pour toutes les causes généreuses est particulièrement heureuse et honorée d'avoir été choisie pour siège du premier Congrès de la Société Universelle du Théâtre et elle se réjouit de pouvoir en vous accueillant

dans sa maison commune vous témoigner sa fervente sympathie pour l'idée si juste et si féconde qui a présidé à votre
réunion pour le puissant faisceau de forces spirituelles et
morales que vous avez su lier, pour les âmes nationales si
riches et si diverses dont vous êtes les représentants qualifiés
et les éloquents interprètes.

Je ne voudrais pas risquer de froisser la modestie de
l'homme de grand esprit et de grand cœur qui a été le promoteur de votre mouvement et qui s'y est consacré tout entier
avec une ardeur passionnée exempte de tout amour-propre
d'auteur et de toute ambition personnelle. Je suis sûr cependant de traduire vos sentiments unanimes, si je dis que c'est
précisément grâce à ce haut désintéressement et à cette flamme
apostolique que Firmin Gémier a pu, en si peu de temps,
grouper autour du beau dessein qu'il avait conçu tant de
bonnes volontés, tant de compétences, tant de talents, tant
de dévouement. (*Applaudissements.*)

Firmin Gémier, Messieurs est une de ces âmes qui honorent
grandement leur profession, leur art, leur pays ; je me fais
une joie en même temps qu'un devoir de lui rendre publiquement cet hommage. (*Bravo !*)

Mais je tiens à louer et à remercier non moins vivement,
au nom de Paris, les associations et les hommes qui, de tant
de pays, ont répondu à son appel avec un enthousiasme si
spontané et si sincère, où le sentiment de la solidarité corpo-
rative s'est tout de suite élargi en inspiration vers la fraternité
universelle. (*Très bien !*)

Grouper dans chaque pays en un organisme unique tous les
participants de l'œuvre théâtrale : auteurs, acteurs, metteurs
en scène, musiciens, danseurs, décorateurs, architectes, techniciens de la machinerie et de la lumière, sans oublier les
directeurs et les critiques, leur apprendre à se connaître et
les accoutumer à collaborer, et développer ainsi entre eux ce
véritable esprit corporatif qui fit jadis des miracles et qui,
sous des formes renouvelées, est prêt à en faire encore, telle
a été la première étape de votre activité bienfaisante.

Puis, une fois ces Sociétés Nationales fondées, vous vous
êtes préoccupés d'établir entre elles des relations suivies,
afin qu'elles puissent se tenir au courant des progrès des unes,
des autres, se contrôler, se comparer mutuellement, en vue
d'une plus haute perfection concerter éventuellement leur
action contre l'iniquité ou au service d'une juste cause. C'est
alors que vous vous êtes rendu pleinement compte des vastes
et lumineuses perspectives qui s'ouvraient à vos ambitions.

Vous vous êtes dit que le théâtre, synthèse de tous les
arts, qui se rejoignent en lui pour répondre aux besoins de
joie et d'idéal des hommes assemblés, était l'art d'union par
excellence. (*Applaudissements répétés.*)

Vous vous êtes rappelé que les dieux que vous servez : Shakespeare ou Calderon, Molière ou Gœthe, Mozart, Beethoven ou Berlioz, plus encore que la nation qui les a vus naître, appartiennent à l'humanité tout entière et sur toutes les terres et sous tous les cieux, ont l'incomparable privilège de communiquer aux foules l'universel frisson de la beauté. Vous avez songé, pour tout dire, qu'il y avait comme une harmonie préétablie entre l'esprit de votre art et l'ardent désir de paix et de concorde, dont tous les peuples sont aujourd'hui possédés, et qui a trouvé dans la Société des Nations sa première réalisation historique, et vous vous êtes proposé de travailler dans votre âme à la formation de cette conscience universelle qui seule pourra rendre la Société des Nations viable et féconde.

Ainsi, non contents de tendre à l'amélioration du sort des travailleurs du théâtre et au perfectionnement de l'art du théâtre lui-même, vous entendez, renouant par-dessus les siècles la tradition antique, faire de cet art l'instrument de choix de l'éducation des masses, et, anticipant l'avenir, vous en servir comme d'un puissant moyen de propagande en faveur de l'esprit de paix et de fraternité. (*Assentiment unanime.*)

Messieurs, sous tous les aspects de votre action : professionnel, esthétique, national, international, nos sympathies vous sont acquises nos vœux vous accompagnent. Paris vous félicite et vous encourage de toute sa pensée et de tout son cœur. (*Applaudissements prolongés.*)

M. Darras, directeur des Beaux-Arts, en quelques mots, a présenté les excuses de M. Paul Bouju, préfet de la Seine, empêché au dernier moment d'assister à la réception et a associé l'administration aux paroles de bienvenue de M. le président du Conseil municipal.

Puis, M. Firmin Gémier a pris la parole en ces termes :

RÉPONSE DE M. FIRMIN GÉMIER

Monsieur le Président du Conseil Municipal,
Mesdames,
Messieurs,

Je veux d'abord vous remercier de l'accueil si courtois et si cordial que vous voulez bien réserver dans ce palais auréolé de tant de souvenirs aux représentants de la Société Universelle du Théâtre.

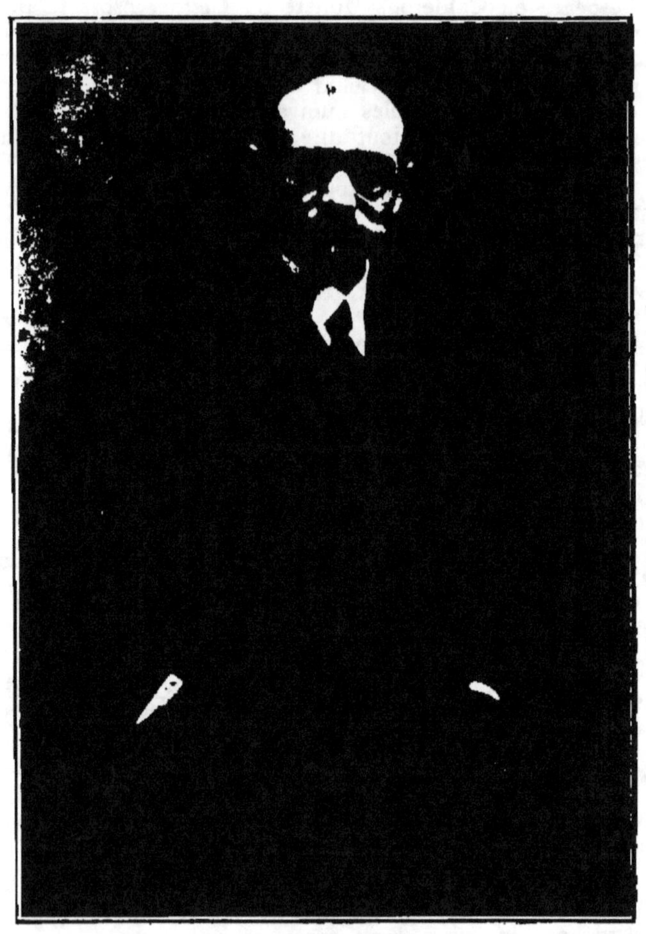

M. PIERRE GODIN

Président du Conseil Municipal de Paris

Vous maintenez ainsi fièrement les traditions de Paris. Car toujours notre rayonnante cité a témoigné sa passion pour le bel art dramatique.

C'est là que devait naître Molière. C'est là que les yeux du spirituel Beaumarchais devaient s'ouvrir à la clarté du jour.

Le peuple de Paris, c'est l'éternel acteur qui tantôt joue la comédie et le vaudeville, tantôt vit les plus pathétiques tragédies de l'histoire. Et c'est aussi le public le plus ardent, le plus pénétrant, le plus fin, celui qui pour nous autres comédiens est le meilleur juge et nous paye le mieux de nos efforts. (*Applaudissements.*)

Ce peuple, Messieurs, vous le représentez dignement. Comme lui, vous aimez le théâtre. Vous nous le prouvez sans cesse. Votre quatrième commission suit avec un intérêt passionné l'évolution de notre art. Vous savez que le théâtre est la plus sociale, la plus fraternelle des hautes manifestations de l'esprit. Vous savez qu'il est votre meilleur auxiliaire pour éclairer, pour instruire, pour guider la société.

Une autre tradition que vous ne laisserez jamais se perdre, c'est celle de la bienveillante hospitalité. Les mains tendues, voilà le geste qui symbolise le mieux votre affabilité et la bonne grâce de Paris. C'est l'orgueil séculaire de notre ville de recevoir avec empressement ceux qui lui font l'honneur de venir à elle.

Et ce n'est pas seulement aux personnes que Paris offre ses sourires, c'est aussi, c'est surtout aux idées neuves, aux pensées généreuses qui affluent vers lui de tous les points du monde.

Voilà pourquoi le étrangers se sentent chez eux dans nos murs. Voilà pourquoi ils considèrent Paris comme la capitale d'une grande patrie d'élégance, d'harmonie, de rêve, où toutes les intelligences élevées et toutes les âmes délicates ont droit de cité. (*Applaudissements.*)

Ce sont eux qui, en ce moment, assurent le brillant succès de notre Festival International d'art dramatique et lyrique. Chaque jour nous sommes émerveillés des spectacles nouveaux que tant de nations nous apportent. Chaque jour nous avons l'occasion d'acclamer des talents dont nous avions certes entendu parler, mais que nous ne connaissions pas encore. Et nous applaudissons de grands artistes dont l'exemple nous sera utile. Nous trouvons de nouvelles raisons d'aimer les peuples dont ils personnifient le goût et les sentiments.

Ce sont les étrangers aussi qui vont donner à notre Congrès tout son éclat, toute sa portée.

Ce Congrès, Messieurs, vous savez ce qu'il doit être. Toutes les professions du théâtre de bien des pays s'y rencontrent pour la première fois. Car le programme de·notre Société Universelle, c'est précisément de grouper toutes les corporations qui se consacrent au théâtre. Nous avons pensé que ceux qui collaborent à un art aussi complexe, aussi multiforme devaient se grouper, se connaître pour s'entendre, pour défendre ensemble leurs intérêts matériels et pour concerter leurs tendances esthétiques.

Il y a des associations nationales d'auteurs, des associations de comédiens, des associations de critiques. Ces corps de métier se sont même fédéralisés internationalement.

Mais, il n'y avait pas encore de groupement réunissant ensemble auteurs, interprètes, critiques, techniciens de la scène. Il n'y avait pas encore de Fédération Internationale embrassant toutes ces professions.

Et voilà quelle a été notre œuvre (*Vifs applaudissements.*)

Ce qui va faire la nouveauté de notre Congrès et ce qui va le rendre efficace, c'est que les questions vont y être envisagées pour la première fois par tous ceux qu'elles intéressent simultanément.

C'est aussi, je l'espère, que toutes les personnes qui y participent vont prendre une conscience nette de l'énorme pouvoir spirituel que représentent toutes les forces consacrées au théâtre dans le monde. Elles mesureront mieux dès lors l'action bienfaisante qu'elles peuvent exercer dans tous les pays en y favorisant les meilleures aspirations de notre époque.

Que nos hôtes étrangers reçoivent donc l'hommage de notre reconnaissance pour avoir répondu si promptement à notre appel. La vaste idée qui nous assemble nous réunira sans doute dans d'autres capitales. Mais nos invités auront donné à Paris cette gloire d'avoir, selon sa coutume, été le premier foyer d'une pensée utile à tous. (*Applaudissements prolongés.*)

Après ces discours les congressistes ont été invités à apposer leur signature sur le Livre d'Or de la Ville de Paris. Ils ont ensuite visité les salons de l'Hôtel de Ville.

Lundi 20 Juin

SALLE A : à 14 heures

Séance de la Section
des Auteurs Dramatiques

ORDRE DU JOUR

Etablissement de relations régulières de pays à pays entre les Sections d'auteurs de la S. U. D. T.

Collaboration des Sections d'auteurs à un périodique qui sera publié par la S. U. D. T. et qui donnera un aperçu de l'état du Théâtre chez les nations adhérant à cette Société.

Traductions. Adaptations.

Liste des ouvrages à recommander à l'étranger.

La réunion des auteurs dramatiques avait été préparée quelques jours auparavant par une séance de la première Section française à laquelle assistaient :

MM. TRISTAN BERNARD, président; J.-J. Bernard, secrétaire ; Lucien Besnard, Denys Amiel, H.-R. Lenormand, Gabriel Marcel, André Rivoire, Charles Vildrac, Bernard Zimmer.

Les auteurs français s'étaient mis facilement d'accord sur le programme de travail à soumettre à leurs collègues étrangers.

La réunion du 20 juin fut empreinte de la plus grande cordialité. Huit nations étaient représentées : l'Allemagne par les auteurs dramatiques Hasenclever et Léonhard ; l'Angleterre et les Etas-Unis par M. Ashley Dukes, représentant la Société des auteurs de Londres et la British Drama League; le Brésil, par M. Paulo de Magalhaès; la France, par MM. Tristan Bernard, Denys Amiel, J.-J. Bernard, Gabriel Marcel, Maurice Pottecher, Paul Blanchart, Henri Clerc, Alfred Mortier, Lucien Besnard; la Grèce par MM. Armont et Vocos; l'Italie, par M. Palermi; la Roumanie, par MM. Stark et Stefanesco.

Ajoutons que M. Silvio d'Amico, le critique de la *Tribuna*, de Rome, empêché de venir à cette réunion, fut mis au courant des travaux des auteurs dramatiques et put assister aux réunions ultérieures du Congrès.

Le Secrétaire de la Section documenta également par la suite le marquis de la Torre, représentant la Société des Auteurs espagnols, M. Dimovitch, délégué de la Yougoslavie, ainsi qu'un grand nombre de délégués des autres Sections qui n'avaient pu assister à cette réunion.

La séance fut ouverte par M. H.-R. Lenormand qui souhaita la bienvenue aux congressistes. M. J.-J. Bernard, secrétaire de la Section, exposa les travaux et les projets des auteurs français dont les vœux ont été publiés dans le numéro 3 des *Cahiers du Théâtre*.

M. Denys Amiel, secrétaire général de la Fédération Internationale des Sociétés d'auteurs, rendit compte en détail des travaux du Congrès de Rome et donna lecture de tous les vœux qui y furent unanimement votés en insistant particulièrement sur ceux qui pourraient venir en discussion au cours des séances du Congrès de la S. U. D. T.

Les congressistes entendirent un exposé de M. Vocos, délégué de la Grèce, sur le rôle moral que pourrait jouer actuellement le théâtre grec ancien et l'utilité qu'il pourrait y avoir d'une collaboration entre les metteurs en scène et les archéologues.

RAPPORT DE M. VOCOS

Je ne sais, si au paragraphe des travaux de notre Congrès : *Traductions et adaptations*, il convient de parler du théâtre grec ancien. Je crois pourtant qu'au point de vue, pour ainsi dire moral de notre Congrès, une telle question doit être mentionnée.

Le théâtre grec ancien intéresse, en effet, l'humanité, dans sa haute et éternelle psychologie, dans tous ses intérêts vitaux, parce que la civilisation grecque ancienne n'est en somme que le véritable commencement de la civilisation moderne.

Nul n'ignore que l'incomparable Homère dans l'*Iliade* et l'*Odyssée* décrit toute l'existence humaine de son temps au point de vue de la psychologie des personnages, de la forme des gouvernements, de l'organisation des Etats même au point de vue du droit des gens, auquel surtout s'intéresse la Société des Nations. Or, les grands auteurs dramatiques de l'époque de Périclès, Eschyle, Sophocle et Euripide, s'inspirèrent d'Homère. Chose extraordinaire, Socrate lui-même, si souvent en contradiction avec les idées

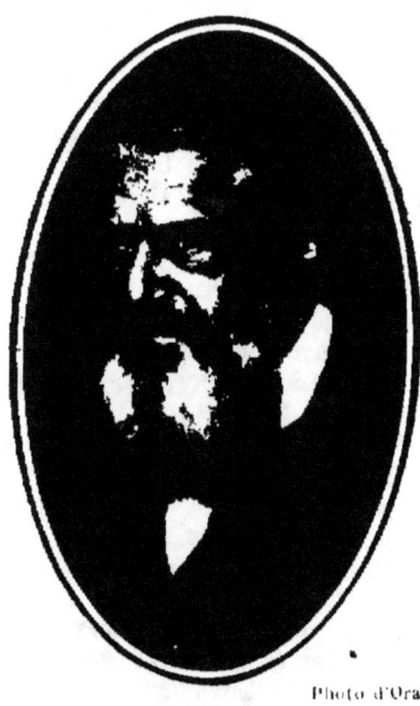

M. TRISTAN BERNARD

Président de la Section Française des Auteurs Dramatiques
de la S. U. D. T.

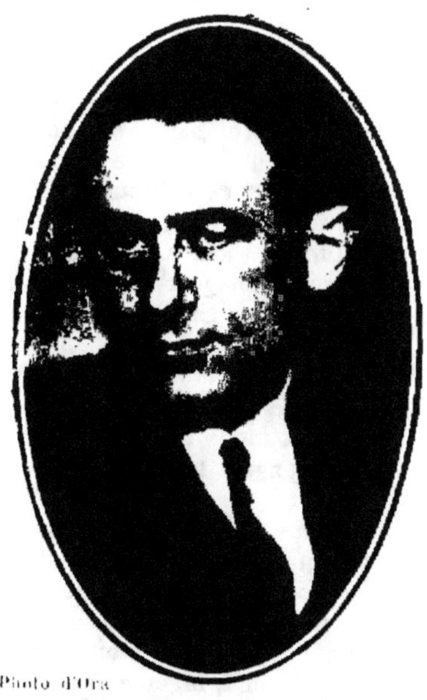

M. JEAN-JACQUES BERNARD

Secrétaire de la Section Française des Auteurs Dramatiques
de la S. U. D. T.

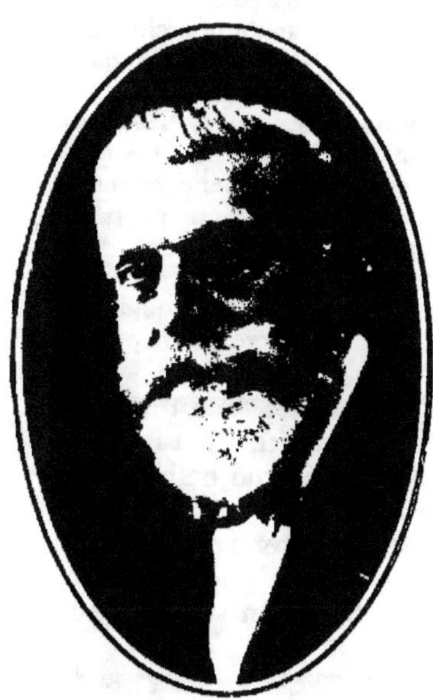

M. PAUL VIDAL

Président de la Section Française des Compositeurs de Musique de la S. U. D. T.

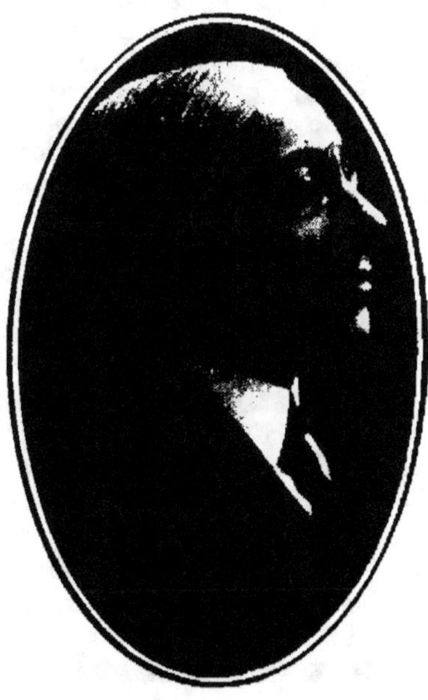

M. HENRI HIRCHMANN

Vice-Président de la Section
Française des Compositeurs de
Musique de la S. U. D. T.

de ses contemporains, Socrate qui fut attaqué au théâtre avec mauvaise foi par Aristophane et qui fut aussi caricaturé dans la décoration du théâtre de Bacchus, où on le voit sous les traits de Silène, ne cessa pourtant de s'exprimer avec admiration au sujet de nos grands auteurs dramatiques.

Un tel théâtre ne mourra jamais. L'homme moderne y voit une première image de sa raison et de sa sensibilité. Souvent, dans les tragédies de Shakespeare et même dans quelques-unes de Gœthe, nous constatons chez leurs personnages une mentalité toute différente de la nôtre. Nos grands tragiques, au contraire, peignent l'homme éternel.

Je voudrais donc que dans la liste des ouvrages à recommander à l'étranger, le théâtre grec ancien figurât avec son riche répertoire.

Nous avons d'ailleurs la conviction que la plus noble ambition des grands acteurs est d'interpréter de tels rôles. Nous savons que les poètes dramatiques les plus inspirés, depuis Corneille, Racine, jusqu'à Jean Moréas, se sont inspirés du théâtre hellénique. Lorsque Jean Moréas était encore parmi nous, j'ai vu à Athènes, au Stade son *Iphigénie* représentée par M. et Mme Silvain.

Et laissez-moi ouvrir une parenthèse. Il serait très désirable que la *Société Universelle du Théâtre* réclamât pour la mise en scène des tragédies grecques la collaboration des archéologues, car bien des erreurs se commettent à ce sujet.

J'ai vu Mounet-Sully dans *Œdipe roi*, au Théâtre Royal d'Athènes, et certes, il était à la hauteur de son rôle. Malheureusement, la mise en scène gâtait par son inexactitude archéologique l'esthétique de la pièce. Mais ce sont là des détails que des autres, plus compétents que moi, pourraient juger.

Ce que je souhaite, moi, comme Hellène, c'est que la *Société Universelle du Théâtre* donne à l'humanité un vrai théâtre qui ne soit pas seulement un spectacle, une fiction artificielle ou une impression passagère, mais un art dramatique qui visera au perfectionnement de la conscience humaine.

Et si la Société des Nations a pour idéal de faire cesser les guerres, notre théâtre grec, qui offre sans cesse le tableau tragique des catastrophes provoquées par la guerre, est encore un des plus généreux enseignements pour l'humanité d'aujourd'hui.

On a pu se rendre compte par la lecture du rapport de M. Vocos, de la part active que le délégué hellénique a prise aux travaux du Congrès.

Nous avons eu le grand regret d'apprendre la mort de M. Vocos. C'est une très grande perte que viennent d'éprouver le théâtre grec et la Société Universelle du Théâtre.

M. de Magalhaes, délégué du Brésil, fit un exposé sur la Maison des Artistes de Rio-de-Janeiro, qui est un véritable asile international pour tous les gens de théâtre et qui pourra servir de modèle à des organisations similaires dans les autres pays.

L'exposé détaillé de cette communication fut repris en séance plénière (1).

Une longue discussion s'engagea sur la question des traductions de théâtre, discussion à laquelle prirent part : MM. Alfred Mortier, Palermi, Lenormand, Tristan Bernard, Denys Amiel, Ashley Dukes, Hasenclever, Léonhard, Stark, Lucien Besnard, etc...

Elle se termina par l'adoption d'un vœu tendant à la création d'un office de documentation qui sera mis à la disposition des auteurs de tous les pays afin de les renseigner sur la valeur des traductions et des traducteurs.

La question des ouvrages à recommander fut également traitée. Un vœu favorable fut émis unanimement.

M. Ashley Dukes souhaita que fût adopté sur ce point le procédé en usage au Pen-Club, lorsqu'il s'agit d'ouvrages littéraires.

A la suite de cette séance, M. J.-J. Bernard put établir un rapport qui résumait les desiderata et précisait la position des auteurs dramatiques, rapport dont il donna lecture à la réunion plénière du 24 juin où il fut unanimement approuvé.

Nous en donnons le texte dans le compte rendu de cette séance.

SALLE B : à 14 heures

Séance de la Section des Compositeurs de Musique

ORDRE DU JOUR :

Relations entre sections de compositeurs.
Collaboration des compositeurs à un périodique de la S. U. D. T.
Adaptation des livrets d'œuvres lyriques.
Liste des ouvrages à recommander à l'étranger.

---

(1) Voir aux annexes, p. 214.

La présidence est donnée à M. ANDRÉ MESSAGER.

A la suite d'une discussion à laquelle ont pris part MM. Henri Hirchmann, vice-président de la section des Compositeurs de l'Union Française ; Albert Doyen, Léo Pouget, Serge de Youferoff (Russie); Poniridy (Grèce); Victor Larbey, Neuberth et André Mauprey, secrétaire de la section, les vœux ci-après sont émis par la section des Compositeurs :

1° Etablissement de la publication trimestrielle de la liste des œuvres lyriques représentées pendant le cours des trois mois précédents, et comportant les renseignements les plus complets sur ces œuvres.

2° La section émet le vœu qu'il soit créé au siège de la Société Universelle du Théâtre un bureau de traduction des livrets d'œuvres lyriques. Ce bureau se tiendrait à la disposition des adaptateurs. Il serait bien entendu que les traducteurs de ce bureau seraient rémunérés pour chaque pièce, mais qu'ils ne participeraient en rien à la répartition des droits d'auteurs.

M. Neuberth donne ensuite lecture d'un rapport du docteur Cahn-Speyer concernant le droit d'auteur aux chefs d'orchestre et aux interprètes.

Ce rapport est jugé fort intéressant. Mais M. André Messager émet l'avis — approuvé unanimement — que ce rapport concerne surtout la jurisprudence théâtrale et demande à M. Neuberth de le communiquer à la section compétente. Ainsi en est-il décidé.

Le secrétaire donne alors communication de la lettre suivante, émanant de M. Paul Lagye, délégué de l'Union Nationale Belge.

A NOS CONFRÈRES
MEMBRES DE LA DEUXIÈME SECTION
COMPOSITEURS DE MUSIQUE
DE L'UNION FRANÇAISE DE LA S. U. D. T.

L'Association des Compositeurs Lyriques Belges (Section affiliée au Groupe Belge du Théâtre) adresse un confraternel salut à la Section des Compositeurs de Musique de France.

Après avoir pris connaissance des propositions figurant aux *Cahiers du Théâtre* n° 3, aux paragraphes se rapportant à la première et à la deuxième section (auteurs et compositeurs), se rallie complètement aux différentes idées qui y sont exposées.

La Section des Compositeurs Belges émet le vœu de voir les autres nations, et particulièrement la France, notre grande alliée, s'intéresser aux œuvres lyriques belges.

Elle signale que, depuis Gevaert, pas un compositeur du théâtre belge n'a eu l'honneur d'être représenté à Paris, et ce, malgré l'action des scènes lyriques belges qui, chaque saison, accordent la prépondérance au répertoire français.

Les compositeurs belges ne demandent pas une faveur. Ils voudraient que l'on s'intéressât à leurs travaux, comme l'on s'intéresse à ceux des italiens, des russes, des espagnols, des suisses, etc., etc.

Ils ont été douloureusement étonnés lorsqu'ils ont constaté que certaines œuvres allemandes reprenaient leur place à Paris alors que toutes les tentatives émanant de compositeurs belges étaient vouées à l'échec.

L'Association des Compositeurs lyriques belges espère que, grâce à l'activité de la Société Universelle du Théâtre, l'oubli dans lequel ses membres ont été jusqu'ici laissés ne sera plus qu'un vain mot.

Elle exprime sa confiance aux membres de la 2e Section de l'Union Française et leur présente l'expression de ses meilleurs et dévoués sentiments.

Elle se permet de joindre au présent rapport les noms de ses adhérents et les titres des principales œuvres dont ils sont les auteurs.

Le délégué : PAUL LAGYE,
38, rue de Lausanne, St-Gilles, Bruxelles.

ACKERMANS Hippolyte (Bruxelles) : *Le charme étrange* (opérette en 3 actes); *L'avocate* (opéra-comique en 3 actes).

D'AGRÈVES Ernest (Bruxelles); BRUMAGNES Fernand (Namur) : *L'invasion* (drame lyrique en 4 actes); *Le Miracle de saint Antoine* (farce en 2 tableaux).

DE BOECK Auguste, directeur du Conservatoire de Malines : *Le Songe d'une nuit d'hiver ; Les Gnômes du Rhin; Reinaert de Vos; Théroigne de Méricourt; La Route d'Emeraude* (comédie lyrique en 4 actes (poème de Max Hautier).

DANEAU Nicolas, directeur du Conservatoire de Mons : *Linario* (drame lyrique en 3 actes); *Myrtis* (drame lyrique en 4 actes).

DELCROIX Léon (Bruxelles) : *Petit Poucet* (féerie).

D'HOEDT G., directeur du Conservatoire de Louvain : *Klaas in Luilekerland* (opéra flamand en 3 actes).

DE KOSTER Charles, directeur du Conservatoire de Hal : Deux légendes dramatiques, une opérette en 3 actes, un opéra en 3 actes.

FREMOLLE G.. (Bruxelles) : *Askel* (drame lyrique en 5 actes).

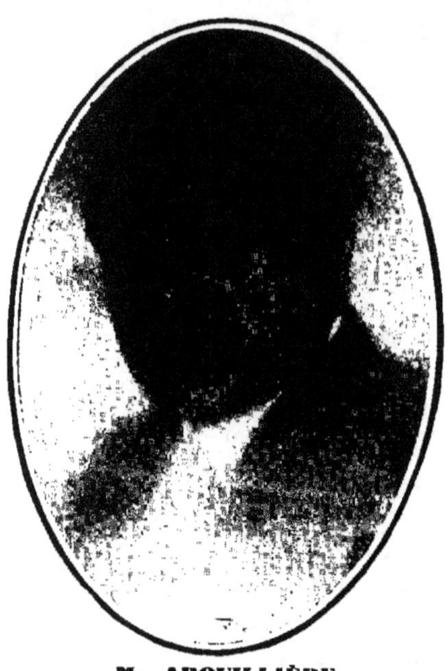

M. ARQUILLIÈRE
Commissaire Général du
Festival et du Congrès

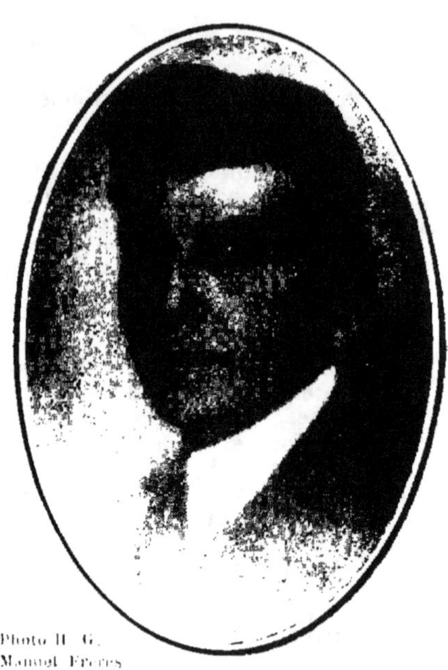

M. MAUPREY
Secrétaire Général de l'Union
Française de la S. U. D. T.

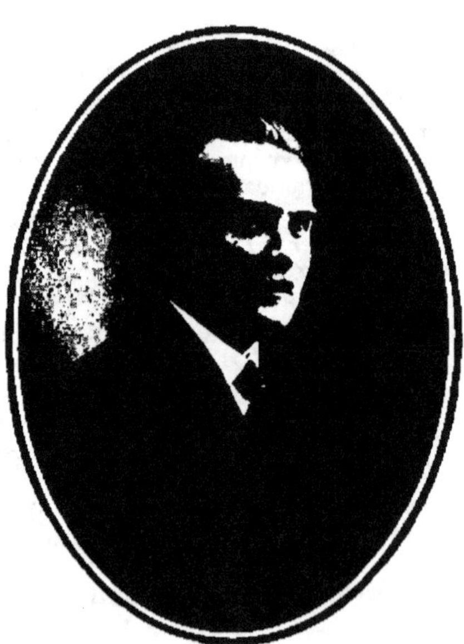

M. PAUL GSELL
Secrétaire Général de l'Union
Française de la S. U. D. T.

GILSON Paul, inspecteur de l'Enseignement musical en Belgique : *Princesse Rayon de Soleil* (opéra en 4 actes); *Gens de mer*, d'après V. Hugo (opéra en 2 actes); *Le Corsaire* (opéra en 1 acte); *La Captive* (ballet en 2 actes).

GOEYENS Fernand (Bruxelles) : *La robe de deuil* (opéra en 1 acte).

GOFFIN Alfred (Spa) : *La chasse aux loups* (opéra en 1 acte); *L'Evasion* (opéra en 1 acte); *La veillée* (opéra en 1 acte).

GYILLEMIN Robert (Gand) : *Le signal* (opéra en 2 actes); *Les trois Princesses* (opéra en 1 acte); *Le Réveil de la Momie* (ballet en 1 acte).

HAUTIER Max-Alexys (Bruxelles) : *Eternelle Jeunesse* (opérette en 3 actes); *L'œillet blanc* (opérette en 3 actes); *Le Carillon du Roy* (opérette en 3 actes); *Madame l'Ambassadeur* (opérette en 3 actes); *Miss America* (en collaboration) (opérette en 3 actes); *La Route d'émeraude* (livret) (comédie lyrique en 4 actes).

HANSEN Albert (Anvers) : *Le Fruit défendu* (opéra en 1 acte).

KIPS Richard (Bruxelles) : *La Laitière Brabançonne* (opérette en 3 actes).

LAGYE Paul, grand prix de composition musicale (opéra) à l'unanimité (Bruxelles) : *Franchimont* (poème et musique) opéra en 2 actes (seul primé au concours de Spa); *Le Chevalier Maudit* (poème et musique) opéra en 4 actes; *L'apercevance* (poème et musique), (opéra en 1 acte); *Le Rédempteur* (opéra en 2 actes); *L'imposteur* (paroles et musique), (opéra en 4 actes);*Magdalène* (opéra en 2 actes);*La Victoire d'Aphrodite* (l'Aphrodite et le Khéroub), extrait des 13 génies d'Albert du Bois (opéra en 4 actes); *Gisèle de France* (opéra en 4 actes); *La marquise de Fontenay* (opéra en 2 actes) ; *Aïsha* (opéra en 3 actes).

LECAIL Clovis (Bruxelles) : Une œuvre lyrique.

MEULEMANS Arthur, directeur de l'Ecole de musique de Tongres : *Le Viking* (opéra en 4 actes);

MOLLE Léon (Bruxelles).

PELLEMANS Guillaume (Bruxelles) : *Halewyn* (opéra en 2 actes).

POOT Marcel (Bruxelles) : Un opéra flamand en 1 acte.

RASSE François, directeur du Conservatoire de Liège : *Déidamia* (opéra en 4 actes); *Sous les Tilleuls* (opéra en 3 actes); 1914 (opéra en 2 actes).

SAMUEL Léopold (Bruxelles) : *Ilka* (opéra en 3 actes); *La jeune fille à la fenêtre* (scène lyrique en 1 acte).

STIENON DU PRÉ Ludovic (Tournai) : *Ceci n'est pas un conte* (opéra en 1 acte); *L'île en fleurs* (opéra en 1 acte).

THIEBAUT Henri, directeur de l'Institut des Hautes Etudes Musicales (Ixelles) : *Le Juré* (1 personnage) drame lyrique en 4 actes; *Le Bourgeois Gentilhomme* (opéra en 4 actes).

TIMMERMANS Armand (Anvers) : *Margarita* (opéra en 3 actes) *Oorlogswee* (opéra flamand en 2 actes); *Vae Victis* (opéra en 3 actes).

VAN OOST Arthur, directeur de l'Ecole de Musique (Diest) : *Les Moulins qui chantent* (opérette en 3 actes); *Beulemans marie sa fille* (opérette en 3 actes); *Rosenmaryntje* (opéra flamand en 1 acte).

WEYSS Henri : *Le Semeur d'amour* (opéra en 3 actes); *L'oncle Mathurin* (opéra-comique en 1 acte).

La section prend acte de la très intéressante lettre de M. Paul Lagye et émet le vœu de la voir insérée dans le Livre du Congrès qui sera édité par les *Cahiers du Théâtre*.

Au cours de la prochaine année théâtrale, il y aura lieu de provoquer un contact entre la section des Compositeurs de l'Union française et la section belge aux fins d'envisager les moyens de donner satisfaction à nos confrères et amis de Belgique.

Mardi 21 Juin

SALLE A : à 10 heures

Séance de la Section des Théâtres et Fêtes Populaires

ORDRE DU JOUR :

Démarche collective auprès de la Société des Nations pour suggérer l'idée des Fêtes Internationales à Genève.

Moyens d'intéresser les gouvernements à l'action sociale des Fêtes populaires.

Relations des Unions Nationales avec les Municipalités et avec le gouvernement de leur pays.

Président : M. MAURICE POTTECHER, fondateur et directeur du Théâtre du Peuple de Bussang.

Le Secrétaire a donné le compte rendu des travaux réalisés au cours de l'année (étude sur le théâtre populaire, rapporteur : M. Maurice Pottecher ; étude sur les grandes fêtes populaires, rapporteur : M. Eugène Morel).

On a également entendu un rapport sur différentes fêtes auxquelles a pris part la treizième section de l'Union Française. (Rapporteur : M. Mauprey.)

Puis, la Section des Fêtes et Théâtres populaires de la S. U. D. T. a émis les vœux :

1° Que dans chaque pays les auteurs soient conviés à écrire des œuvres dramatiques et lyriques exaltant les idées d'union, de bonté et de paix ; que ces œuvres soient représentées dans de vastes théâtres, ou mieux encore, sur des scènes de plein air, devant lesquelles se puisse assembler une imposante masse de spectateurs ;

2° Que soient utilisés et soutenus les Comités d'organisation de fêtes populaires et les différentes Sociétés musicales et chorales. L'action sociale des fêtes populaires est, en effet, le meilleur moyen de développer le sentiment artistique des peuples ;

3° Que des maisons de fêtes soient créées dans toutes les grandes villes, avec l'appui des gouvernements et des municipalités ; ces maisons de fêtes comporteront des Comités permanents d'organisation composés de techniciens de l'art dramatique et lyrique et aussi de la mise en scène ;

4° Qu'une grande Fête Internationale de la Paix soit célébrée chaque année à Genève avec le concours de tous les peuples adhérant à la Société des Nations et sous le haut patronage de cette Assemblée.

SALLE B : à 10 heures

Séance de la Section des Metteurs en Scène

ORDRE DU JOUR :

Propriété de la mise en scène. Modification de la Convention de Berne. Patronage accordé dans les pays appartenant à la S. U. D. T. aux tournées particulièrement intéressantes.

Présidence de M. GASTON BATY.

La principale question traitée est celle de la propriété de la mise en scène. Les membres de la Section fran-

'çaise des metteurs en scène présents — Gaston Baty, Georges Pitoëff, Xavier de Courville — rappellent que la propriété de la mise en scène n'est actuellement garantie par aucune loi, qu'on a souvent reconnu cette injustice à l'égard d'un métier dont l'importance n'a cessé de s'accroître dans le théâtre moderne, mais qu'on n'y a encore apporté aucun remède.

M. Pitoëff appuie cette juste plainte de quelques exemples. Il raconte comment il a dû renoncer à certaines tournées, en voyant jouer certaines pièces, en pays étrangers, avec les éléments essentiels de sa mise en scène, servilement copiés et dont la nouveauté faisait l'intérêt de sa présentation.

Pour aller au-devant des inquiétudes que pourraient manifester les auteurs, M. Baty énonce clairement et limite les revendications des metteurs en scène, comme il l'avait fait à l'une des premières réunions de la section mise en scène : « Les metteurs en scène revendiquent simplement la reconnaissance de la propriété de l eur travail. Ils ne posent pas la question d'une participation aux recettes, mais précisent que, si on en arrivait là, leur pourcentage ne serait prélevé en aucun cas au détriment des droits d'auteur. »

Les auteurs présents, dont la section avait approuvé les premiers projets proposés par M. Baty, présentent quelques objections, par la voix de M. Denys Amiel : 1° Crainte qu'en satisfaisant aux justes revendications de Baty et des metteurs en scène, directeurs de théâtre d'art, on ne serve les intérêts d'une foule de metteurs en scène de deuxième ordre, dont l'apport dans l'œuvre dramatique est beaucoup plus négligeable.

2° Difficultés de définir la part qui revient au metteur en scène et à l'auteur dans le mouvement des personnages.

Les représentants de l'Allemagne ajoutent : 1° qu'il est dangereux de consacrer une mise en scène exclusive dans leur pays parce qu'une entrave à la liberté de la mise en scène risque de compromettre gravement la diffusion d'une pièce ;

2° Qu'il est difficile d'attribuer à une seule personne la propriété de la mise en scène, quand celle-ci est d'ordinaire chez eux le résultat d'une collaboration entre un assez grand nombre de techniciens spécialisés chacun dans sa partie.

Les metteurs en scène répondent à ces diverses objections : 1° Que l'auteur restera toujours libre de consacrer uniquement les mises en scène de son choix ; 2° Que les éléments caractéristiques d'une mise en scène peuvent être généralement définis en un petit nombre de traits, facilement reconnaissable (M. Pitoëff cite à ce sujet l'exemple de la construction générale de sa mise en scène de *Sainte Jeanne*) ; 3° Que l'on ne prétend pas obliger l'auteur à imposer pour chaque reprise de sa pièce la reprise de la mise en scène originale, mais que si l'on reprenait cette mise en scène dans ses traits essentiels, il soit fait clairement mention de son auteur originel ; 4° Que la propriété revendiquée peut aussi bien être attribuée à plusieurs personnes qu'à une seule, et que chaque pays peut définir à ce sujet les modalités d'application d'un même principe.

Les membres de la Section des Auteurs et ceux de la Section des Metteurs en scène, étant d'accord sur le principe qu'il existe un droit de propriété de la mise en scène et qu'il mérite d'être défendu, émettent le vœu que chaque mise en scène originale soit consignée par son auteur en un résumé clair, comportant les traits essentiels de cette mise en scène ; que ce résumé soit signé par l'auteur et le metteur en scène ou par une Commission d'auteurs et de metteurs en scène qui témoignent de sa véracité ; que la Section de jurisprudence étudie le meilleur moyen de défendre la propriété ainsi reconnue et définie ; qu'enfin dans chaque pays les sections d'auteurs et de metteurs en scène étudient les modalités diverses à apporter à l'application de ces principes...

M. S. Iconnicoff lit la communication suivante :

Si difficile qu'il soit d'exprimer un avis sur l'évolution spirituelle d'une époque, je ne crois pas me tromper en affirmant, que l'art théâtral actuel, tout en restant positif dans ses moyens, abandonne le terrain réaliste, comme trop conventionnel, pour évoluer vers des sujets abstraits. C'est ainsi, que les masses figurent non plus dans des mouvements d'ensemble, mais sous une forme synthétique ; la machine prend une place sur la scène non seulecomme auxiliaire, mais pour sa valeur propre.

Dans cette évolution, le rôle de l'acteur se restreint au profit d'autres éléments du spectacle : le décor qui revêt souvent la

forme de décor plastique ; la couleur, qui n'a jamais éveillé tant
de recherches pour traduire l'irréel, le fantastique ; la lumière
qui prend une importance capitale dans les décors par projection ; la musique, qui apporte aussi sa contribution et qui dans
ces derniers temps a créé le jazz sensualiste déjà dépassé par les
bruiteurs interprètes du pur instinct. Enfin le trait le plus représentatif de notre époque est le triomphe, jusque sur la scène, de
la « saine vitesse », du mouvement, enfin du changement sous
toutes les formes.

C'est à ce propos que je veux vous parler aujourd'hui des
décors changeants, qui arrivent bien à leur heure, et, par de
nombreux côtés se rattachent à ce nouveau rôle des facteurs ina-
nimés dont je viens de faire mention.

Négligeant la projection au sujet de laquelle je vois figurer au
programme de notre section un rapport spécial, je ne m'occupe-
rai que des dessins, peints sur une même surface, et qui produisent cependant, grâce aux couleurs employées ou au choix de
teintes et de nuances, l'effet de sujets tout à fait différents les
uns des autres.

Il y a d'abord les couleurs phosphorescentes, qui ont la propriété de rendre le dessin lumineux dans l'obscurité et même d'en
changer certaines lignes dans la mesure où les parties phosphorescentes diffèrent du dessin primitif. Mais la découverte la plus
importante dans ce domaine est certainement celle, faite à Moscou
vers 1912 par Mme Budkovski-Kibaltchitch, artiste-peintre
d'origine ukranienne. Cette découverte consiste en deux procédés
ayant pour base le sens profond de la couleur et des combinaisons
de couleurs dont les unes sont peintes sur une surface et les
autres sont projetées par une source lumineuse colorée.

Le premier procédé consiste à rendre invisible par un éclairage
approprié un des deux dessins représentés et à permettre quelquefois de les combiner de telle sorte que leur ensemble produise
à la lumière ordinaire un sujet nouveau. Jusqu'à ce jour un seul
changement indépendant a été obtenu ; mais des expériences ont
déjà démontré la possibilité d'obtenir en utilisant certains moyens
mécaniques, un nombre de changements illimité. L'absorption de.
couleurs et leur pureté exigent d'ailleurs une étude préalable
approfondie, qui rend l'usage du procédé très difficile pour les
personnes inexpérimentées.

Plus difficile encore est la deuxième manière d'exécution, utilisée par l'artiste. Cette manière, sans permettre des changements
aussi complets, que dans le premier cas, a, cependant, de nombreux avantages sur celui-ci. Sur une surface peinte certaines
parties se détachent et deviennent plus intenses, d'autres sont
absorbées par des nuances de l'éclairage, qui change de couleur,
et elles disparaissent. Ce procédé permet d'obtenir de nombreux
changements partiels, chaque couleur apportant sa part dans l'ensemble coloré.

Si je ne me trompe, deux décors seulement ont été exécutés jusqu'à présent par ce deuxième moyen. L'un représente un tapis oriental aux teintes vives avec quelques rosaces, jetées sur sa surface. Sous l'éclairage rouge, il reste peu de choses du dessin primitif, quelques signes mystérieux seulement ; sous l'éclairage bleu, qui correspond, d'après le sujet, à un effet d'opium, le tapis réapparait avec une silhouette d'homme renversé au premier plan, les rosaces figurant des crânes qui tous fixent leur regard sur un même point. L'autre décor représente des fleurs et des cailloux, qui deviennent ensuite des algues et des coquillages, recouvrant le fond de la mer. Dans une maquette réalisée par le même procédé, des pommiers constellés de fleurs (roses) à l'éclairage ordinaire, se couvrent de neige, deviennent blancs dans la lumière bleue.

Je passe ici à l'étude des couleurs proprement dites. D'habitude, l'utilisation au théâtre de la lumière bleue rend le décor terne et donne une teinte violacée au maquillage rouge. L'obligation de travailler spécialement pour cet éclairage a permis d'obtenir des valeurs et des nuances d'une grande force et d'une grande luminosité. A noter surtout l'orange, qui donne des reflets d'or et le rose qui devient luisant. Ce rose permet de conserver au maquillage sa couleur normale de chair humaine.

Les mêmes procédés appliqués aux costumes et aux accessoires produisent certains effets curieux. Un changement de dessin peut transformer le style de la robe jusqu'à donner l'impression d'une différence dans la forme. Un costume rayé de paysanne, avec un tablier dessiné dessus, devient une crinoline, couverte de roses ; une blouse noire de paysan au col brodé, avec une ceinture peinte devient un pourpoint bleu orné de fleurs. Des danseuses peuvent être cachées sous l'apparence de meubles (coussins) ou de pierres. Les personnes et les choses peuvent disparaître aux yeux du public tout en restant en scène ; leur costume (le visage caché) se confond avec l'ambiance c'est-à-dire avec les tapisseries et le sol.

Un mot, à présent, sur certains désavantages, que présentent ces procédés. Le premier procédé, généralement appliqué, exige pour son fonctionnement la lumière rouge ou la lumière bleue de nuance pure. Ceci réduit sensiblement l'intensité de l'éclairage. De plus, la lumière rouge, ne donnant aucune couleur composée, ramène le décor à un dessin monochrome. Pour parer à ces inconvénients, divers moyens sont appliqués. Le plus simple consiste à substituer au décor changeant un décor ordinaire, représentant le même sujet. Une bougie, éteinte au cours de l'action scénique, permet d'opérer cette substitution et de continuer avec l'éclairage coloré. Un autre procédé consisterait à donner une lumière blanche affaiblie, dirigée sur l'artiste dans le sens opposé au décor. Enfin l'application du deuxième procédé de Mme Budkovski permet de supprimer la lumière rouge. Il a le défaut de limiter l'étendue des changements.

L'emploi de ces décors, tout en restant certainement limité, présente cependant de réels avantages dans certains cas. En frappant l'imagination, il convient pour la représentation du rêve, du mystère. Les spectacles populaires trouveront là un moyen d'action nouveau ; le music-hall, le cirque en tireront profit dans leurs numéros de courte durée ; enfin les féeries, les ballets en pourront aussi bénéficier.

(Ce rapport ayant suscité l'intérêt des congressistes, une démonstration spéciale a été faite au Studio des Champs-Elysées, mis à la disposition du congrès par M. Gaston Baty).

SALLE A : à 14 h. 30
Séance de la Section de la Critique et de la Presse Théâtrales

ORDRE DU JOUR :

Collaboration des Sections de Critique et de Presse à un périodique de la S. U. D. T.

Création d'une carte internationale qui assurerait aux critiques dramatiques, en pays étrangers, les mêmes facilités de travail que dans leur pays.

Création d'un Comité de patronage et défense qui interviendra pour aider la cause des ouvrages poursuivis devant une censure étrangère ou devant les tribunaux étrangers.

Président : M. FORTUNAT STROWSKI, membre de l'Institut, assisté de M. Georges-G. Toudouze, secrétaire, et de MM. Paul Gsell et André Mauprey, secrétaires généraux de l'Union Française.

Etaient présents : MM. Gomelski (Pologne), de Magalhaès (Brésil), Normann (Norvège), Goldschmidt (Danemark), André Faillet (France), Vaghidi-Wellisch (Hongrie), Turedahlin (Suède), Mᵉ Levertin (Finlande), Stark (Roumanie), Delahaye (Angleterre), Sié (Chine), Iconnicoff (Russie), de Driesen (Russie), Edmond Sée (France), Stéphen Valot (France), Teffi (Lettonie), Van den Vlugt (Hollande), Matei-Roussou (France), Kirkeby (Danemark), Sircana (Italie), Rosen (Roumanie), Sprietsma (Etats-Unis), Alfred Mortier (France), Winkler-Vaudov (Canada), Smyser (Etats-Unis), Silvio d'Amico et Russo (Italie).

M. Georges-G. Toudouze, secrétaire, énuméra les vœux soumis à la réunion par la Section.

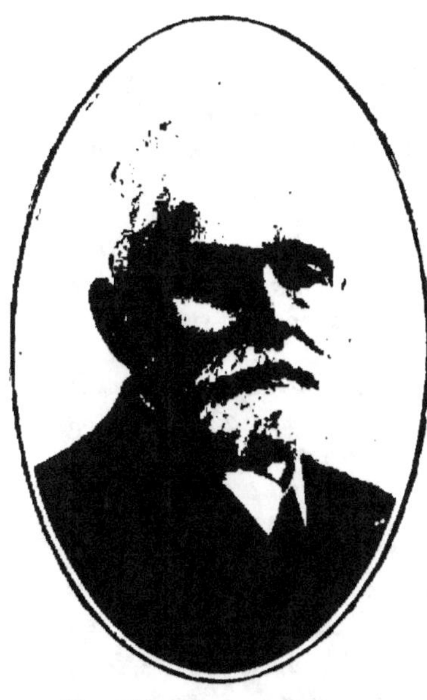

M. AUGUSTE RONDEL

Archiviste de l'Union Française de la S. U. D. T.

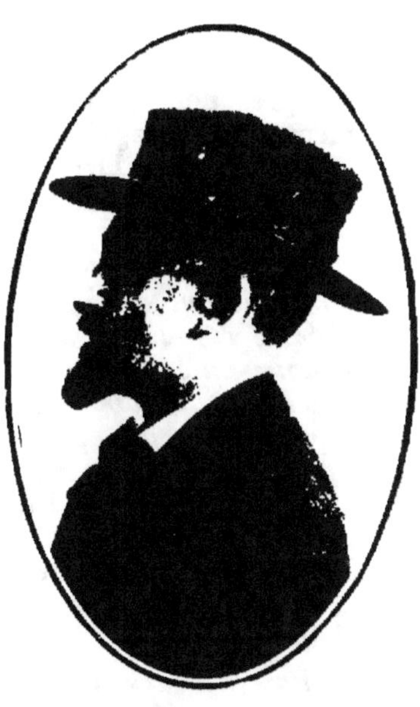

M. GEORGES-G. TOUDOUZE

Secrétaire de la Section Française de Critique et Presse
de la S. U. D. T.

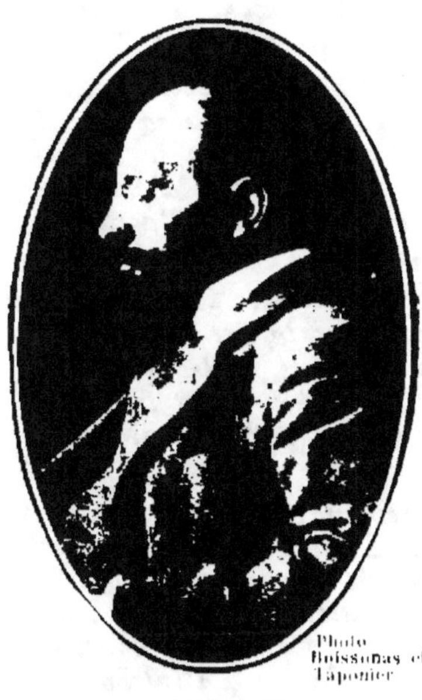

M. ALPHONSE FRANCK

Président de la Confédération
Nationale du Spectacle de
France, Président de la Section
Française d'Administration de
la S. U. D. T.

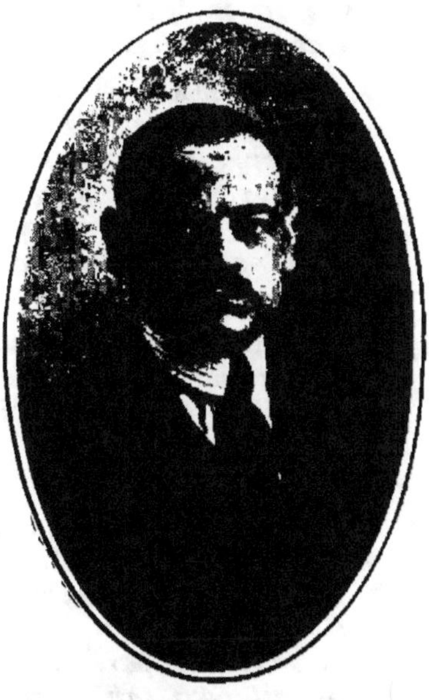

M. ALFRED FOURTIER

Administrateur du Théâtre
National Populaire, Vice-
Président de la Section des
Théâtres et Fêtes Populaires
de l'Union Française de la
S. U. D. T.

Après une discussion à laquelle prirent part notamment MM. Magalhaès, Faillet, Mortier, Stark, Roussou, Ed. Sée, Driesen, Gsell et Mauprey les **vœux** suivants furent adoptés à l'unanimité :

1° REVUE. — *Création d'une revue interprofessionnelle qui servirait de lien entre tous les gens de théâtre et qui se présenterait sous la forme suivante : chaque union nationale publierait dans sa langue des fascicules au nombre de 4 ou 6 par an; chaque fascicule contiendrait une partie exclusivement nationale assez copieuse et une partie internationale plus brève; cette dernière partie serait le résumé des fascicules qui paraîtraient à la même date dans les autres pays et dont les secrétaires auraient envoyé les épreuves préalablement à chacun de leurs confrères et collègues des autres unions.*

Par accord entre les Unions, des numéros spéciaux pourraient être publiés sur certains sujets d'ensemble. Chaque Union établirait ses devis à sa guise et procéderait à la recherche de la publicité, des abonnements, des souscriptions, subventions, ventes dans le ressort de son action. Plusieurs pays voisins pourraient se mettre d'accord pour établir une revue à frais communs.

2° COMMISSION D'ETUDES. — *La section de presse et critique de chaque union nationale créera dans son sein une commission d'études chargée de se tenir en rapports permanents avec les commissions d'études des autres sections presse et critique afin d'assurer l'échange permanent des documents.*

3° LISTE DE DOCUMENTS. — *Les* Cahiers du Théâtre *publieront pour chaque pays la liste complète des bibliothèques, archives, associations, collections de toutes sortes dans lesquelles un chercheur peut trouver sur le passé et le présent du Théâtre la documentation nécessaire.*

4° CARTE. — *La section demande que soit établie une carte intercorporative de la Société Universelle du Théâtre. Sur cette carte figureraient le nom et la profession du titulaire ainsi que la mention de la section à laquelle il appartient dans son pays. Cette carte constituerait pour son porteur une sorte de lettre d'introduction auprès des dirigeants des Unions Etrangères et lui assurerait une réception cordiale au cours de laquelle ses collègues étrangers pourraient s'entremettre et faire obtenir au visiteur tous les avantages en leur pouvoir dans les milieux de théâtre du pays visité.*

5° CENSURE. — *La section propose que la Société Universelle du Théâtre soit toujours prête, lorsqu'un auteur le demandera, à constituer et à communiquer à la censure des. pays étrangers où cet auteur va être joué en traduction, un dossier de renseignements préalables susceptibles d'éclairer la religion du censeur et d'éviter le retour d'erreurs comme celles dont ont été victimes récemment outre-mer plusieurs auteurs français.*

SALLE B : à 14 h. 30
Séance de la Section des Artistes Dramatiques et Lyriques

ORDRE DU JOUR :

Rapports entre auteurs et interprètes.
Rapports entre directeurs et interprètes. Contrat-type. Arbitrage.
Création du brevet de l'acteur.
Réunions de Commissions mixtes composées d'auteurs, d'interprètes, de directeurs pour garantir la discipline professionnelle.
Consultation des délégués des Sections de jurisprudence : au sujet du placement gratuit et des agences de placement ; au sujet de la constitution de retraites pour les artistes.

Président : M. RICKELT.

Au cours de discussions auxquelles ont pris part MM. Tarride, Pizani, Marcel André, R. Marcilly, Hasenclever, Mme Paulette Pax, MM. Baumbach, Hansing, Léonhard, Paulo de Magalhaes, André Touzaa, Brémond-Philbée, Gasthons, Paul Abram, Medgyès, la Section a examiné la situation des artistes dans les différents pays représentés au Congrès. Il ressort de cet examen que si les pays d'Europe Centrale bénéficient d'avantages importants, cela provient de la différence du régime du théâtre. La majorité des Théâtres de ces pays sont, en effet, des théâtres d'Etat ou communaux.

La Section a émis les vœux suivants :

1° *Que dans l'intérêt de l'Art dramatique et lyrique, dans l'intérêt des artistes et dans l'intérêt bien compris des directeurs, des troupes stables soient reconstituées ;*

2° *Qu'à l'exemple de ce qui se passe en France, une collaboration plus étroite s'établisse entre les auteurs, éditeurs, acteurs et directeurs ;*

3° *Que dans tous les pays interviennent, comme en Allemagne, en Autriche, au Danemark et en Hongrie, des réglementations établies par les autorités publiques ou des décisions d'organisations professionnelles à l'effet de limiter le recrutement des professions dramatiques et lyriques et d'en écarter ceux qui n'ont pas fait preuve d'une aptitude suffisante ;*

4° *Que l'autorisation de diriger une tournée ou toute entreprise théâtrale ne soit donnée qu'à des personnes réunissant des qualités et garanties morales, financières et artistiques, sous le contrôle des organisations professionnelles (Directeurs, Auteurs, Acteurs) ou suivant un statut légal établi d'accord avec ces dernières.*

Ces vœux seront insérés dans le rapport que présentera M. Marcilly à l'assemblée de toutes les sections.

Mercredi 22 Juin

SALLE A : à 10 heures

Séance des Sections des ingénieurs, hygiénistes, décorateurs, costumiers, techniciens de la lumière.

ORDRE DU JOUR :

Recherches du meilleur dispositif d'une salle de spectacle. Application des plus récentes recherches de l'acoustique au théâtre.

Discussion avec les metteurs en scène des avantages et des inconvénients des plateaux circulaires, mobiles, pour les changements de scène.

Substitution de projections lumineuses aux décors peints.

Nécessité pour la préparation d'un spectacle d'entre-
vues préalables entre auteurs, directeurs, metteurs en
scène, décorateurs, costumiers, interprètes.

Comment assurer la liaison des metteurs en scène et
des décorateurs avec les électriciens pour indiquer à
ces derniers les nouveaux problèmes à résoudre.

La présidence est donnée à M. MAXIME DETHOMAS,
décorateur de la Comédie Française et de l'Opéra.

Après une discussion à laquelle prirent part notamment MM. Ashley Dukes (Angleterre); Hansing (Allemagne); Petrocochino (Grèce); Medgyès (Hongrie);
Arquillière, Perney et Bluysen (France); les vœux suivants furent émis :

1° Constitution d'un Comité consultatif permanent
de techniciens auquel seraient soumises toutes les ques-
tions relatives à la construction de théâtres et à leur
aménagement. Ce Comité serait formé par les sections
techniques de la Société Universelle du Théâtre dans
tous les pays. Des questions lui seraient posées et il
répondrait par l'intermédiaire du bureau de la So-
ciété dans chaque pays.

2° Constitution au siège de la S. U. D. T. dans
chaque pays d'une collection de toutes les publications
techniques qui pourrait être facilement consultée.

3° Création dans un périodique publié par la S. U.
D. T. d'une rubrique technique qui insérerait toutes
les communications faites par les sections techniques
de toutes les Unions Nationales de la S. U. D. T.

SALLE A : à 16 heures

Séance de la Section de l'Enseignement

ORDRE DU JOUR :

Entrevue des auteurs, compositeurs, critiques, met-
teurs en scène, comédiens, avec les professeurs d'art
dramatique et lyrique au sujet des besoins nouveaux
de l'art dramatique et lyrique moderne et au sujet des
tendances à faire prévaloir dans la formation des ar-
tistes.

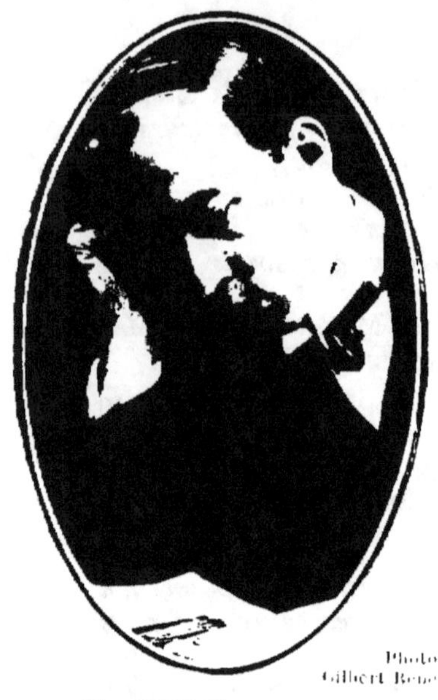

M. ANDRÉ CADOU
Secrétaire de la Section Française d'Orchestre de la S. U. D. T.

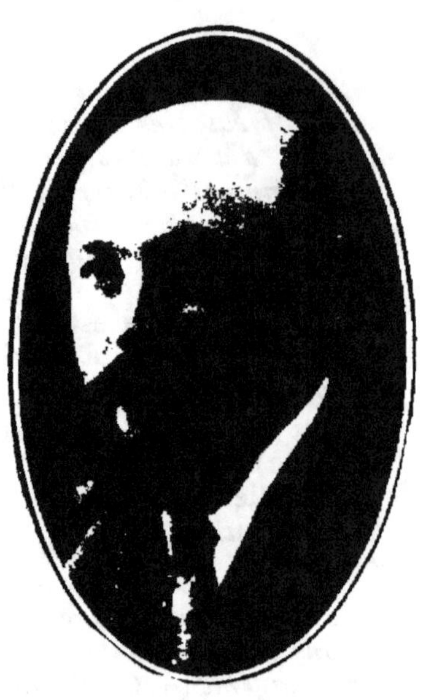

M. MARCEL MEYER
Président de la Section Française de Lumière de la S. U. D. T.

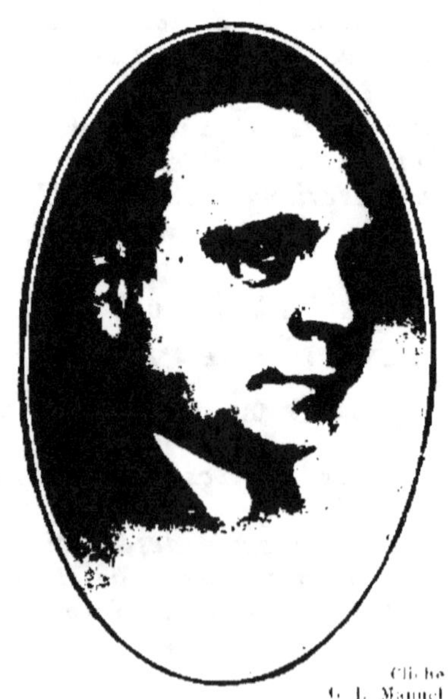

M. MAXIME DETHOMAS
Président de la Section Française des Décors et Costumes
de la S. U. D. T.

Président : M. Abel TARRIDE.

La Section émet le vœu que, dans tous les pays (à l'exemple des pays de l'Europe Centrale) ceux qui veulent enseigner l'Art dramatique ou lyrique possèdent une licence délivrée par des commissions compétentes composées de représentants des groupements intéressés.

M. Aramis donne un aperçu général du merveilleux mouvement musical en Grèce, et du déveleppement intense de l'enseignement artistique.

RAPPORT DE M. ARAMIS

Le mouvement musical de ces dernières années, à Athènes, est surprenant.

Il y a dans cette ville trois Conservatoires en pleine activité. Le plus ancien, celui qu'on appelle l'Odéon d'Athènes, date de 1876. Il a été et continue d'être un des principaux foyers de l'enseignement musical. Deux générations d'élèves, qui en sont sortis, ont répandu dans le pays l'amour et le goût de la musique. C'est là que se sont formés des artistes dont la plupart occupent aujourd'hui les situations les plus enviables dans la profession musicale, quelques-uns même dans les centres musicaux européens.

Dans ce Conservatoire, depuis sa fondation, ont enseigné des professeurs français les plus renommés. Les premiers orchestres d'Athènes n'ont point d'autre origine.

Quelques années après la fondation de ce Conservatoire, une Société musicale grecque s'était constituée sous le nom d' « Apollon » et avait fondé un autre Conservatoire sous la direction de Mme Lottner, avec la collaboration de professeurs allemands. Dans ce Conservatoire ont été exécutés, pour la première fois à Athènes, des Oratorios de Haydn, de Mozart, de Schubert et de Bach. Plus tard, le compositeur grec, M. Calomiris, avait pris pour son compte ce Conservatoire, et lui avait donné une nouvelle impulsion sous le nom d' « Odéon Hellénique ». Mais pour des raisons que j'ignore, il l'a laissé pour en fonder un autre, le troisième.

C'est le grand chef d'orchestre, M. Mitropoulos, qui a pris la succession de l' « Odéon Hellénique ».

De riches amateurs se sont alors réunis pour donner, avec le concours des orchestres des deux Conservatoires, une série de grands concerts symphoniques, en faisant venir chaque saison, à Athènes, les chefs d'orchestres les plus renommés en Europe, et des virtuoses tels que Thibaud, Cortot, Iturbi, Rubinstein, Yves Nat, Eustratiou, bien d'autres encore, sans compter les chanteurs et les chanteuses en renom qui se succèdent d'année en année.

D'autres concerts et récitals sont donnés par des artistes grecs et
étrangers qui sont toujours accueillis avec la plus grande sympathie et qui en reviennent enthousiasmés. Plusieurs d'entre eux
m'ont dit qu'ils considéraient Athènes comme occupant la quatrième place musicale parmi les capitales d'Europe.

Un autre Conservatoire s'est formé au Pirée, un autre à Volo
et un autre, tout récemment, à Salonique. L'enseignement donné
dans tous ces Conservatoires ne s'éloigne pas beaucoup des méthodes du Conservatoire de Paris, dont souvent ils adoptent les
règlements et les programmes d'études.

Notons une intervention fort intéressante de M.
Chéou Kang Sié, délégué de la Chine, sur les modes
d'instruction artistique de son pays.

M. Medgyès, metteur en scène, se plaint du manque
de compréhension de beaucoup d'artistes lyriques dans
les spectacles modernes. M. Paty, artiste lyrique, croit
devoir protester. Mais l'unanimité se fait sur ce point
que, le plus souvent, les chanteurs, uniquement préoccupés de leur voix et de l'orchestre, en la personne de
son chef, sont gauches et ne donnent pas l'interprétation
de leur rôle, en un mot ne « jouent pas ». M. Medgyès
voudrait obtenir de ces chanteurs une plus grande
mobilité, et un jeu adéquat à leur rôle. A l'unanimité
on vote la motion suivante:

« *Introduire l'enseignement du mouvement rythmique dans les études théâtrales (et d'une manière officielle dans les établissements d'Etat : Conservatoires,
 Ecoles municipales, etc.) pour développer de plus
grandes possibilités scéniques chez les élèves.*

« *Prescrire aux élèves l'obligation de suivre ces
cours.* »

Deux autres vœux seront mis à l'étude :

1° *Que dans tous les pays les élèves des écoles professionnelles artistiques n'aient pas le droit de choisir
leurs scènes de concours, mais que des délégués des
corporations professionnelles soient consultés pour la
désignation des scènes imposées par les Directeurs des
établissements d'enseignement ;*

2° *Qu'on institue au Conservatoire un enseignement
d'Art Plastique par la visite des Musées sous la direction d'un professeur et l'obligation pour les élèves de
suivre ce cours ainsi que tous les cours existant déjà,
celui de Littérature, par exemple, et que ces classes*

soient créées dans les pays où elles ne fonctionnent pas encore.

SALLE B : à 16 heures

Séance de la Section d'Orchestre

ORDRE DU JOUR :

Ecole des chefs d'orchestre et d'exécutants.

Discussion avec les ingénieurs et techniciens des moyens acoustiques, mécaniques et électriques de signalisation.

Discussion avec les délégués de l'architecture des questions intéressant le plan de l'orchestre.

La présidence est donnée à M. Armand FOREST.

La Section a étudié les moyens de réaliser la création d'une école de chefs d'orchestre et d'une école d'orchestre réservée aux exécutants possédant déjà la technique de leur instrument, mais n'ayant pas encore fait de musique d'ensemble. Cette Ecole formerait un orchestre d'essai qui pourrait se mettre à la disposition des compositeurs désireux d'entendre la réalisation orchestrale de leurs œuvres.

La Section a examiné ensuite le remarquable plan de travail dressé par M. Bigot (1) et a étudié les moyens acoustiques, mécaniques et électriques de signalisation au théâtre et au concert.

Elle a émis un vœu tendant à l'amélioration de l'emplacement et de la disposition des orchestres actuellement si défectueux dans de nombreux théâtres.

Jeudi 23 Juin

SALLE A : à 14 heures

Séance de la Section de Jurisprudence

ORDRE DU JOUR :

Création dans toutes les Unions Nationales de la S. U. D. T. d'une section juridique qui fournira aux autres sections tous les renseignements, toutes les consultations qu'exigeront leurs intérêts.

---

(1) Voir n° 2 des *Cahiers du Théâtre.*

Placement gratuit des artistes. Réglementation nationale et internationale à ce sujet. Protection des enfants employés dans les spectacles. Réglementation nationale et internationale à ce sujet.

Préparation d'une conférence internationale organisée à Genève, en vue de faire régler les questions ci-dessus par des accords internationaux.

Etude des questions de la conférence diplomatique qui se tiendra à Rome, en octobre, pour la revision de la Convention de Berne-Berlin sur les droits d'auteur.

La présidence a été donnée à M. GRUNEBAUM-BALLIN, président du Conseil de Préfecture de la Seine et président de la Commission Paritaire de l'Agence Officielle du spectacle instituée par le département de la Seine.

La section a constaté combien il était utile que dans tous les pays où se formeront des Unions Nationales affiliées à la Société Universelle du Théâtre, une section spéciale comprenant des juristes « magistrats, avocats, professeurs, fonctionnaires, etc... » fût créée pour traiter les nombreuses questions d'ordre juridique ou social qui intéressent les professionnels du théâtre à quelque catégorie qu'ils appartiennent.

Elle a, en conséquence, émis le vœu suivant :

Que, dans chaque pays possédant déjà ou sur le point de créer une Union Nationale, une section juridique soit formée aussitôt que possible.

La réunion a ensuite pris connaissance du rapport qui lui a été présenté par M. Brémond-Philbee, directeur de l'Agence Officielle du Spectacle du Département de la Seine sur l'activité de ce service public et gratuit de placement qui, depuis sa fondation remontant à 4 ans 1/2 a placé près de 13.000 artistes et leur a fait économiser plus de 600.000 francs d'honoraires qu'ils auraient eu à verser à des intermédiaires privés.

Elle a ensuite été mise au courant par M. Rickelt, président de l'Association des acteurs allemands de l'organisation inter-professionnelle et paritaire de placement des artistes qui fonctionne en Allemagne et des dispositions législatives qui ont décrété la sup-

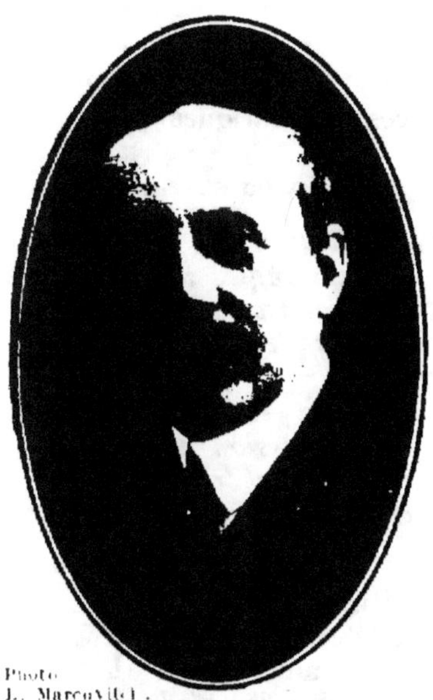

M. P. GRUNEBAUM-BALLIN

Président de la Section Française de Jurisprudence, Président du Conseil de Préfecture de la Seine, Président de la Commission Paritaire de l'Agence Officielle du Spectacle

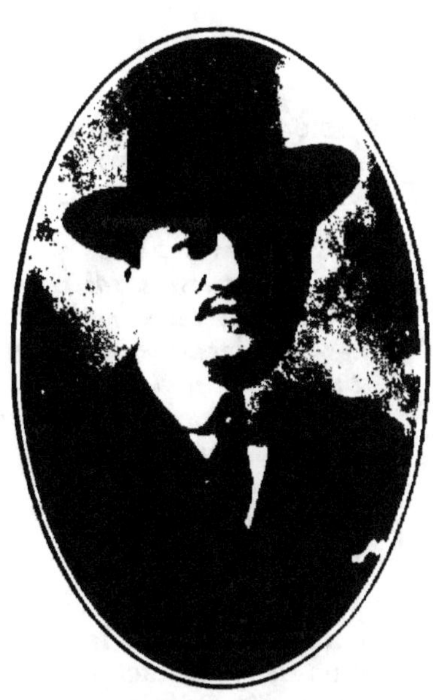

M. GABRIEL ALPHAUD
Directeur du Journal «Comœdia»

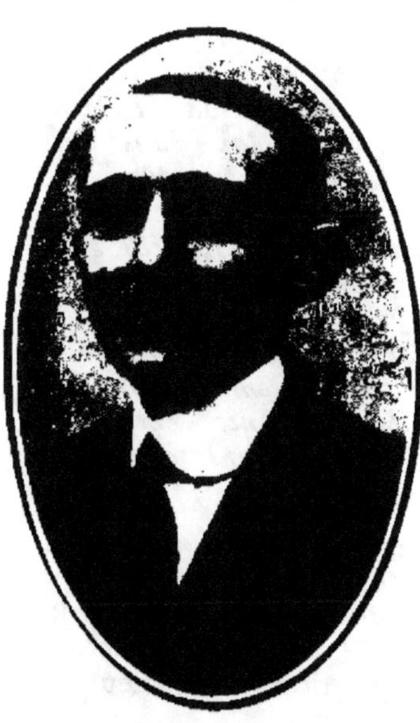

M. RENÉ CHAVANCE
Organisateur de l'Exposition de Maquettes et de Costumes du Festival International d'Art Dramatique et Lyrique.

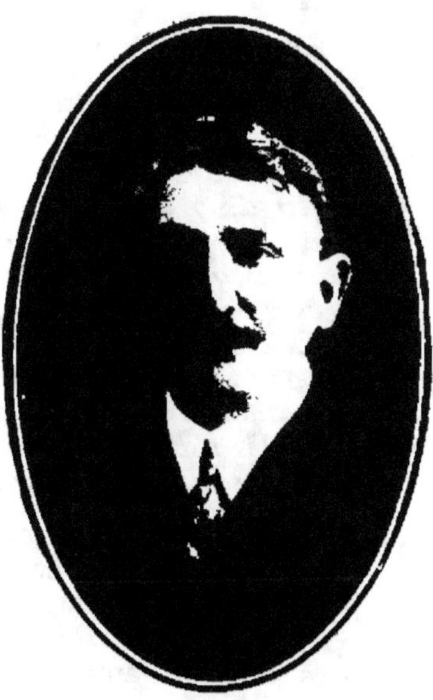

Docteur BOURGEOIS
Vice-Président de la Section française d'Hygiène de la S. U. D. T.

pression totale de toutes les agences dramatiques privées à partir de 1931.

La Section, après discussion, a émis le vœu suivant :

Que dans tous les pays la réglementation du placement des artistes soit établie d'après des règles uniformes, sur la base paritaire et que les agences dramatiques privées soient supprimées ou mises dans l'impossibilité de prélever une rétribution sur les artistes ; qu'une réglementation internationale soit établie l'année prochaine à Genève, au cours de la session du Bureau International du Travail, qui doit être consacrée aux problèmes juridiques et sociaux intéressant tous les travailleurs du théâtre.

La réunion a ensuite abordé la discussion des questions relatives à la protection des enfants employés dans les spectacles. Elle a été mise au courant des beaux résultats obtenus à Paris, grâce à la généreuse initiative de M. Rognoni, pensionnaire à la Comédie Française et des efforts de l'Association des Enfants employés dans les spectacles. Elle a pris connaissance des règlements et ordonnances déjà intervenus en Angleterre, en Allemagne, aux Etats-Unis sur la même question.

Elle a émis le vœu suivant :

Que dans tous les pays la réglementation la plus stricte soit établie pour empêcher l'emploi dans les théâtres des enfants au-dessous d'un certain âge. A partir de 7 ans, l'emploi des enfants ne pourrait avoir lieu qu'après autorisation des parents et certificat établissant que les lois d'instruction obligatoire sont observées vis-à-vis de l'enfant employé.

Elle a en outre émis le vœu que l'année prochaine à Genève soit également étudiée la réglementation internationale sur la protection des enfants employés dans les théâtres et aussi sur celle des enfants employés dans les studios de cinémas.

Passant à la deuxième partie de son ordre du jour la réunion a ensuite abordé les questions juridiques qui se posent à l'occasion de la revision de la Convention d'Union de Berne sur la protection des droits d'auteurs, revision qui doit avoir lieu au

cours de la conférence convoquée à Rome, en octobre
1927.

Une longue et brillante discussion s'est ouverte et
à laquelle ont pris part :

M. Baty qui a exposé le point de vue des metteurs
en scène.

M. Neuberth, qui a donné lecture du remarquable
rapport de M. Cahn-Speyer, président des concertistes
allemands et chefs d'orchestre. (Voir ce texte aux
annexes, page 205.)

M. Maillard, avocat à la Cour d'appel de Paris,
président de l'Association littéraire, artistique et internationale.

M. M. Boutet, avocat à la Cour d'appel de Paris,
secrétaire général adjoint ide l'Association littéraire,
artistique et internationale.

MM. Rivoire et Amiel, vice-président et secrétaire
général de la Fédération Internationale des Sociétés
d'auteurs dramatiques.

MM. Arquillière et Lurville, ancien président et vice-
président de l'Union des Artistes de langue française,
et M. Liausu, auteur dramatique.

MM. Maillard et Boutet ont exposé les motifs pour
lesquels l'Association Littéraire et Artistique Internationale dans ses séances des 3 et 4 juin à Lugano, pour
les travaux à la Conférence de Rome, a décidé que
les droits des artistes, interprètes, musiciens chefs
d'orchestre et autres exécutants étant essentiellement
différents de ceux des créateurs ou auteurs dramatiques et lyriques ne devaient pas être protégés par les
législations nationales et par la convention internationale qui actuellement régissent les droits des auteurs,
mais ils ont rappelé qu'il avait été reconnu combien
il était nécessaire que les interprètes et exécutants qui
apportent à la présentation ou à la diffusion de l'œuvre théâtrale et musicale, un concours, si important
fussent protégés également par des législations nationales et internationale destinées à empêcher que des
tiers puissent s'emparer indûment et tirer profit de leur
travail personnel.

En conséquence, le vœu suivant a été émis :

La section prenant acte de la résolution adoptée par l'Association littéraire et artistique internationale à Lugano et d'après laquelle la protection des intérêts des artistes, interprètes et autres exécutants ne doit pas trouver place dans la convention d'Union de Berne, émet le vœu que des législations dans chaque pays et une convention internationale interviennent ultérieurement pour protéger efficacement les intérêts de tous les artistes et exécutants.

En ce qui concerne spécialement les metteurs en scène, un débat très vif s'est engagé. La majorité de la réunion a estimé qu'ils devaient être rangés parmi les exécutants, mais comme ils apportent le fruit de leur travail personnel, il faut que leurs droits soient, comme ceux des autres exécutants, protégés à l'avenir plus efficacement qu'ils ne le sont à l'heure actuelle, par des dispositions législatives appropriées.

Après avoir entendu les très intéressantes explications données par M. Baty, sur les conditions dans lesquelles sont fixées par écrit les mises en scène au moyen de notations, plans, croquis et maquettes, la réunion a constaté combien il serait utile que pour faire valoir leurs droits, les metteurs en scène fussent mis en mesure de faire toujours la preuve de la date et par conséquent de l'antériorité de leur travail personnel ; il est donc souhaitable qu'un véritable dépôt des mises en scène soit organisé à l'exemple du dépôt légal qui existe déjà dans plusieurs pays pour les livres, cartes, estampes, etc.

Elle a, en conséquence, émis le vœu suivant :

Que le Gouvernement français prenne l'initiative d'organiser dans une grande bibliothèque nationale par exemple la bibliothèque de l'Arsenal, un dépôt destiné à recevoir les travaux des metteurs en scène ; que ce dépôt soit ouvert aux Français et aux étrangers et ait un caractère international ; que les metteurs en scène aient la faculté de joindre au dossier de chaque mise en scène par eux déposé, une attestation de l'auteur de la pièce ayant fait l'objet de leur mise en scène, à l'effet de reconnaître et de définir le travail personnel accompli par le metteur en scène, étant entendu

*que les entrepreneurs de spectacles et les auteurs de-
meurent toujours libres de faire usage ou ne pas faire
usage des mises en scène antérieurement établies.*

GRUNEBAUM-BALLIN.

Vendredi 24 Juin

A 10 heures,

Toutes sections réunies

ORDRE DU JOUR

*Développement de la S.U.D.T. dans tous les pays;
Publication d'un périodique;*

Président : M. ARQUILLIÈRE.

La parole est donnée à M. André Mauprey, secrétaire
de la Section des Compositeurs, pour la lecture de son
rapport.

RAPPORT PRÉSENTÉ PAR M. ANDRÉ MAUPREY au nom de la IIe Section (Compositeurs)

Messieurs,

La 2e section de l'Union Française de la S. U. D. T. (Compositeurs de Musique) s'est tout d'abord préoccupée d'établir des
relations entre les compositeurs de musique des différentes nations.
Malheureusement, la tâche ne lui a pas été facilitée ; on en verra
plus loin les raisons. Il faut bien le dire, chez les compositeurs
de n'importe quelle nation, l'individualisme règne en maître.

Nous ne voulons point parler des services de perception qui,
en France particulièrement, sont organisés d'une façon remarquable, tant par la Société des Auteurs et Compositeurs Dramatiques de la rue Henner, que par celle des Auteurs, Compositeurs et Editeurs de Musique de la rue Chaptal. La première
s'occupe spécialement de la perception des droits sur les œuvres

théâtrales, la seconde sur l'exécution des fragments de ces œuvres, sur les timbres intercalés, enfin sur les œuvres lyriques séparées quelles qu'elles soient, exécutées dans un concert, dans un théâtre, un music-hall, un cinéma, ou en audition libre.

Il existe également un Syndicat des Compositeurs qui s'occupe spécialement d'intérêts corporatifs mais dont les assemblées — il faut bien le dire — ne sont pas fréquentées par un grand nombre de compositeurs de classe.

A l'étranger, les compositeurs ne sont pas non plus groupés. En Allemagne, par exemple, un nouveau groupement vient de se former, à côté de la Société des Auteurs, mais il n'a pas encore un fonctionnement suffisamment organisé pour que nous ayons pu nous servir de lui comme d'un organe correspondant à notre Section des Compositeurs.

En Italie, malgré l'accueil enthousiaste fait à Gémier et à ses idées, l'Union Nationale n'est pas encore fondée.

En Belgique, nous pouvons saluer le zèle et l'ardent dévouement du compositeur Max Alexis, mais là encore, la Section n'était, jusqu'à ces temps derniers, qu'embryonnaire. La lettre que nous a adressée de Bruxelles le compositeur Paul Lagye nous donne aujourd'hui de belles espérances.

Je pourrais continuer cette liste : Partout de l'espoir, mais bien peu de réalisations. Evidemment, il ne faut point se décourager, car l'idée est en marche. Ce n'est pas en un jour que l'on bâtit une maison. La Section compte, heureusement, sur le rayonnement du Congrès pour stimuler les compositeurs français et étrangers, et pour les inciter, dans leur intérêt propre, à se grouper, à voir l'intérêt corporatif et non pas seulement l'intérêt personnel, grâce à cet argument décisif que c'est en servant l'intérêt collectif qu'ils favoriseront leur intérêt individuel.

Dès maintenant, la 2ᵉ Section de l'Union Française a décidé de demander aux différentes sociétés des Auteurs des listes des compositeurs de leur nation, afin de leur rappeler ou de leur faire connaître les buts de la S. U. D. T. et de les convier au plus tôt à fonder leur section.

Ce n'est que lorsque ce premier projet aura été réalisé que l'on pourra demander à chaque compositeur d'adresser à sa Section une liste complète de ses ouvrages.

Les sections de chaque pays pourront se communiquer ces listes et ainsi, seulement, pourra être constitué, dans chaque nation, le répertoire complet des œuvres des compositeurs contemporains.

La Section des Compositeurs s'est ensuite préoccupée, en attendant l'établissement de ce répertoire, de se tenir au courant, mois par mois, de la production lyrique et du mouvement musical des différentes nations.

Il serait désirable que des correspondants fussent désignés par les différentes sections. L'Union Française demande aux sections étrangères d'en désigner pour Paris.

Pour cela, la 2° section de l'Union Française s'est associée au vœu général qui a été formulé, de publier régulièrement chaque mois un numéro des *Cahiers du Théâtre* organe de la Société Universelle du Théâtre, et de faire insérer dans ce numéro une page spéciale dans laquelle serait résumé le sujet des œuvres lyriques représentées dans le cours du mois précédent.

De plus, les renseignements les plus complets seraient ajoutés à ce résumé : nom des auteurs ou adaptateurs du livret, des compositeurs, de l'éditeur (avec leur adresse), conditions de représentation de la pièce, liste des artistes nécessaires pour l'exécution de l'œuvre avec indication de leur emploi, nombre de musiciens indispensables pour ladite exécution, etc.

Ceci étant bien entendu qu'aucun jugement ne serait porté sur les œuvres précitées

Enfin la Section des Compositeurs a étudié l'importante question des traductions et adaptations des œuvres lyriques. Trop souvent l'acquisition des droits de représentation d'une œuvre en pays étranger se trouve placée sur un terrain purement commercial. Alors, il se passe ceci : la traduction du livret est confiée à un linguiste qui n'est pas un homme de théâtre. Or, une traduction littérale et une adaptation mal faite peuvent rendre une œuvre injouable. Le fait est fréquent et c'est ainsi que de nombreuses œuvres lyriques adaptées subirent des échecs dans certains pays, ou même ne purent point être représentées.

Autre fait : la plupart du temps, le traducteur primitif d'une œuvre se considère comme étant collaborateur du livret, alors qu'il n'a effectué qu'un travail purement mécanique. Ce traducteur n'étant pas un dramaturge, on se voit obligé de lui adjoindre un adaptateur, souvent aussi un autre auteur qui s'est spécialisé dans les compositions de couplets et de vers lyriques. C'est pour surmonter tous ces obstacles que la Section des Compositeurs a émis le vœu suivant :

« *La Section des Compositeurs de musique émet le vœu qu'il soit créé au siège de la Société Universelle du Théâtre un bureau de traduction des livrets d'œuvres lyriques. Ce bureau se tiendrait à la disposition des adaptateurs. Il serait bien entendu que les traducteurs de ce bureau seraient rémunérés pour chaque pièce, mais qu'ils ne participeraient en rien à la répartition des droits d'auteurs.* »

La Section des Compositeurs a demandé à son rapporteur, en manière de conclusion, de féliciter M. Gémier de cette grande idée qu'est la création de la Société Universelle du Théâtre mais en y ajoutant le vœu ardent que le Comité directeur se préoccupe au plus tôt d'entrer dans la voie des réalisations.

Oui, l'idée est en marche. La réussite du Congrès International est la preuve formelle qu'est possible, certaine même, la matérialisation de ce qu'il y a encore un an on nommait chimère.

Le Gouvernement français, la grande presse elle-même, qui ne se laisse pas facilement convaincre, admettent aujourd'hui la possibilité du succès.

Cueillons l'heure qui passe et n'attendons pas un jour de plus pour réunir les moyens matériels de réaliser l'Idée.

Les conclusions de ce rapport sont adoptées à l'unanimité.

M. Jean-Jacques Bernard, secrétaire de la Section des Auteurs, est invité à lire son rapport.

RAPPORT PRÉSENTÉ PAR M. JEAN-JACQUES BERNARD au nom de la Ire Section (Auteurs dramatiques)

Mesdames, Messieurs,

Depuis plus d'un an que la Section française des Auteurs dramatiques a commencé sa tâche, elle a pu y apporter non seulement des préoccupations matérielles, mais aussi des préoccupations morales. C'est que la situation des auteurs, dans la Société universelle est assez particulière. En France comme dans un grand nombre de pays, les auteurs dramatiques sont pourvus de sociétés de perception, souvent anciennes et puissantes, qui ont la charge de défendre leurs intérêts matériels. Par conséquent, en apportant leur concours à cette grande famille des gens de théâtre qu'est la Société universelle, les auteurs ont pratiquement la possibilité de s'élever en quelque sorte au-dessus d'eux-mêmes.

Les échanges, les sympathies, les liens interprofessionnels et internationaux que la Société universelle du Théâtre ambitionne de nouer, nous en sentons profondément la nécessité, nous y travaillons d'un cœur ardent. En pensant et en agissant ainsi, nous n'abdiquons rien de notre personnalité. Français, nous restons Français dans nos relations avec nos amis d'Allemagne, d'Italie ou d'Angleterre. Auteurs dramatiques, nous restons auteurs dramatiques en face de nos camarades metteurs en scène, comédiens ou techniciens.

Nous considérons qu'un homme qui se dénature ne représente plus rien et que chacun de nous doit garder son vrai visage pour que nos sympathies soient réellement fructueuses.

En venant ici, et il importe de le dire avec la plus loyale franchise, nous ne renonçons donc à aucun des droits si péniblement acquis par nous et déjà si gravement menacés. Mais, en même temps, nous n'hésiterons jamais à soutenir de toute notre ardeur, de tout notre pouvoir, les revendications destinées à protéger les droits légitimes, à améliorer la situation matérielle et morale des hommes qui participent avec nous à la réalisation de l'œuvre dramatique.

Enfin, notre conviction profonde est qu'une collaboration de plus en plus étroite entre tous les travailleurs du spectacle de tous les pays est *le plus sûr moyen de défendre le théâtre contre ses mauvais bergers.*

Voilà notre position et ce qui nous a guidés dans notre travail.

Nous avons eu la double préoccupation d'établir des relations régulières à la fois avec nos collaborateurs de France et avec nos confrères étrangers. Sur le premier point, si les problèmes à résoudre sont nombreux, la prise de contact était facile de section française à section française. Pour le second point, nous souhaitons que des échanges puissent être établis rapidement entre les diverses sections d'auteurs. Et déjà, nous avons préparé le terrain : nomination parmi nous de délégués spécialement chargés des relations avec tel ou tel pays. Etablissement de fiches bio-bibliographiques que la plupart des auteurs français, sollicités par nous, ont bien voulu nous envoyer sur eux-mêmes. Ces fiches sont à la disposition des étrangers qui voudraient les consulter. Nous souhaitons vivement que les autres sections, tant françaises qu'étrangères, procèdent au même travail de documentation.

Nous avons émis le vœu, que nous avons eu le plaisir de voir reprendre par d'autres sections, de la création d'un périodique qui serait publié par tous les pays adhérant à la Société universelle et qui donnerait régulièrement un aperçu de l'état du théâtre dans ces pays.

Nous nous sommes occupés d'une question qui devrait nous tenir tous à cœur : celle des traductions. Il n'est pas un auteur qui n'ait souffert d'une traduction mauvaise ou simplement trop littérale. Il faut bien dire aussi que la plupart des auteurs ne se soucient généralement de leurs traducteurs qu'après avoir vendu leurs pièces ; ce qui est mettre la charrue avant les bœufs et aller dans la plupart des cas au rebours de l'intérêt le mieux compris. Je ne puis résumer toutes nos délibérations à ce sujet. La question a été reprise et longuement discutée à la séance que nous avons tenue cette semaine avec nos confrères étrangers. Il serait souhaitable que le travail délicat qui consiste à faire passer une œuvre théâtrale d'une langue dans une autre, d'un public à

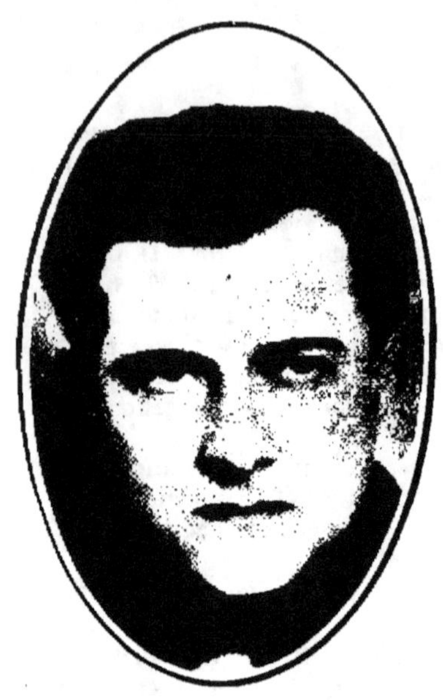

M. GASTON BATY

Secrétaire de la Section
des Metteurs en Scène
de l'Union Française de
la S. U. D. T.

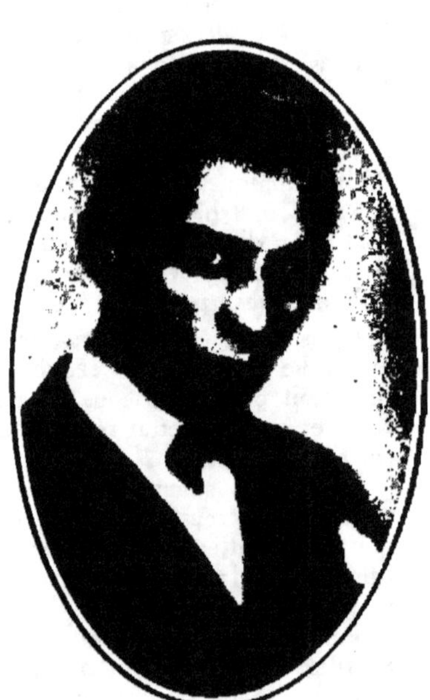

M. LOUIS JOUVET

(Section des Metteurs en
Scène de l'Union Fran-
çaise de la S. U. D. T.)

un autre, fût toujours fait par un homme connaissant à la fois l'art subtil des équivalences et le public nouveau auquel il s'adresse. L'idéal serait qu'un auteur dramatique pût toujours être traduit par un auteur dramatique. Mais il est bien clair qu'il ne peut être question de règles fixes. Il est également bien difficile de dresser des listes de traducteurs sans tomber dans l'arbitraire. Mais nous avons émis le vœu — et nous allons immédiatement travailler à le réaliser, car il ne faut pas qu'un vœu reste uniquement un vœu — que, dans chaque pays, soit créé un office de documentation qui pourrait renseigner les auteurs sur la valeur ou des traducteurs ou des traductions.

Enfin, nous nous sommes occupés de la question des ouvrages à recommander à l'étranger et un vœu unanime a été également émis à ce sujet. Il ne s'agit pas, bien entendu, de nous ériger en juges ou en critiques, de mettre la S. U. D. T. au service de telles ou telles écoles. Mais nous sommes beaucoup à penser que la Société universelle du Théâtre perdrait toute raison d'être si elle renonçait à cette action morale, que les sociétés de perception ne peuvent pas jouer, et si elle ne se mettait pas au service de tout ce qui peut être considéré comme beau dans le théâtre moderne.

Cette action devra s'exercer naturellement avec la plus parfaite indépendance, mais avec le plus large éclectisme et sans qu'aucun ami sincère du théâtre puisse y trouver à redire. Nous demanderons à nos correspondants étrangers de nous fournir les listes des pièces françaises jouées ou publiées dans leur pays, par exemple depuis 1900 ou depuis la guerre. Et si des œuvres importantes susceptibles d'être aimées chez eux ne figurent pas sur leur liste, nous les leur signalerons. Nous leur demanderons la réciprocité et de nous indiquer celles de leurs grandes œuvres que nous ne connaissons pas.

Voilà pour le passé immédiat.

Pour le présent, pour l'avenir, la tâche sera évidemment plus délicate. Est-ce une raison pour ne pas la tenter? La première section française comprend des hommes assez différents les uns des autres pour que son éclectisme ne puisse être mis en doute. Et j'ajouterais son indépendance non plus. Nous n'hésiterons donc pas, pour notre part, devant cette mission. Elle nous paraît aussi nécessaire que ce patronage à accorder à certaines tournées qu'a réclamé si justement la Section des Comédiens. Le théâtre, dans la plupart des pays, est trop souvent galvaudé pour que nous ne tentions pas, les uns comme les autres, l'effort de montrer notre vrai visage à nos amis d'au delà des frontières. Il est inévitable que, dans cette action, nous déchaînions quelques rancunes et quelques protestations. Mais nous avons une conscience assez calme et une foi assez tenace pour les attendre en souriant.

Les conclusions de ce rapport sont adoptées à l'unanimité.

Le vœu suivant est mis aux voix.

L'Assemblée prie les délégués nationaux et le secrétariat de la S.U.D.T. d'intéresser les différents gouvernements par la voie de leurs ambassadeurs ou ministres, à la question de subventions d'état à accorder à la S.U.D.T.

Adopté.

L'attention du Congrès est appelée sur *Comœdia* où a paru la veille un article qui honore grandement le signataire, M. Gabriel Alphaud, directeur de ce journal.

Comœdia annonce que, par ses soins, sera ouverte à la rentrée d'octobre, une souscription en faveur **de la** *Société Universelle du Théâtre.*

« C'est un devoir, écrit M. Gabriel Alphaud, étant donnée la noblesse de l'entreprise, dont la base est faite, comme l'a fort bien dit M. Edouard Herriot, de sagesse, de paix et d'amour entre les esprits cultivés et par ces esprits cultivés entre les peuples, c'est un devoir d'apporter à M. Firmin Gémier l'aide qui lui est nécessaire. »

Le vœu suivant est adopté à l'unanimité:

L'assemblée vote l'expression de sa plus sincère reconnaissance à M. Alphaud pour son initiative généreuse.

La séance est levée à midi 15.

A 14 heures,

Toutes sections réunies

ORDRE DU JOUR

Patronage de tournées à l'étranger;
Fondation d'une scène internationale dans chaque pays;

Président : M. RICKELT.

Les vœux suivants sont adoptés unanimement :

1° *L'assemblée émet à l'unanimité le vœu que certaines troupes messagères à l'étranger d'un spectacle de qualité, tant par l'interprétation que par la valeur même de l'œuvre qu'elles exportent, puissent se prévaloir du « Patronage de la Société Universelle du Théâtre »; étant bien entendu qu'en aucune façon cette apostille ne signifierait que tel autre spectacle, ne portant pas ladite apostille, fût considéré comme indigne de représenter l'art national.*

2° Le Congrès charge les Sections de chaque Union Nationale d'obtenir des Editeurs de leur pays l'envoi à titre gracieux au siège de la S.U.D.T. à Paris, de toute œuvre dramatique et lyrique, de toute publication concernant l'art dramatique et lyrique, ou traitant de toutes questions techniques ou de droit en matière théâtrale. Il insiste en outre particulièrement auprès de tous les auteurs et compositeurs afin qu'ils veillent personnellement à l'application de cette gracieuse mesure. Les titres des publications reçues seront insérés dans les Cahiers du Théâtre.

3° Le Congrès émet à l'unanimité le vœu qu'au cours de chaque festival international un pourcentage soit prélevé sur le montant des billets vendus à cette occasion. Les sommes ainsi recueillies seraient affectées à la caisse internationale de la S.U.D.T. pour couvrir les frais de l'organisation des Congrès et Festivals.

Tous les délégués des diverses nations présents à l'assemblée plénière du Congrès de la Société Universelle du Théâtre, le 24 juin 1927, s'engagent solennellement à faire tous leurs efforts:

1° Pour constituer dans tous les pays où elle n'existe pas encore une union nationale de la S.U.D.T.;

2° Pour organiser financièrement ces unions par tels moyens qui leur paraîtront préférables, demeurant entendu que chacune de ces unions autonomes participera aux frais communs dans une proportion qui reste à déterminer.

Ces deux motions ont été votées par acclamation, l'Assemblée tout entière s'étant levée pour affirmer sa pleine adhésion.

Il est ensuite donné lecture du rapport suivant émanant de M. Auguste Rondel :

RAPPORT PRÉSENTÉ
PAR M. AUGUSTE RONDEL

La Bibliothèque de l'Arsenal s'est adjoint la Bibliothèque théâtrale Auguste Rondel qui contient tout ce qui a pu être réuni sur le théâtre et son histoire en France depuis le xv⁰ siècle.

On y trouve : pour chaque auteur classé alphabétiquement par siècle, ses pièces par ordre chronologique dans toutes leurs éditions, ses œuvres complètes et les livres et articles parus sur lui — en somme, une bibliographie de chaque auteur.

Pour les auteurs contemporains, une brochure factice contenant, au sujet de chaque première et de chaque reprise, toute la critique importante de journaux et de revues ; une collection importante de journaux de théâtre, d'almanachs, de mémoires, de biographies ; les livres sur l'architecture théâtrale, la mise en scène, les décors, les costumes; la jurisprudence théâtrale; des sections relatives au théâtre en province, aux théâtres de sociétés et de collège ; des sections de danse, de pantomine, de marionnettes, d'ombres; des sections de chansons, de music-halls, de cinématographes, de cirques, d'expositions, de bibliographie théâtrale, etc.

Pour l'étranger, des théâtres assez complets d'Italie, d'Allemagne, d'Angleterre, d'Espagne, de Hollande, du XVI⁰ au XIX⁰ siècle.

Mais pour les autres pays, seulement, des traductions en français. Il serait indispensable que cette bibliothèque, qui est à l'entière disposition de la Société Universelle du Théâtre, fût complétée grâce au concours de tous les pays où fonctionnera cette Société, par l'envoi des livres importants de chaque langue sur la mise en scène, sur l'histoire théâtrale, sur les œuvres marquantes du théâtre contemporain et les ouvrages dramatiques les plus célèbres de notre époque.

L'envoi en serait fait à la Société Universelle du Théâtre qui les déposerait avec le cachet de la Société à la Bibliothèque Rondel où ils seraient tenus à la disposition des lecteurs de tous pays, ainsi que les autres livres de la Bibliothèque.

A l'unanimité, il est décidé de souscrire aux vœux de M. Rondel, puis la parole est donnée à M. Georges G. Toudouze pour lecture du rapport de la Section Critique et Presse.

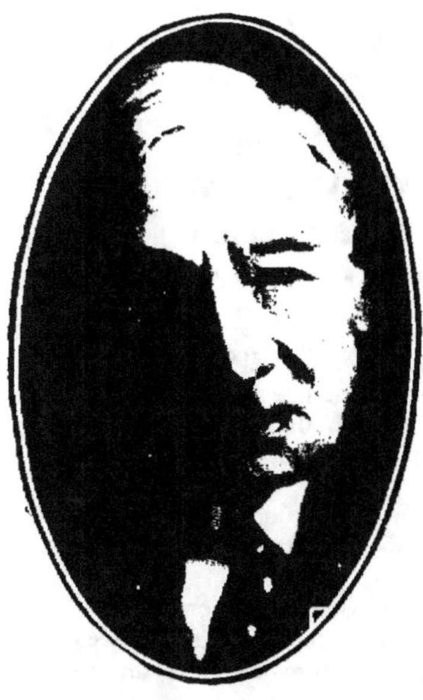

M. MAURICE DE FÉRAUDY

Doyen de la Comédie-Française
Président de la Section
Française des Artistes
Dramatiques de la S.U.D.T.

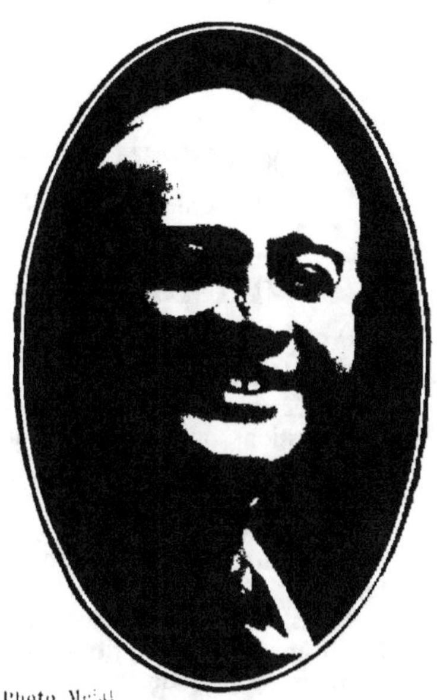

M. ANDRÉ ALLARD

de l'Opéra-Comique, Vice-Pré-
sident de l'Union des Artistes,
Vice-Président de l'Union Inter-
nationale des Artistes de Théâtre,
Président de la Section des
Artistes Lyriques au Congrès.

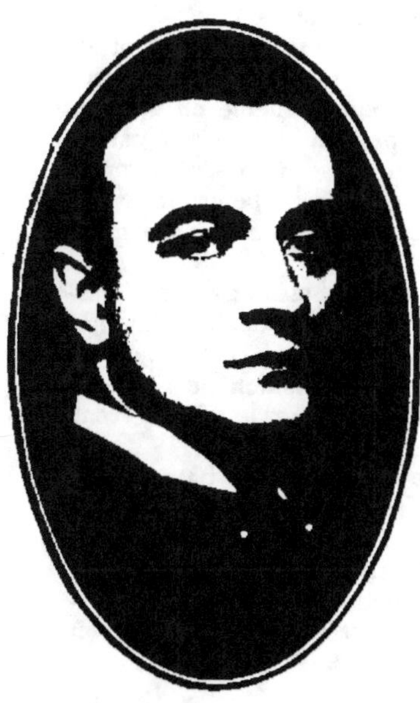

M. ROBERT PIZANI

Secrétaire de la Section de
l'Enseignement au Congrès

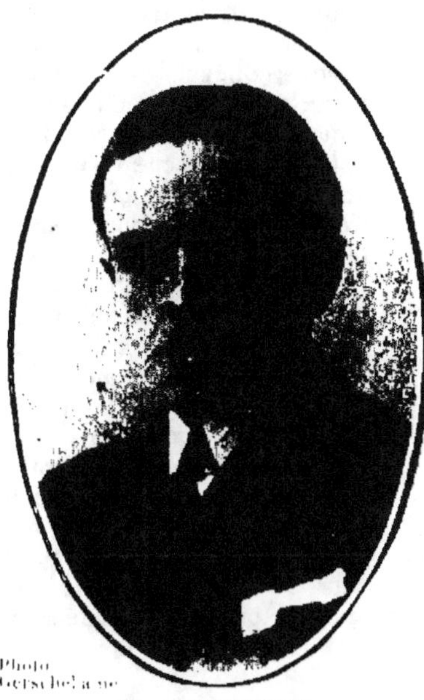

M. MARCILLY

Secrétaire de l'Union des Artistes,
Rapporteur de la Section des
Artistes au Congrès.

RAPPORT PRÉSENTÉ PAR M. GEORGES-G. TOUDOUZE au nom de la XI⁰ Section (Histoire, Critique, Presse)

La 11⁰ Section de l'Union Française de la Société Universelle du Théâtre a pour mission d'étudier et de mettre au point toutes les questions qui touchent à la documentation théâtrale.

Son domaine est constitué à la fois par le passé historique et par le présent quotidien.

C'est vous dire qu'il est extrêmement vaste, et que la tâche est tout ensemble très lourde, très complexe et passionnément attachante.

Nous devons constituer en France la documentation relative à l'histoire et à la critique du théâtre pour les périodes passées et pour la période contemporaine. Et nous devons nous mettre en relations suivies avec les Sections constituées dans les autres pays en leur faisant connaître les renseignements que nous pouvons placer à leur disposition et en leur demandant de nous communiquer tous les documents qu'elles pourront elles-mêmes nous fournir.

Au cours des réunions que nous avons tenues depuis la fondation de la Société, nous avons déjà étudié et mis au point plusieurs questions d'ordre essentiellement pratique.

D'abord, nous nous sommes entendus avec notre éminent et dévoué collègue, M. Auguste Rondel, le fondateur et le directeur de cette bibliothèque du Théâtre, œuvre unique en France, œuvre patiente et méthodique menée pendant trente ans par la volonté, la ténacité et la diligence quotidienne d'un seul homme, acharné jour par jour et heure par heure à la poursuite victorieuse de tous les documents qui peuvent exister sur tous les spectacles.

Cette bibliothèque, quasi-inouïe comme richesse et comme classement, est aujourd'hui installée dans les locaux de la Bibliothèque de l'Arsenal. Et son fondateur qui la dirige et continue de l'enrichir nous apparaît vraiment comme l'incarnation de l'homme laborieux et rigoureusement volontaire, tel que le rêvait René Descartes lorsqu'il écrivit le Discours de la Méthode.

La Bibliothèque Théâtrale Auguste Rondel est la base magnifique et puissante sur laquelle notre Section au travail pose les premières pierres de son édifice. Et notre joyeux devoir est de rendre un complet, énergique et reconnaissant hommage au créateur de cette incomparable collection, notre collègue et ami Auguste Rondel, bienfaiteur de tous les historiens et de tous les critiques de théâtre.

Nous nous sommes mis d'accord également avec le Service de documentation que dirige, à l'Institut de Coopération Intellectuelle, M. Robert Brussel, et qui place à la disposition des travailleurs les plus nombreux et les plus utiles renseignements.

Nous avons voulu faire mieux encore. Il nous est apparu nécessaire de reprendre, de continuer et de développer deux œuvres qui rendaient et qui devraient continuer de rendre les services les meilleurs aux érudits et à toutes les personnes touchant au théâtre.

La première est ce « Dictionnaire des Comédiens », dû au labeur de M. Lyonnet et dont les deux premiers volumes sont pratiquement introuvables, cette première édition à tirage modeste ayant vu tous ses exemplaires se répartir aux mains de personnes qui les gardent soigneusement, et pour cause. Nous avions donc pensé devoir éditer nous-mêmes les volumes suivants et nous avons publié deux premiers fascicules. Pour une cause qui reste mystérieuse, mais que son mystère ne rend pas moins regrettable, les souscriptions attendues ne sont pas venues. Et ceux-là mêmes qui réclamaient le plus vivement une telle publication, ont oublié de nous dire qu'ils souhaitaient la recevoir en échange d'une nécessaire souscription. Or, comme les marchands de papier et les imprimeurs ont coutume de se faire payer leur marchandise, nous avons dû suspendre cette publication commencée, en attendant que les intéressés à cette publication veuillent bien mettre d'accord leurs désirs et leurs versements. C'est là un retard, — uniquement un retard, nous en sommes bien convaincus. Mais, nous prions tous ceux que la question touche de bien vouloir réduire ce retard à sa plus simple expression.

Et je dirai la même chose pour l'autre œuvre à laquelle je faisais allusion : la continuation de ces publications sur l'activité théâtrale de chaque année à laquelle demeure attachée la mémoire des patients et précis critiques dramatiques Stoullig et Soubies.

Pour le Dictionnaire des Comédiens comme pour l'Annuaire des Spectacles, nous sommes prêts : nous attendons seulement les lecteurs sous leur figure de souscripteurs.

Nous avons étudié également le développement nécessaire de la Revue intitulée : « Les Cahiers du Théâtre », publiée jusqu'ici avec des moyens de fortune, grâce aux dévoués Paul Gsell et André Mauprey et au concours bénévole de différents membres des sections, parmi lesquels nous citerons Jean-Jacques Bernard, Gaston Baty, E. Bigot, Eugène Morel, etc., et nous nous sommes attachés à présenter au Congrès un projet au sujet duquel notre Section, dans son assemblée internationale, a voté une résolution précise.

Enfin, nous avons préparé les éléments de l'Exposition de maquettes dont notre excellent collègue, M. Chavance, a assuré lui-même avec une habileté artistique consommée et un goût délicat de metteur en œuvre, la présentation dans le foyer et les galeries du Théâtre des Champs-Elysées.

Là, vous pouvez, de la manière la plus exacte, vous faire une excellente idée de l'évolution du décor en France et en Belgique durant ces trente dernières années. Première exposition qui n'est point, qui ne pouvait pas être aussi complète que nous l'eûssions souhaitée, car elle est une exposition d'essai, une tentative de documentation graphique forcément transitoire puisqu'elle ne sera ainsi rassemblée que durant le Festival. Mais exposition qui indique ce que nous voulons faire l'an prochain. Exposition-préface, par conséquent, et que nous vous prions de considérer comme telle.

Les efforts de travail de notre Section ont abouti aux entretiens que nous avons eu le plaisir d'avoir avec nos collègues étrangers et avec les congressistes français au cours de cette semaine.

Et ces entretiens se sont conclus par la rédaction et le vote unanime d'un certain nombre de résolutions que je viens vous résumer ici comme conclusion.

1° *Revue*. — Création d'une Revue interprofessionnelle qui servira de lien entre tous les gens de théâtre et qui se présenterait sous la forme suivante : Chaque Union Nationale publierait dans sa langue des fascicules au nombre de 4 ou 6 par an; chaque fascicule contiendrait une partie exclusivement nationale assez copieuse et une partie internationale plus brève ; cette dernière partie serait le résumé des fascicules qui paraîtraient à la même date dans les autres pays et dont les secrétaires auraient envoyé les épreuves préalablement à chacun de leurs confrères et collègues des autres Unions.

Par accord entre les Unions, des numéros spéciaux pourraient être publiés sur certains sujets d'ensemble.

Chaque Union établirait ses devis à sa guise et procèderait à la recherche de la publicité, des abonnements, des souscriptions, subventions, ventes dans le ressort de son action.

Plusieurs pays voisins pourraient se mettre d'accord pour établir une revue à frais communs.

2° *Commission d'étude*. — La Section de presse et critique de chaque Union Nationale créera dans son sein une Commission d'étude chargée de se tenir en rapports permanents avec les Commissions d'études des autres Sections presse et critique afin d'assurer l'échange permanent des documents.

3° *Liste de documents*. — Les « Cahiers du Théâtre » publieront pour chaque pays la liste complète des bibliothèques, archives, associations, collections de toutes sortes dans lesquelles un chercheur pourra trouver, sur le passé et le présent du Théâtre, la documentation nécessaire.

4° *Carte*. — La Section demande que soit établie une carte intercorporative de la Société Universelle du Théâtre. Sur cette carte figurerait le nom et la profession du titulaire, ainsi que la mention de la Section à laquelle il appartient dans son pays. Cette carte constituerait pour son porteur une sorte de lettre d'introduction auprès des dirigeants des Unions étrangères et lui assurerait une réception cordiale au cours de laquelle ses collègues étrangers pourraient s'entremettre et faire obtenir au visiteur tous les avantages en leur pouvoir dans les milieux de théâtre du pays visité.

5° *Censure*. — La Section propose que la Société Universelle du Théâtre soit toujours prête, lorsqu'un auteur le demandera, à constituer et à communiquer à la censure du pays étranger où cet auteur va être joué en traduction, un dossier de renseignements préalables susceptibles d'éclairer la religion du censeur et d'éviter le retour d'erreurs comme celles dont ont été victimes récemment, outre-mer, plusieurs auteurs français.

Tels sont les vœux que j'ai reçu mission d'apporter devant vous, et de soumettre à votre appréciation, c'est-à-dire, nous l'espérons, à votre approbation.

Car, monde renversé, c'est aujourd'hui la critique qui vient solliciter les suffrages des auteurs, des directeurs, des artistes. Ce sont la Presse et l'Histoire qui se soumettent à votre examen. On a dit parfois que la critique était une force uniquement occupée de poursuivre une déprimante besogne de mesquine dissection. Et je me suis laissé dire qu'en de certains, mais rares cas, cette critique de la critique a pu sembler, dans une certaine mesure, toucher à l'apparence de quelque semblant d'épisodique vérité.

Mai la Section Presse, Critique et Histoire de la Société Universelle du Théâtre se fait de l'Histoire et de la Critique une conception plus large, une vision plus haute, une ambition plus généreuse. Pour elle, étudier ne veut pas dire mettre en lambeaux; critiquer ne signifie pas démolir.

Comme vous, avec vous, elle veut travailler à construire. Comme vous, avec vous, elle veut être une force active dans la Société Universelle du Théâtre.

Et puisqu'il lui faut ici une ligne de conduite et une règle, c'est au maître constructeur que notre Section demande les tables de Sa Loi, à Molière notre maître, qui, du fond de sa gloire, dans sa critique de l'École des Femmes, nous dicte notre Évangile :

« La bonne façon de juger d'une pièce est de se laisser prendre aux choses , de n'avoir ni prévention aveugle, ni complaisance affectée, ni délicatesse ridicule..., laissons-nous aller de bonne foi aux choses qui nous prennent par les entrailles, et ne cherchons point de raisonnements pour nous empêcher d'avoir du plaisir... »

Messieurs, que la volonté de Molière soit faite, et non la nôtre...

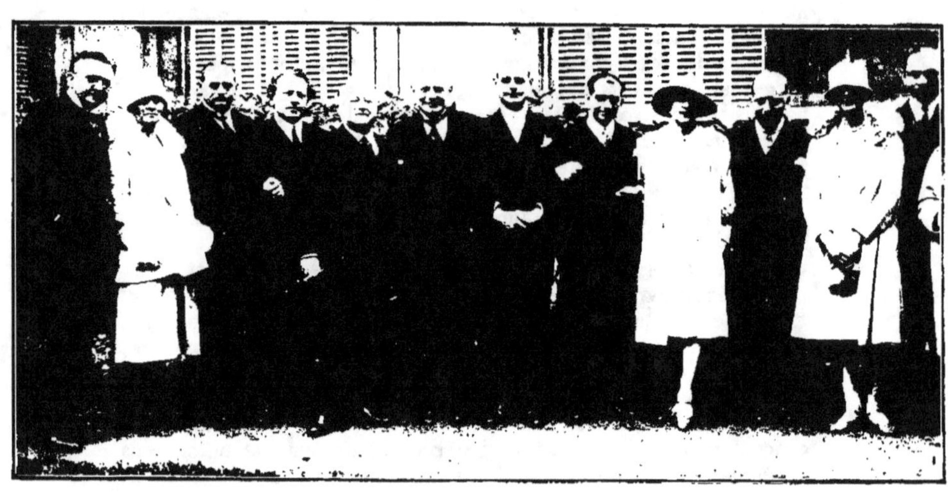

Photo G. René

DÉLÉGATION ALLEMANDE

De gauche à droite : M. et M⁰ᵉ BAUMBACH, M. HANSING, M. WERNER SINN, M. RICKELT, M. GÉMIER, M. WAAG, M. HASENCLEVER, Mˡˡᵉ MEYER, M. LÉONHARD, Mˡˡᵉ PALITSCHZ, M. VAUGENHEIM-WINTERSTEIN.

Les propositions contenues dans le rapport de M. Georges G. Toudouze sont approuvées à l'unanimité. La séance est levée à 17 heures.

Samedi 25 Juin

A 10 heures,

Toutes sections réunies

Ordre du jour

Création dans chaque capitale d'une Maison du Théâtre national et international.

Président : M. RICKELT.

M. Paul Gsell, secrétaire de la XIII⁰ section (Théâtres populaires et Fêtes publiques) de l'Union Française de la S. U. D. T., lit son rapport.

PROJET PRÉSENTÉ PAR M. PAUL GSELL au nom de la XIII⁰ Section (Fêtes Publiques et Théâtres Populaires)

M. Romain Rolland, qui, résidant en Suisse, a bien voulu accepter la présidence d'honneur de la XIII⁰ Section française de la S. U. D. T., adressa en mars 1926, aux membres de cette Section, une lettre où le théâtre et les Fêtes démocratiques étaient magistralement définis.

« Comme au temps des démocraties helléniques, les sociétés nouvelles ont droit à des formes de théâtre et de fêtes qui leur soient plus appropriées que le théâtre bourgeois et aristocratique du passé. (De celui-ci, nul ne s'avisera de contester la beauté, et son existence doit être sauvegardée; mais il ne suffit plus à des peuples souverains). »

M. Romain Rolland notait aussi :

... « dans les sociétés modernes, le brusque surgissement d'un instinct puissant et impérieux que nul observateur n'a le droit de négliger: le besoin passionné de penser ensemble, d'agir ensemble, de se réjouir ensemble, d'associer en de vastes ensembles les gestes, les mouvements et les sentiments. »

Les travaux de la XIII° Section française ont été constamment inspirés par les principes posés avec tant de netteté par son Président.

En ce qui concerne d'abord les *Fêtes publiques*, voici quelle a été l'activité de ce Groupement.

La XIII° Section a envisagé l'intérêt que présenterait pour la propagande de l'idée de faire une grande *Fête internationale* qui serait célébrée chaque année à Genève à l'ouverture de la session de septembre de la Société des Nations, et sous les auspices de cette Institution.

Un programme général de cette solennité fut mis à l'étude dans des discussions auxquelles prirent part, notamment, MM. Casadesus, Doyen, Drésa, Fourtier, Firmin Gémier, Paul Gsell, Joly, Jean Marguerite, André Mauprey, Paul Moreau-Vauthier, Eugène Morel, Maurice Pottecher, Quignon, Radiguer. Des réjouissances nautiques sur le lac et des cortèges à travers Genève furent prévus.

Tous les pays adhérant à la Société des Nations seraient d'ailleurs invités à fournir des suggestions pour l'organisation définitive de la *Fête Internationale de la Paix* et à contribuer aux dépenses qu'elle entraînerait.

Une adresse serait remise par le Comité directeur de l'Union Française de la S. U. D. T. au Conseil de la Société des Nations pour demander à cette haute assemblée de patronner un tel projet.

La motion de la XIII° Section fut soumise au Comité directeur de l'Union Française qui l'approuva dans sa séance du 26 mai 1926.

Au sujet des Fêtes publiques également, la XIII° Section française adopta les conclusions d'un rapport de M. Jean Marguerite précisant l'influence que peuvent exercer les solennités populaires sur l'opinion contemporaine.

M. Eugène Morel présenta une étude approfondie sur l'opportunité de créer en France, particulièrement, une *Fête du Travail* qui serait célébrée en mai. Cette fête concilierait toutes les tendances politiques et serait par excellence l'expression du progrès social.

La XIII° Section approuva vivement cette idée.

Elle entendit encore un rapport très documenté de M. André Mauprey sur des fêtes données à Prague par les Sokols.

Elle collabora très assidûment aux préparatifs d'une Fête du Printemps à laquelle présida M. Firmin Gémier, et qui eut lieu le 12 juin 1927. Cette journée fut marquée par un défilé dont les principaux motifs avaient été réglés sous le contrôle d'artistes tels que MM. Dethomas, Dresa, Forain, Hellé, Hémard, Moreau-Vauthier, Quignon, Van Dongen.

En ce qui concerne les Théâtres populaires, la XIII° Section française fut priée de prendre part à une enquête dont l'Institut International de Coopération Intellectuelle a chargé M. Surahwardy.

Pour répondre aux questions posées, un rapport fut rédigé, au nom de la Section, par M. Maurice Pottecher sur les *Théâtres populaires en France* depuis une trentaine d'années.

(Les différents rapports qui ont été mentionnés ci-dessus seront insérés dans l'un des numéros prochains des *Cahiers du Théâtre*.)

Le rapporteur a ensuite donné lecture des vœux qui ont été émis par la Section des *Théâtres et Fêtes populaires* à la séance du Congrès et qui sont publiés au compte rendu de cette réunion (mardi 21 juin, dix heures. (Voir p. 23.)

- M. Faillet signale l'intérêt de s'appuyer surtout sur des traditions locales dans les fêtes publiques. Il note qu'en Allemagne, par exemple, les solennités populaires ont très souvent le caractère régionaliste et que des pièces de théâtre y sont jouées dans des dialectes spéciaux.

M. Arquillière rappelle qu'une des fêtes les plus réussies de l'Exposition des Arts Décoratifs, en 1925, à Paris, fut consacrée par Gémier à la célébration des vieilles provinces françaises.

Il mentionne aussi le grand succès de la Fête du Printemps organisé le 12 juin à Paris, par la XIII° section de l'*Union Française*.

M. Rickelt met aux voix le vœu suivant :

L'assemblée approuve le rapport de la Section des fêtes populaires. Elle émet le vœu que tout effort pour élever le niveau artistique des fêtes populaires et les soustraire à l'influence d'organisateurs incompétents reçoive le concours des diverses Unions nationales affiliées à S. U. D. T.

Il est bien entendu que les théâtres populaires et les organisations d'amateurs ne devront pas constituer une concurrence défavorable aux intérêts de l'art théâtral et des professionnels du théâtre.

Ce vœu est adopté à l'unanimité.

La parole est donnée à M. Marcilly qui présente le rapport de la section des artistes dramatiques et lyriques :

RAPPORT PRÉSENTÉ PAR M. MARCILLY
au nom des IVᵉ et Vᵉ Sections
(Comédiens - Chanteurs)

La séance réservée aux artistes lyriques et dramatiques prenant part au Congrès International de la Société Universelle du Théâtre, fut pour tous un précieux enseignement.

La Commission présidée par M. Rickelt, président de la Genossenschaft Deutscher Bünenangehörigen et de l'Union Internationale des Acteurs avait à examiner les questions suivantes :

1° Rapport des acteurs avec les auteurs.

Dans les pays latins en général et en France particulièrement, les acteurs sont en rapports directs avec les auteurs, ceux-ci choisissant eux-mêmes leurs interprètes et dirigeant généralement les répétitions ; ce qui a amené l'Union des Artistes à prendre d'accord avec les Directeurs certaines garanties contre les changements de distributions imposés par les auteurs après plusieurs répétitions.

Au contraire dans les pays d'Europe Centrale, l'auteur ne fait qu'écrire son œuvre et charge un tiers : « l'Editeur » de la faire représenter. La profession d'Editeur de pièces est d'ailleurs une corporation officielle et parfaitement organisée. De ce fait, les rapports entre auteurs et acteurs dans ces pays sont en somme inexistants sur le terrain professionnel.

2° Licence du comédien.

Il est certain que le théâtre souffre de la facilité avec laquelle on peut maintenant y accéder, la porte est grande ouverte, le microbe du mercantilisme y est installé en maître et l'art est relégué au dernier plan. Il est donc absolument indispensable de créer le brevet d'artiste lyrique ou dramatique, comme vient de le faire l'Union des artistes pour les acteurs de l'écran.

Cependant, le mal vient de plus haut : être directeur de théâtre est aujourd'hui à la portée de tout capitaliste ; nul règlement, nulle loi ne protège l'art dramatique ou lyrique, et à directeur incompétent, troupe douteuse. Nous sommes obligés de constater que certains pays possèdent dans ce domaine des avantages incontestables : Obligation pour tout postulant directeur d'être agréé par les associations professionnelles, dépôt de deux mois de garantie d'appointements avant l'ouverture du théâtre.

Sans vouloir espérer que pareille réglementation soit appliquée dans tous les pays membres de la Société Universelle du Théâtre, nous pouvons désirer que la profession théâtrale soit un jour organisée et c'est pourquoi la Section des artistes a émis le vœu que les Pouvoirs publics s'intéressent à cette réglementation.

Voici d'ailleurs les vœux votés à l'unanimité par la Section des artistes lyriques et dramatiques du Congrès International du Théâtre :

1° Vœu tendant à ce que le droit de faire du professorat lyrique et dramatique ne soit accordé qu'aux professeurs munis d'une licence délivrée par les associations professionnelles compétentes ;

2° Dans l'intérêt de l'art dramatique et lyrique des auteurs et directeurs, l'assemblée émet le vœu que les troupes stables soient reconstituées;

3° L'assemblée émet le vœu que la direction des théâtres et l'autorisation de diriger une tournée ou toute entreprise théâtrale ne soient données qu'à des personnes réunissant des qualités et garanties morales, financières et artistiques, sous le contrôle des organisations professionnelles — directeurs, auteurs et acteurs — ou suivant un statut légal établi d'accord avec ces dernières.

Il s'agit maintenant de faire triompher et réaliser ces différentes motions. C'est l'œuvre de demain à laquelle nous devons nous employer pour le salut du théâtre et notre sauvegarde.

L'art dramatique et lyrique est international par excellence, les frontières n'existent pas pour la pensée, ni la musique, dans chaque pays, c'est la même matière travaillée par des outils semblables, tout en gardant son propre cachet. La Société Universelle du Théâtre doit être la Société des Nations de l'art dramatique et lyrique et c'est elle qui peut faire triompher nos désirs.

Remercions Gémier et Arquillière, organisateurs et animateurs de ce Congrès où fut posée la première pierre de cet édifice qui doit servir magnifiquement le théâtre.

La parole est donnée à M. Pizani pour lecture du rapport de la Section de l'Enseignement.

RAPPORT PRÉSENTÉ PAR M. ROBERT PIZANI au nom de la XIVᵉ Section (Enseignement)

La séance du 22 juin consacrée à l'Enseignement commença par l'étude de l'enseignement artistique en France et à l'étranger. On déplora le nombre grandissant de professeurs de chant et de comédie qui n'ont ni titres, ni valeur. Sur la proposition de MM. Allard et Paty, tous deux vice-présidents de l'Union des Artistes, on vota à l'unanimité la motion suivante :

« La Section émet le vœu que, dans tous les pays (à l'exemple des pays de l'Europe Centrale) ceux qui veulent enseigner l'art dramatique ou lyrique possèdent une licence délivrée par des commissions compétentes, composées de représentants des groupements intéressés ».

Ensuite, M. Aramis (représentant la Grèce), donna un aperçu général sur le merveilleux mouvement musical en Grèce, et sur le développement intense de l'enseignement artistique. Dans toutes les villes, même les moindres, on voit s'ouvrir des écoles municipales de musique des Conservatoires, où d'excellents professeurs donnent des cours gratuits qui sont suivis avec un zèle extraordinaire.

M. C.K. Sié (Chine) fit un exposé fort intéressant sur les modes d'éducation artistique dans son pays. Dès l'âge de 6 ans, les enfants sont conduits régulièrement aux répétitions des grandes compagnies dramatiques et lyriques, et suivent assidûment les représentations des grands artistes de leur canton ; on leur apprend l'histoire de l'art, et des conférences tout à fait simples et claires leur sont faites sur les spectacles qu'ils verront le lendemain.

M. Medgyès, metteur en scène, se plaint du manque de compréhension de beaucoup d'artistes lyriques dans les spectacles modernes. M. Paty, artiste lyrique, croit devoir protester. Mais l'unanimité se fait sur ce point que, le plus souvent, les chanteurs uniquement préoccupés de leur voix et de l'orchestre, en la personne de son chef, sont gauches et ne donnent pas l'interprétation de leur rôle, en un mot ne « jouent pas ». M. Medgyès voudrait obtenir de ces chanteurs une plus grande mobilité, et un jeu adéquat à leur rôle. A l'unanimité, on vota la motion suivante :

« Introduire l'enseignement du mouvement rythmique dans les études théâtrales (et d'une manière officielle dans les établissements d'Etat : Conservatoires, Ecoles municipales, etc...) pour développer de plus grandes possibilités scéniques chez les élèves.

Une dernière motion fut votée à l'unanimité, sur un vœu exprimé par Mlle Paulette Pax :

« Que les élèves des Conservatoires, Ecoles de Musique, etc. soient dans l'obligation de suivre tous les cours qui sont portés au programme. »

Les Congressistes prennent acte des desiderata formulés dans ce rapport et émettent le vœu de voir examiner à loisir par les sections compétentes les motions exprimées par la Section de l'Enseignement.

La parole est ensuite donnée à M. André Cadou, secrétaire de la Section de l'Orchestre pour lecture de son rapport.

RAPPORT PRÉSENTÉ PAR M. ANDRÉ CADOU au nom de la VI⁰ Section (Orchestre)

Messieurs,

Chargé par la Section d'Orchestre, dont j'ai l'honneur d'être secrétaire, de vous résumer ses travaux, je vous dirai que notre effort principal a été de nous enquérir de ce qui se passait à l'étranger, au sujet de toutes les questions qui intéressent notre art.

Il y a parmi nous des chefs d'orchestre et des exécutants. Chacun de nous a donc été à même de pouvoir formuler des souhaits ou des critiques sur l'organisation des théâtre et des salles de concert en France.

Notre collègue et ami, M. Bigot — à l'activité de qui je rends ici hommage — a donc dressé un plan d'organisation générale de la musique au théâtre et au concert, plan qui a été discuté dans nos séances et qui a abouti à un questionnaire extrêmement complet, de toutes les questions qui nous intéressent professionnellement. Ce questionnaire a paru dans les deuxièmes *Cahiers du Théâtre*.

Je suis chargé, expressément, par la Section d'Orchestre, de demander aujourd'hui à nos amis étrangers de vouloir bien nous y répondre. Les questions qu'il traite nous importent au premier chef. Mais ne serait-il pas essentiel que les Unions étrangères créassent des Sections d'orchestre analogues à la nôtre ? Les questions techniques n'intéressent guère que les gens du même métier. La Section française de l'orchestre souhaiterait donc prendre contact avec des sections similaires.

Qu'il me soit permis, en terminant, de dire la fierté que nous ressentons d'avoir été choisis comme premiers artisans d'une cause qui nous est chère, de rendre hommage à notre président et ami M. Gémier, initiateur d'une grande œuvre, et d'assurer tous les pionniers de l'Art venus à ce Congrès, de nos sentiments les plus fraternels. (*Approbation.*)

M. Rickelt expose que les musiciens d'orchestre sont particulièrement bien organisés en Allemagne et se tiennent à la disposition de leurs confrères des autres pays pour leur donner tous les renseignements utiles sur la sauvegarde des intérêts corporatifs.

Les musiciens d'orchestre des théâtres ont obtenu notamment dans le théâtre des communes et de l'Etat des résultats importants. Leur existence est assez largement assurée : ils sont fonctionnaires et touchent une retraite.

Sur une demande de M. Cadou, M. Rickelt promet d'adresser à la Section Française une liste de personnalités et de groupements susceptibles de donner des indications détaillées sur l'organisation de l'orchestre en Allemagne.

M. Grunebaum Ballin, président de la Section juridique au Congrès, donne lecture des principaux vœux émis par cette section. (Voir pages 36, 37, 39). Ces vœux reçoivent l'approbation unanime.

M. Rickelt met aux voix le vœu suivant :

L'assemblée a entendu avec le plus grand intérêt la lecture du vœu des metteurs en scène exprimé par M. Baty (voir pages 39, 40) et elle encourage l'Union française à continuer ses travaux à ce sujet.

Les délégués anglais et allemands se réservent de rapporter la question aux organisations compétentes des spécialistes de leur pays.

Adopté à l'unanimité.

M. Rickelt fait savoir qu'il soumettra les vœux de la Section de jurisprudence, comme aussi tous les autres de la Société Universelle aux réunions d'art dramatique qui vont avoir lieu à Magdebourg en juillet à l'occasion de l'Exposition Internationale du Théâtre.

Le Président donne la parole à M. Firmin Gémier sur la *création dans chaque capitale d'une Maison nationale et internationale du Théâtre.*

M. Gémier montre quelle utilité présenterait cette institution.

Il y aurait dans chaque capitale pour toutes les corporations du Théâtre un logis aménagé à peu près comme la *Maison des Journalistes à Paris.*

A la *Maison du Théâtre*, s'assembleraient les représentants de tous les métiers dramatiques. Ils s'entretiendraient là de leurs intérêts, de leurs ambitions, de leurs espérances. Il y aurait un restaurant, un fumoir, comme à la *Maison des Journalistes*. Il y aurait, au besoin, une Salle des Fêtes avec une petite

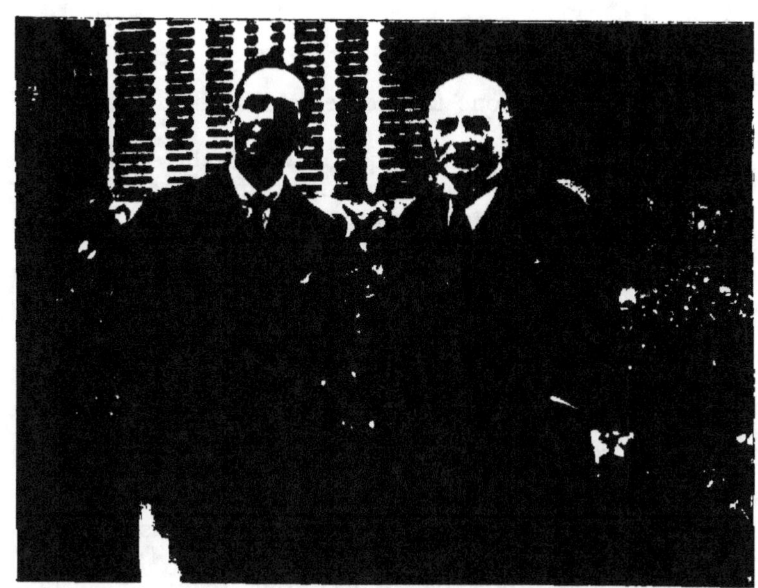

DÉLÉGATION ANGLAISE

M. ASHLEY DUKES (Délégué de la British Drama League, de la Société des auteurs anglais et du Dramatist Guild de New-York) M. GÉMIER, Président de l'Union Française de la Société Universelle du Théâtre.

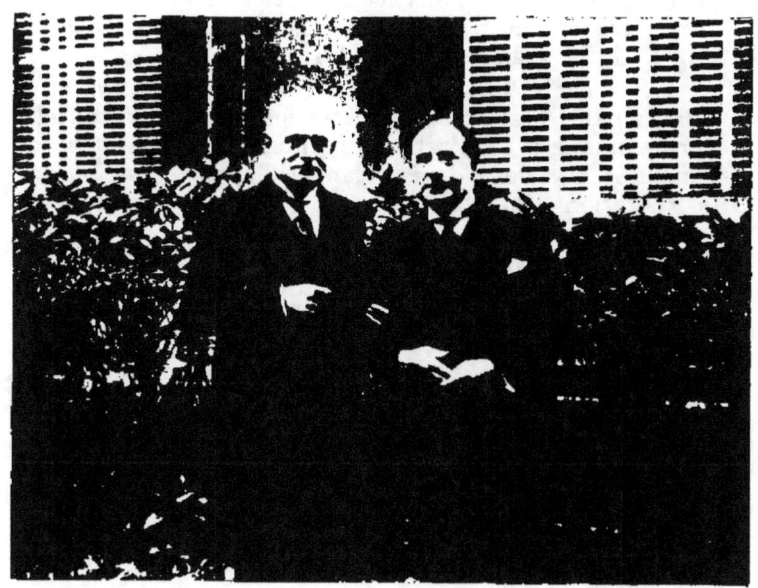

Photos G. Rene

DÉLÉGATION HOLLANDAISE

M. GÉMIER et M. LOUIS DE VRIES, le grand tragédien hollandais.

scène; car où donc une scène serait-elle mieux à sa place?

Il y aurait une bibliothèque et des archives.

La bibliothèque contiendrait les principaux ouvrages dramatiques de toutes les langues. Elle offrirait surtout une collection complète des meilleures œuvres modernes.

Dans les archives, seraient classés tous les documents relatifs aux théâtres du pays, aux directeurs, aux comédiens. Un étranger de passage y puiserait sans peine tous les renseignements nécessaires pour entrer en pourparlers avec un impresario, pour savoir quel itinéraire une tournée doit suivre avec des chances de succès, pour connaître la physionomie actuelle de l'activité dramatique dans le pays.

Bien entendu, les auteurs et les comédiens célèbres venus d'autres nations seraient accueillis fraternellement et fêtés dans des soirées qui réuniraient leurs admirateurs.

Il serait très bon aussi qu'on s'occupât dans cette demeure de venir en aide aux vieux auteurs et aux vétérans de la scène sans fortune.

La Maison du Théâtre serait la réalisation matérielle de cette harmonie que la *Société Universelle* voudrait sceller entre nous tous. Ce serait, en somme, le foyer de la grande famille dramatique.

M. Rickelt fait savoir qu'il existe à Berlin et à Breslau des Maisons du théâtre qui donnent à tous les professionnels de l'art dramatique toutes sortes de facilités sociales. Les étrangers appartenant à une corporation théâtrale y sont toujours amicalement reçus.

M. Dukes fait, au nom de ses confrères anglais, une communication sur le Club du Théâtre institué à Londres par la British Drama League.

M. Gémier demande aux délégués de vouloir bien à leur retour dans leur pays communiquer au bureau central de la S.U.D.T., 2, rue Montpensier, Paris, les renseignements très précis sur les clubs d'art dramatique.

M. Rickelt met aux voix le vœu suivant :

L'assemblée, après avoir entendu les renseignements relatifs à des institutions qui répondent au but envi-

sagé par le projet d'une Maison nationale et internationale du Théâtre *et qui existent à Berlin (Deutscher Buhnenklub, Joachimsthalerstrasse 9,) à Londres (British Drama League, 8 Adelphi Terrace) et à New-York, émet le vœu que des institutions de ce genre se créent au plus tôt dans les autres pays.*

Adopté.

M. de Driesen (Russie) lit la motion suivante :

Messieurs,

Il a été prévu que chaque union nationale pouvait comprendre un certain nombre de sections dont chacune correspond à une corporation du théâtre. Mais il est une collectivité qui, jusqu'à présent, n'est accueillie dans aucune section : c'est le public.

Je suis persuadé pourtant que le public ne doit pas être au théâtre un participant uniquement passif.

M. Rickelt a mentionné aujourd'hui qu'en Allemagne, notamment, le public forme de vastes organisations qui contribuent à la prospérité de nombreux théâtres. Ceci vient à l'appui de ma thèse. Je pense même que les Sociétés d'amateurs, attaquées souvent avec raison parce qu'elles font concurrence aux professionnels sans les valoir, démontrent cependant la nécessité et la possibilité de faire à l'activité du public une plus large place dans la vie du théâtre.

Il serait d'ailleurs utile de se documenter à ce sujet aussi bien en Russie qu'en Allemagne.

Et c'est précisément pour l'étude de ces questions que je voudrais proposer la création d'une nouvelle section de la S. U. D. T. : celle du public.

Cette motion, jugée particulièrement intéressante, sera mise à l'étude par les différents groupements nationaux.

M. Rodolf Léonhard demande si les Russes émigrés ne pourraient pas être autorisés à former dans chaque pays une section russe.

M. Gémier répond que l'Union Française accueille volontiers dans son sein les professionnels étrangers fixés depuis trois ans en France et jugés dignes d'être inscrits dans les sections de la Société.

Le texte suivant est mis aux voix :

L'assemblée décide que, dans chaque État, ne peut se former qu'une seule Union nationale. Cette Union s'engage à accueillir comme membre individuel tout professionnel dûment qualifié appartenant à une autre nationalité, mais fixé sur le territoire de l'Union depuis un temps qu'elle déterminera dans son règlement.

Signé : RICKELT.

Adopté.

M. Rickelt dit que pour donner un exemple aux autres pays qui ont adhéré en principe à la *Société Universelle du Théâtre*, il interviendra personnellement afin de déterminer dans un délai très bref la constitution définitive en Allemagne de l'*Union Nationale* appartenant à cette Société.

Tous les délégués présents se déclarent prêts à prendre le même engagement pour le pays qu'ils représentent.

L'ASSEMBLEE SE LEVE POUR ATTESTER LA SOLENNITE DE CETTE PROMESSE.

Il est décidé qu'une carte de la S. U. D. T. sera attribuée à tout membre de chaque Union Nationale. Cette carte conférera certains avantages comme ceux qui ont fait l'objet d'un vœu de la part de la Section de la Critique.

Un droit sera perçu sur chaque carte. Une partie de ce droit sera affectée au budget de chaque Union Nationale et une autre partie au budget général de la S. U. D. T.

Le vœu suivant est mis aux voix :

*L'assemblée émet le vœu que chaque Section nationale aussitôt constituée nomme un représentant à Paris où il sera l'organe de liaison entre cette Section nationale et la S. U. D. T. à l'*Institut International de Coopération Intellectuelle de la Société des Nations.

Signé : RICKELT.

Adopté.

La séance est levée à midi et demie.

A 14 heures,

Toutes sections réunies

Ordre du jour

Séance de clôture.

Le président, M. Rickelt, pour tirer la conclusion générale de cette semaine de travaux, renouvelle le vœu que, sans retard, des Unions Nationales de la *Société Universelle* fonctionnent régulièrement dans tous pays représentés au Congrès et que ces Unions se mettent immédiatement en communication entre elles et avec le Bureau central de la Société à l'*Institut International de Coopération Intellectuelle.*

A la demande de MM. Rivoire et Lenormand, un vœu est ensuite voté pour que les différends d'ordre théâtral soient soumis à un arbitrage intercorporatif et international par l'entremise de la S.U.D.T. M. Georges G. Toudouze, au nom de la Section Presse et Critique, s'associe à ce vœu.

Enfin M. Gémier prononce en ces termes le discours de clôture, qui est à plusieurs reprises acclamé par toute l'assistance:

DISCOURS DE CLOTURE PRONONCÉ PAR M. FIRMIN GÉMIER

Mesdames,
Messieurs,

Au moment de vous dire adieu et de vous donner rendez-vous à l'an prochain, vous me pardonnerez d'éprouver quelque tristesse. La présence parmi nous d'hôtes venus du monde entier me paraît avoir été bien courte maintenant qu'ils sont sur le point de nous quitter.

Je les remercie, je vous remercie tous de la passion que vous avez témoignée pour l'œuvre que nous avons entreprise ensemble.

Vous me permettrez de nommer à part le président de la Fédération Internationale des Artistes Dramatiques et Lyriques, mon grand ami Rickelt, qui, à plusieurs reprises, a bien voulu diriger, avec sa haute et lumineuse expérience, les travaux de notre Congrès.

Au nom de l'Union Française, dont les membres ont tant

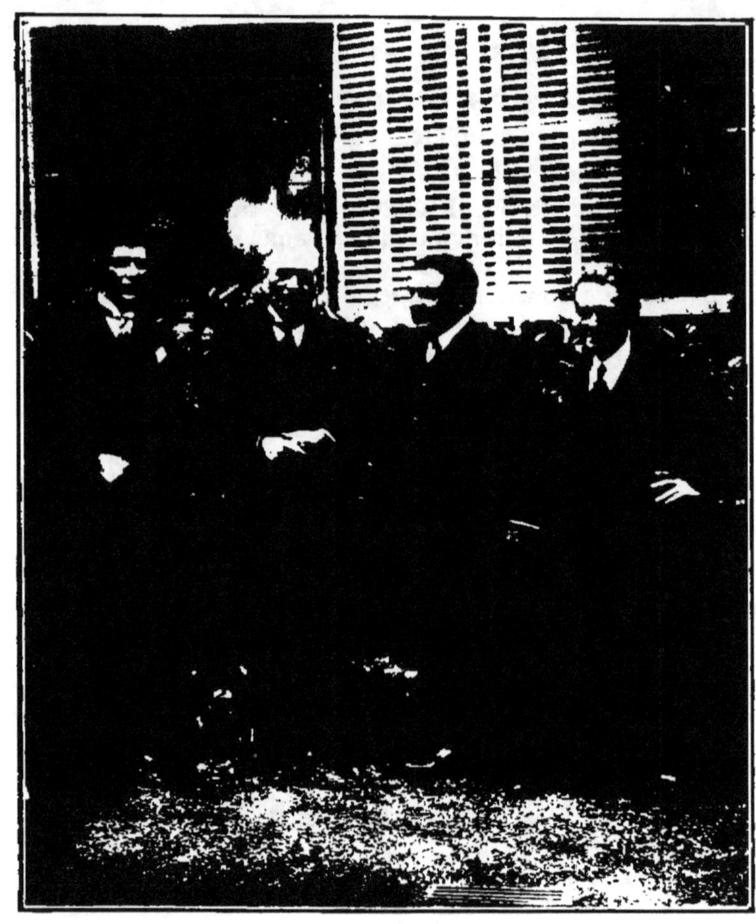

Photo G. René.

LES ORGANISATEURS DU CONGRÈS INTERNATIONAL DU THÉATRE
(Paris 20-27 Juin 1927)

De gauche à droite :

M. MAUPREY, Secrétaire Général de l'Union Française de la S. U. D. T.

M. GÉMIER, Président de l'Union Française de la S. U. D. T.

M. ARQUILLIÈRE, Commissaire Général du Festival et du Congrès.

M. PAUL GSELL, Secrétaire Général de l'Union Française de la S. U. D. T.

contribué au puissant intérêt de nos séances, je rends à tous
les délégués des nations représentées ici l'hommage que
mérite leur noble amour de notre merveilleux art théâtral.

Je remercie également l'Institut International de Coopération Intellectuelle, son éminent directeur, M. Luchaire,
ainsi que tous ses actifs collaborateurs, qui nous ont offert
une hospitalité si cordiale, si empressée et même une aide
directe comme celle que le savant, M. Eisler, nous a prêtée
avec tant d'obligeance et de maîtrise. Je veux dire toute ma
gratitude à notre ami André Rivoire, vice-président de la
Fédération Internationale des Auteurs et qui pour nous,
Français, représente aussi notre grande Société des Auteurs
et Compositeurs, à mes amis Tarride, président de la Commission extérieure de l'Union des Artistes et à Lurville,
vice-président de l'Union des artistes français. Je ne saurais trop dire notre reconnaissance de les voir ici. J'adresse
encore d'affectueux remerciements à ceux qui ont assumé l'organisation de ce Congrès et du Festival d'art dramatique et
lyrique. Je donne une accolade fraternelle à mon vieil ami, à
mon compagnon de toujours, à l'admirable Arquillière, qui
s'est dépensé sans compter dans les fonctions de commissaire général de ces deux absorbantes manifestations.

Je cite à notre ordre du jour, comme ayant bien mérité de
notre Société Universelle, les deux secrétaires généraux si
dévoués de l'Union Française, MM. Paul Gsell et André
Mauprey. Et je témoigne toute notre gratitude à la presse,
qui a suivi nos travaux avec une conscience si attentive et si
amicale.

Grâce à l'esprit d'union, à l'ardeur qui vous animèrent
tous, ce Congrès a été très utile à l'art dramatique et musical.

Il y a des gens qui ne comprennent pas et qui ne veulent
pas comprendre ce que nous désirons faire. Ces gens-là disent
en parlant de nous: « Ce sont des rêveurs. Ils jouent des
airs de flûte sur le thème de l'harmonie universelle. Leurs
mélodies ont peut-être du charme, mais elles sont décevantes.
Les idées dont ils se font les avocats sont tout à fait irréali-
sables. La Société Universelle du Théâtre est une chimère. »

Eh! bien, vous qui êtes venus ici, vous qui avez constaté
ce que nous faisions, vous qui avez si bien travaillé avec
nous, vous pouvez dire si l'œuvre à laquelle vous vous êtes
associés est une chimère.

Dès nos premières séances, au contraire, vous vous êtes
trouvés sur le terrain le plus solide. Des problèmes d'intérêt
très pratique, importants et nombreux, furent traités à la
fois par des professionnels appartenant à différentes corporations. Et l'on s'est aperçu tout à coup que cette méthode
si nouvelle et si rationnelle de réunir dans les discussions
des compétences très variées était la plus efficace. L'on s'est

aperçu que pour résoudre les difficultés de toute espèce pré-
sentées par l'art dramatique et lyrique, rien ne valait la
collaboration de tous ceux qui s'y consacrent. L'on a reconnu
que chaque nation venue à notre Congrès profitait des progrès réalisés par les autres et leur apportait en échange les
heureuses innovations dont elle-même avait été l'initiatrice.
Ainsi se démontrait, par le fait même, le caractère éminem-
positif, essentiellement réaliste, de la Société Universelle du
Théâtre.

Et vous avez pu suivre aussi quelques-unes des soirées de
notre Festival.

Nos adversaires ont dit que ce Festival était une utopie
et qu'il ne pouvait donner aucun résultat. Ils ont dit qu'une
telle tentative pouvait être nuisible parce qu'elle aurait pour
effet de mélanger les inspirations nationales, de neutraliser,
d'abolir les traditions qui nourrissent l'art dans chaque pays.
Vaines critiques. Le Festival International a eu lieu, il a
apporté de grands exemples, de curieuses révélations, d'excellentes leçons. Toute la presse a exprimé son admiration pour
des talents de premier ordre qui nous étaient déjà connus
par la renommée, mais qui viennent de recevoir une consécration éclatante.

En comparant, en confrontant des écoles dramatiques très
diverses, nul de nous n'a songé à nier que l'art ne dût sa
puissance aux qualités de chaque race, nul n'a demandé que
chaque peuple renonçât à son tempérament pour adopter un
art uniforme qui, étant celui de tout le monde, ne serait
celui de personne. Au contraire, nous avons tous applaudi
à la marque originelle de chaque spectacle. Et pourtant chaque nation assistant à ce Festival a pu largement bénéficier
pour elle-même des observations que lui permettait de faire
l'expérience des autres.

L'art est national, c'est entendu. Il l'est par ses racines ;
mais, par ses cimes, il est humain et c'est dans une vivifiante
atmosphère d'humanité que se rejoignent toutes les grandes
œuvres.

Il faut donc féliciter les premières nations qui nous ont
envoyé leurs artistes. Il faut hautement honorer ces artistes
d'avoir montré un admirable désintéressement, d'avoir fait
de très lourds sacrifices pour affirmer leur foi dans les idées
qui nous guident.

Nos adversaires nous blâment encore de nous enthousiasmer
pour de grandes idées. Ils nous raillent de vouloir mettre
l'art au service des aspirations les plus élevées, de vouloir
former une ligue de tous les officiants de la pensée en faveur
de la sagesse et de la paix. Ils disent que ce sont là des
mots vides.

Ah ! qu'ils viennent donc quelques instants au milieu de

nous et ils comprendront, même les plus sots comprendront
la nécessité de nos travaux, la force et la noblesse de notre
communion unanime. Vous tous qui avez assisté l'autre jour
à notre déjeuner fraternel, où M. Edouard Herriot a exprimé
avec tant de cœur les sentiments qui nous inspirent, vous
pourrez dire quelle indicible émotion, au cours de ce banquet, nous étreignit tous quand des paroles profondes furent
prononcées. Vous pourrez dire que dans toutes les nations
représentées au Congrès, est en train de se former une foi
magnanime dans l'art fraternel mis au service du rapprochement des artistes et des peuples. C'est précisément cette
foi que nous demandons à l'art de magnifier. Enfin nous
voulons le théâtre propre, honnête, utile. En poursuivant
cette tâche, nous sommes certainement moins fous que les
égoïstes qui pour s'enrichir se font les bouffons ou les valets
de la foule, de la foule qu'ils divertissent en l'avilissant et
qui restent sourds aux appels de la grande détresse contemporaine. Nous sommes certainement moins fous que ceux qui
ne font rien pour empêcher le retour des massacres imbéciles.

Non, notre Société Universelle du Théâtre n'est pas une
chimère, c'est un grand effort très bienfaisant et qu'il faut
poursuivre avec acharnement pour qu'il aboutisse aux consé-
quences les plus riches.

C'est à vous, c'est à nous tous de continuer cet effort.
Dans les capitales où je me suis rendu, j'avais promis de
fonder une union française de la Société Universelle du
Théâtre, j'avais invité tous mes camarades qui, dans chacune
de ces villes m'approuvaient, à un Congrès et à un Festival
en juin 1927.

J'ai tenu mes promesses.

De retour dans vos pays, faites donc une propagande
incessante pour notre Société Universelle ; créez des Unions
Nationales là où il n'y en a pas encore ; faites-les prospérer
là où elles existent ; préparez le Congrès et le Festival de
l'année prochaine. Car si brillante qu'ait été notre première
expérience elle n'est pourtant qu'un début très modeste en
comparaison de notre avenir. Je vous prédis que, grâce à
vous tous, notre Congrès et notre Festival de l'année prochaine seront incomparablement plus réussis encore. Je vous
prédis que toutes les nations seront là, que tous les peuples
répondront: présent! Je vous prédis que les sceptiques ne
riront plus, quand ils verront le développement de nos forces,
quand ils connaîtront nos progrès, quand ils verront ce que
peuvent l'art et le cœur pour le triomphe de l'Esprit humain.

*TOUS LES CONGRESSISTES SE LEVENT ET
FONT A M. FIRMIN GEMIER UNE EMOUVANTE
OVATION.*

SOCIÉTÉ UNIVERSELLE
DU THÉATRE

Premier Festival International d'art dramatique et lyrique

aux Théâtres des Champs-Elysées

JUIN - MCMXXVII

PARIS

FESTIVAL INTERNATIONAL D'ART DRAMATIQUE ET LYRIQUE

Le premier Festival International d'art dramatique et lyrique organisée par l'Union française de la Société Universelle du Théâtre a été donné dans les théâtres des Champs-Elysées (Grand Théâtre et Comédie) du 10 au 27 juin 1927.

C'est le Théâtre Royal de Copenhague qui a brillamment inauguré la série des représentations.

M. Gaston Doumergue, Président de la République, avait bien voulu honorer cette soirée de sa présence. M. Bokanowski, Ministre du Commerce, avait également tenu à y assister.

M. Herriot, ministre de l'Instruction Publique et des Beaux-Arts, ce jour-là à Franfort, s'était fait excuser.

La légation de Danemark avait assumé avec beaucoup de zèle le soin d'organiser cette belle solennité. M. Wamberg, en particulier, s'était prodigué pour remplir dignement cette mission.

Avant le lever du rideau, M. Firmin Gémier prononça la courte allocution dont voici le texte :

Monsieur le Président de la République,
Messieurs les Ministres,
Monsieur le Ministre du Danemark,
Excellences,
Mesdames, Messieurs,

Au nom de la Société Universelle du Théâtre, j'ai l'honneur de vous remercier très vivement d'avoir bien voulu honorer de votre présence le spectacle d'inauguration du premier Festival International d'art dramatique et lyrique.

Pour la première fois, plusieurs peuples sont conviés à se rapprocher fraternellement sur le terrain pacifique d'un art dont la magie fait communier les hommes dans les émotions profondes et souvent généreuses.

Le Gouvernement français qu'inspire un idéal si noble s'est intéressé avec une bienveillance infiniment précieuse à ces manifestations artistiques dont il a mesuré aussitôt la haute portée sociale.

C'est pour nous une grande joie que ces représentations internationales débutent par celle que donne ce soir le Théâtre du Danemark.

Il est juste et d'excellent augure qu'un pays qui vit uniquement pour les travaux de la Paix, qui entretient chez lui avec une dévotion si passionnée la flamme de l'esprit et qui par tant de liens avec les autres nations de l'Europe éveille les sympathies unanimes, il est d'excellent augure que ce pays précède les diverses races dans la lice où la victoire appartiendra au seul prestige de l'art.

Le théâtre royal de Copenhague a droit, non seulement à notre admiration, mais aussi à notre cordiale amitié.

A son origine, qui remonte à plus de deux siècles, on retrouve en effet la France. Un de nos compatriotes, Montaigu, le fonda en 1722 en rassemblant une petite troupe composée en majeure partie d'étudiants. Et c'est pour cette compagnie que l'immortel Holberg, surnommé le Molière danois, écrivit ses puissantes comédies, dont l'une *Erasmus Montanus,* va être interprétée dans quelques instants ici même par le grand acteur Johannès Poulsen et par les excellents artistes qui l'entourent.

Depuis lors le Grand Théâtre n'a cessé d'être en Danemark l'auxiliaire le plus dévoué de la vie intellectuelle.

Dans la période récente, il a été l'hôte empressé des troupes françaises qui se sont rendues à Copenhague. Nos meilleurs acteurs y ont été applaudis avec enthousiasme par le public danois. Mounet-Sully et son frère Paul, Sarah-Bernhardt, Maurice de Féraudy, Antoine, Guitry, ont laissé là-bas un souvenir inoubliable. Puis, c'est sur la scène même du Théâtre Royal que furent accueillies la troupe du Français et celle de l'Odéon. Les comédiens du premier et du second Théâtre-Français peuvent témoigner de l'accueil enthousiaste qui leur fut réservé.

J'exprime donc la reconnaissance émue de la France et je crois traduire le sentiment de ce grand auditoire en souhaitant une chaleureuse bienvenue à nos camarades du Danemark, à leur directeur, M. W. Norrie, au grand Poulsen, à sa femme, l'artiste délicieuse Ulla Poulsen et au maëstro Hœberg, en adressant nos remerciements les plus vifs et nos hommages à leur gouvernement et à leurs souverains, dont la générosité nous permet ce soir de fêter leurs artistes et d'exprimer nos sentiments de profonde amitié envers le noble peuple danois.

REPRÉSENTATION
du 10 Juin 1927
(GRAND THÉATRE DES CHAMPS-ELYSÉES)

en présence

de M. le Président de la République Française,
de M. le Ministre du Danemark
et de M. le Ministre du Commerce,

THÉATRE ROYAL
DE COPENHAGUE

Direction : M. William NORRIE
Directeur de la Musique : M. Georg HOEBERG
Metteurs en scène : MM. Poul NIELSEN et Johannès POULSEN

I

Ouverture de Elverj, de Frederik KULHAU

II

Argument sur «*Erasmus Montanus*»
lu par M. Firmin GÉMIER

III

ERASMUS MONTANUS
OU RASMUS BERG

Comédie en 5 actes de Ludvig HOLBÉRG
Metteur en scène : M. Poul NIELSEN

Distribution des rôles:

Erasmus Montanus	M. JOHANNÈS POULSEN
Jeppe Berg, son père	M. LARS KNUDSEN
Nille, sa mère	Mme SIGRID NEIIENDAM
Lisbed, sa fiancée	Mlle KARIN NELLEMOSE
Jeronimus, père de Lisbed	M. RASMUS CHRISTIANSEN
Magdelone, mère de Lisbed	Mme JONNA NEIIENDAM
Jacob, frère de Erasmus	M. HOLGER GABRIELSEN
Peer, sacristain-maître d'école ..	M. HENRIK MALBERG
Jesper, intendant du château voisin	M. VALDEMAR MOLLER
Le Lieutenant	M. AAGE FONSS
Niels, caporal	M. EINAR ROSENBAUM

IV

BALLET - DIVERTISSEMENTS

Orchestre dirigé par M. Georg HOEBERG

Pas de deux
du ballet « *La Fête des Fleurs à Gensano* »
d'Auguste BOURNONVILLE
Dansé par Mlle Ulla POULSEN et M. Kaj SMITH

Le costume de Mme U. POULSEN est dessiné
par Mme GERDA WEGENER

Pas de quatre, **du ballet « *Napoli* »**
dansé par Mmes Vera KOKFELT et Else HOJGAARD
et MM. Leif ORNBERG et Gunnar IVERSEN

La Sylphide de M. Mikael FOKIN
dansée par Mme Ulla POULSEN

V.

SCARAMOUCHE

Drame mimique en 2 actes et 1 intermède
Musique de M. Jean SIBELIUS ; Texte de M. Poul KNUDSEN
Metteur en scène : M. Johannès POULSEN
Costumes et décors d'après les dessins de M. KAY NIELSEN:
Orchestre dirigé par M. Georg HOEBERG

Distribution des rôles :

Leilon	M. EVVIND JOHAN-SVENDSEN.
Blondelaine, sa femme	Mme ELNA JORGEN-JENSEN
Guigolo, un vieil ami	M. HOLGER GABRIELSEN
Mezzetin, un Dandy	M. AAGE FONSS
Scaramouche, musicien ambulant	M. JOHANNÈS POULSEN
Flûte } compagnons	M. VALDEMAR MOLLER
Luth } de Scaramouche	M. LARS KNUDSEN
Un vieux domestique de Leilon '	M. RASMUS CHRISTIANSEN
Un autre domestique	M. EINAR ROSENBAUM

Dandys : MM. Karl Merrild, Kaj Smith, Leif Ornberg,
Gunnar Iversen.
Dames : Mmes Minnie Scott, Else Hojgaard, Mlles Vera
Kokfelt, Karin Nellemose.
Invités: Mme Jacqueline et Mlle Meg. MM. Ejnar et Tage.

Solo. Une danse : Mme Ulla POULSEN

LE COSTUME DE CETTE DANSE EST DESSINÉ PAR
Mme GERDA WEGENER

Le premier et le deuxième acte se passent chez Leilon
L'Intermède dans une forêt
Dans « Scaramouche », pas d'entr'acte

Nous donnons ci-après des extraits de la presse française sur cette soirée d'ouverture:

De l'*Avenir*, 13 juin :

Donc, la Société Universelle du Théâtre a donné la première représentation du festival international d'art dramatique et lyrique. M. Firmin Gémier nous a présenté tout d'abord, sur la belle scène des Champs-Elysées, le Théâtre Royal de Copenhague. La salle était brillante; le président de la République était venu. Nous avons toutes raisons de faire bon accueil aux artistes du Danemark qui reçoit si cordialement les nôtres. Mais nous n'avons pas besoin d'être bienveillants, il nous suffit d'être justes pour faire l'éloge de cette compagnie.

Elle a joué tout d'abord cinq petits actes de Ludvig Holberg : *Erasmus Montanus*. C'est une comédie classique ; on sent que l'auteur aimait Molière. *Erasmus* est un pédant ; mais il a des excuses. C'est un jeune étudiant, tout enivré d'une science récente et même inattendue : ce fils de villageois ne semblait pas destiné aux hautes études. Il n'en est pas assombri comme Hamlet; je crois, en effet, que ce prince du Jutland a mal digéré l'enseignement philosophique, et c'est une des raisons qui expliquent son égarement. Erasmus n'est pas enclin au pessimisme. Il use avec ferveur de la logique, même s'il doit aboutir à d'absurdes conclusions. Il défend avec une ardeur de néophyte les vérités qui lui furent révélées. Il soutiendra avec une constance de martyr que la terre est ronde, même au risque de rompre son mariage, parce que son futur beau-père considère cette opinion comme hérétique. La liberté de son esprit n'est vaincue que par la discipline militaire. La méthode allemande, qui est appliquée à Erasmus pour lui inculquer les principes du maniement d'armes, les coups qui lui sont prodigués par l'instructeur transforment le philosophe indépendant en soldat très docile. Pour échapper à ces violences et à cette servitude, il abandonnera les idées pour lesquelles il se croyait prêt à mourir. Ainsi Sganarelle, battu par Valère et Lucas, renonce à protester contre la calomnie qui le proclame médecin. Erasmus épousera sa jolie Lisbed et il deviendra un homme des champs, à l'exemple de son cadet Jacob qui est jovial et fin. La pièce est embellie d'une atmosphère rustique. Les personnages de Ludvig Holberg semblent déjà chérir l'existence des champs comme le feront les disciples français de Rousseau. Ces villageois sont plus rudes que les campagnards de Greuze : ils y font pourtant songer.

Des bouffons s'apparentent aux admirables fantoches que nous admirons dans les comédies de Musset. Le maître d'école Peer n'est-il pas un Blasius, un Bridaine? L'intendant du château Jesper et Jeronimus, le père de la fiancée, appartiennent à cette famille de grands burlesques. Nous en trouvons déjà les types dans l'œuvre de Molière qui les avait aperçus dans la farce italienne. Les comédiens danois évoquent avec une grâce puissante le souvenir de Polichinelle, de Cassandre et de leurs camarades. Les compositions que nous présentent MM. Ramus Christiansen, Henrik Malberg, Valdemar Moller attestent ce souci du style ; Mlle Karin Nellemose, fille de Colombine, et Mme Jonna Neiiendam obéissent à la même préoccupation. Les interprètes qui représentent les parents d'Erasmus, — M. Lars Knudsen, Mme Sigrid Neiiendam, — sont plus près de Sedaine.

Deux acteurs s'imposent à l'attention : M. Holger Gabrielsen et M. Johannès Poulsen. Le premier représente Jacob, le fils cadet. Il est simple et il possède l'autorité comique de M. Michel Simon. Le regard est spirituel, malicieux. La pièce est menée par M. Johannès Poulsen qui tient le rôle d'Érasmus. Il a du mouvement, de la légèreté. Il semble illuminé par la science qu'il vient d'acquérir. En lisant la lettre touchante et craintive de la fiancée, il a fait preuve d'une sensibilité exquise. Il conserve de l'allure, de la noblesse dans les situations les plus humiliantes. Il a la poésie du Pierrot transformé par Deburau.

Le décor qui représente une salle dans la maison de Jeppe Berg, le père d'Erasmus, est charmant. C'est une illustration exquise du dix-huitième siècle danois. Les costumes sont pittoresques et beaux. La représentation nous a prouvé que le Théâtre Royal de Copenhague mérite sa grande renommée. Nous n'avons pas aperçu un interprète génial ! mais nous avons admiré des acteurs et des actrices qui jouent très bien, avec intelligence, avec goût. Nous rendons le plus sincère hommage au talent de cette compagnie et à sa probité professionnelle.

Un intermède chorégraphique nous a permis de reconnaître la finesse nerveuse de Mme Vera Kokfelt, la grâce saine de Mlle Else Hojgaard, la légèreté puissante de M. Kaj Smith, le bon entraînement de MM. Leif Ornberg et Gunnar Iversen. Le grand succès est allé à la danseuse Ulla Poulsen, à la beauté romantique. Elle a de l'équilibre et de la fluidité. Le pas qu'elle a exécuté dans *Scaramouche* nous a ravis. Elle avait le charme étrange et vaporeux d'une Ophélie. Ses costumes sont jolis ; ils ont été dessinés par Mme Gerda Wegener, qui est connue, admirée, aimée à Paris.

Scaramouche est un *drame mimique*. Les deux actes et trois tableaux se déroulent sans arrêt. C'est une pantomine mêlée de dialogue et de danses. La musique, exécutée avec précision et avec fougue sous la direction de M. Georg Hoeberg, commente sans repos l'action. Cette partition de M. Jean Sibelius abonde en rythmes entraînants, en motifs agréables et faciles. On ne saurait lui reprocher d'être obscure. La signification en est claire, évidente. Des notes soulignent même les pas d'un domestique qui sort.

L'auteur du livret, M. Poul Knudsen, a imaginé dans une atmosphère de Watteau une violente aventure. Imaginez un compagnon de Miarka qui surgirait dans les élégances des *Fêtes Galantes*. Jean Richepin contre Paul Verlaine ! Certes, le rêveur Leilon adore Blondelaine. Il ordonne pour elle des plaisirs délicats et classiques ; mais Blondelaine aspire à des ardeurs plus naturelles. Elle cède à la violence de l'instinct et rejoint dans la forêt le rude Scaramouche. Elle ne veut pas, d'ailleurs lui être asservie et, pour s'en libérer, elle n'hésite pas à le tuer. Ivre d'amour et de meurtre, elle danse follement devant le cadavre que dissimule un rideau et bondit au-dessus du sang qui ruisselle. Elle danse jusqu'à l'épuisement, jusqu'à la mort.

Après avoir été le naïf Erasmus, M. Johannès Poulsen a tenu le rôle du rude, du brutal Scaramouche. Il a su être véhément, farouche. M. Eyrind Johan-Svendsen lui a opposé la mélancolie nostalgique de Leilon. Mme Elna Jorgen-Jensen est Blondelaine, c'est-à-dire la Femme : fragilité et violence, calme et fièvre, timidité et imprudence, pitié et cruauté, etc., etc... tous les contrastes ! C'est une tâche qui peut effrayer une interprète. Sans hésiter, Mme Elna Jorgen-Jensen nous a versé l'ivresse, comme le demande la Dalila de Saint-Saëns. Elle a versé à pleins bords. Elle a versé.

Il nous est difficile d'aimer les costumes et les décors de M. Kay Nielsen. Jamais un artiste français n'aurait évoqué la volupté en nous montrant, sous une étoffe transparente, le déshabillé de la femme. Ce sont des images pour collectionneurs enfantins ou fatigués. Elles nous font sourire, et aussi rougir un peu. Mais chaque pays a ses usages. Ce spectacle ne convient ni à notre sensibilité ni à notre goût. M. Kay Nielsen a peut-être voulu nous montrer que, sous la robe d'apparat, la grande dame était une petite femme. Il ne semble pas que ces illustrations conviennent au texte de M. Poul Knudsen. Ce sont plutôt des compositions pour les publications de Copenhague qui s'inspireraient de la *Vie Parisienne* ou de *Fantasio.*

NOZIÈRE.

De *Comœdia*, 12 juin :

Il faut tout d'abord remercier M. Gémier et la Société Universelle du Théâtre qui ont réussi, malgré les obstacles et certaines résistances, à organiser ce festival international. Je ne crois pas beaucoup, pour mon compte personnel, que, dans la société actuelle, l'Art ait une grande influence sur le rapprochement des peuples. S'il suffisait de quelques galas pour pacifier l'Europe, nous demanderions volontiers à M. Gémier d'en donner un par semaine. Mais dans les conflits futurs, encore plus que dans le précédent, les écrivains et les artistes ne pèseront pas davantage que des grains de poussière dans un courant d'air. Jamais le monde n'est resté plus fermé à l'Idéologie. Que demain surgisse la menace d'une autre guerre, et les intellectuels, de nouveau, signeront d'un côté des manifestes belliqueux et de l'autre feront de simples caporaux.

Mais, pour rester dans le domaine purement artistique, nous avons tout intérêt à recueillir chez nous ces auteurs et ces artistes étrangers, soit amis, soit ex-ennemis, et à confronter leurs œuvres et les diverses manifestations de leur art avec les nôtres. Surtout dans la période actuelle, qui est une période de reconstruction, les apports de la pensée étrangère peuvent être précieux pour nous. C'est toujours après des bouleversements et des crises de déséquilibre, que la France s'est montrée le plus ouverte aux influences du dehors. Le regroupement et l'assimilation viennent ensuite. La France est un organisme solide et sain qui a toujours su s'assimiler admirablement les éléments étrangers. Mais elle n'en a pas moins besoin de ce courant continu d'échanges de peuple à peuple, et il est bon que quelques hommes actifs et pleins de foi comme M. Gémier s'occupent de les favoriser, car par nous-mêmes, nous sommes plutôt une nation incurieuse. Nous aimons trop vivre sur notre propre fonds.

Le festival international s'est brillamment ouvert par un spectacle du Théâtre royal de Copenhague. L'an dernier déjà, nous avions eu l'occasion d'admirer et d'applaudir l'artiste danois Reumert, ce grand ami de la France. Hier, c'est un autre acteur remarquable, M. Johannès Poulsen, que le Danemark nous a envoyé, et qui, entouré d'une excellente troupe, nous a permis de constater à quel point le théâtre à Copenhague, est un art vivant, florissant, et parfaitement au point.

Nous avons entendu d'abord une comédie de Ludvig Holberg, *Erasmus Montanus*. Je me garderai bien d'étaler une érudition toute fraîche, en vous parlant d'Holberg, qui écrivit ses pièces dans la première moitié du XVIIIe siècle, et qui est l'un des maîtres de la littérature danoise et norvégienne. On l'a appelé le Molière scandinave. Et, en effet, nous pouvons constater, dans *Erasmus*, combien il s'est inspiré de l'auteur de *Tartuffe*. On ne dira jamais assez tout le rayonnement qu'eurent, au XVIIIe siècle, les chefs-d'œuvre français dans les pays du Nord et du Centre. Et nous devons être reconnaissants à M. Poulsen d'avoir choisi, pour nous, une œuvre où il nous est particulièrement agréable de retrouver des souvenirs de Molière. *Erasmus Montanus* est une sorte de farce, très simple, mais savoureuse et pleine de bonne humeur, qui met en scène un jeune étudiant, fils de riches paysans, qui retourne à son village. Tout glorieux de sa science acquise au collège, fier de sa supériorité en logique et en philosophie, il discute avec tout le monde, écrase ses braves parents et son frère sous « sa raison raisonnante », argumente avec un ignare sacristain-maître d'école (on dirait la dispute de Pancrace et de Marphurius), se fait railler de tous parce qu'il soutient mordicus que la terre est ronde, et préfère rompre avec sa fiancée plutôt que de céder sur ce point... Pour le mettre au pas, il faut un lieutenant qui l'enrôle de force, et qui lui fait faire l'exercice à la prussienne... Alors, il consent à proclamer que la terre est plate, et il retrouve sa fiancée... Cette scène évoque le souvenir de Sganarelle assénant des coups de bâton à Marphurius...

Mais ces discussions plaisantes de pédants, cette condamnation de la fausse science, imitées librement de Molière s'encadrent en même temps dans un tableau de mœurs locales et

villageoises traité avec une sorte de bonhomie joviale et un
sens très sûr de la caricature. Ces personnages qu'on voit
autour d'Erasmus, ses parents, d'abord glorieux de lui, puis
inquiets, son frère rustique et narquois, l'important intendant,
le bouffon sacristain sont vivants et fort drôles, dessinés de
traits un peu gros, mais justes; il y a là une sorte de réalisme familier greffé sur le bon sens et le comique molliéres-
ques.

La présentation de la pièce est remarquable. Le décor d'intérieur est charmant, la mise en scène juste et vraie. M. Johannès Poulsen, qui tient le rôle d'Erasmus est étonnant de vie,
de naturel, de mouvement. Il rappelle parfois, en moins sec,
M. Gémier. C'est, du reste, comme lui, un acteur de composition, qui excelle dans les rôles les plus variés, et qui va à son
personnage au lieu de le tirer à lui: un type d'acteur qui se
fait rare chez nous. M. Henrik Malberg a fait du sacristain
une caricature d'une couleur et d'un relief des mieux réussis.
Mmes Sigrid et Jonna Neüendam (la mère et la belle-mère
d'Erasmus) jouent leurs rôles de villageoises avec l'art le plus
sûr et le plus vrai... Du reste, les autres interprètes,
MM. Knudsen, Gabrielsen, Moller, Fonss, Rosenbaum, et
Mlle Karin Nillemore se distinguent par ces mêmes qualités
de naturel et d'aisance, même dans la charge. Tous nous ont
donné un fort bon modèle et une fort bonne leçon de réalisme.

*
* *

Le drame mimique *Scaramouche* qui succédait à la pièce
d'Holberg est un spectacle moins original, et qui ne nous
apporte aucune révélation, mais qui est agréable. Le livret
de M. Knudsen, d'un symbolisme facile, est adroit... Une fête
chez le poète Leilon; sa femme, la charmante Blondelaine,
danse ; les dandies s'empressent autour d'elle. Aimables
galanteries. Mais des musiciens ambulants, conduits par le
violoniste difforme Scaramouche captivent Blondelaine par
leur musique étrange et passionnée... La nuit même, elle
s'échappe et va rejoindre Scaramouche dans la forêt.

Le lendemain matin, pendant que le mélancolique Leilon se
désespère, Blondelaine revient. Elle a été effrayée de l'étreinte
brutale du faune... Mais Scaramouche vient la rechercher.
Elle le tue, et cache son cadavre derrière un rideau... Puis elle
danse pour dissimuler son angoisse à Leilon, mais elle voit
une flaque de sang sur le plancher... Saisie d'épouvante, elle
continue à danser avec une sorte de frénésie, et tombe morte
à la fin...

La musique de M. Sibelius épouse avec une habileté expressive les diverses phases du drame. Elle est ardente et ruisselle
avec le violon de Scaramouche, et elle se précipite, vers la
fin, dans un rythme frénétique. Le décor est beau en couleur.
J'ai moins aimé les costumes: ils dissimulent la ligne des
femmes et montrent les formes des hommes; nous sommes des
arriérés, nous préférons le contraire.

Mme Elna Jorgen-Jensen qui mimait le rôle de Blondelaine
est une grande artiste. Elle danse fort bien, et a un tempé-

rament dramatique et passionné au service d'un métier très sûr... Sa dernière danse, la danse de la mort, a une sorte de beauté tragique. Nous avons revu M. Johannès Poulsen; il jouait Scaramouche. Fort bien grimé, il a représenté avec une ardeur brutale et emportée son personnage... beaucoup plus le Satyre sorti des forêts que le musicien ambulant; Mme Ulla Poulsen, dans une danse, a fait admirer la grâce la plus exquise, le charme le plus léger. Citons les excellents partenaires, MM. Johan-Svendsen, Rasmus Christiansen, Fonss, Gabrielsen, Moller, Knudsen, Mme Minnie Scott, Else Hojgaard, Kokfelt, Nellemore.

*
* *

Et nous avons assisté aussi à deux ballets charmants, où Mme Poulsen a triomphé, et qui ont évoqué pour nous tout un art, dont notre époque s'éloigne de plus en plus. M. Lewinson nous en parlera plus longuement, avec son habituelle compétence.

Etienne REY.

De *Comœdia*, 14 juin:

DU THÉATRE
par André Levinson

LES DANSEURS DANOIS ET LE PASSÉ VIVANT

Attendu avec une bienveillante curiosité, l'intermède de danses intercalé entre les deux pièces de résistance du spectacle danois, nous enchanta, dès les premières mesures, par le « charme inattendu » de Mme Ulla Poulsen, exquise vision qu'un souffle poétique anime. L'ovale étroit et pur du jeune visage, la silhouette fluide et fluette de Muse romantique, sont indiciblement suaves. Certes, Mme Poulsen n'est pas de la race des grandes virtuoses; elle n'a ni leur perfection « scientifique » ni, dans les « temps piqués », la dureté adamantine de leurs extrêmes orteils.

Mais toute sa manière d'être relève de l'esprit même de la danse: harmonieuses courbes des grands jetés, rebondissement moelleux, parcours vaste et aisé, lignes souples et allongées d'un corps en état de grâce. L'adage avec M. Kaj Smith (ne fut-il pas des *Ballets suédois* de Jean Borlin?) m'a paru un peu mince: ni tours ardus, ni équilibres frappants; n'aurait-il pas été transposé? Par contre, la variation, et surtout cette entrée par petits brisés battus sur des triolets des cordes, sont délicieux dans leur élégance sans mièvrerie. Sans avoir encore l'éclat souverain de l'étoile, cette première danseuse de 22 ans charme par le rayonnement ingénu de la « jeune fille du temps jadis ».

Son partenaire, ainsi que les deux jeunes hommes du pas de quatre, exécutent avec correction et minutie leurs variations « demi-caractère », très ouvragées, agrémentées par les

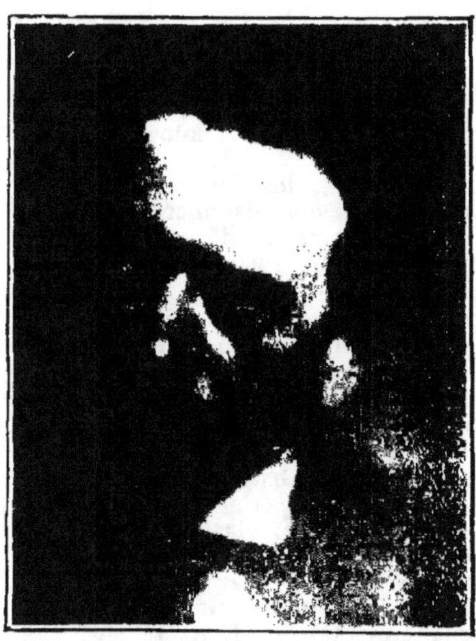

Photo H. G. Manuel Frères

M. FORTUNAT STROWSKI
Membre de l'Institut, Président
de la Section Critique et Presse
de l'Union Française de la S.U.D. T

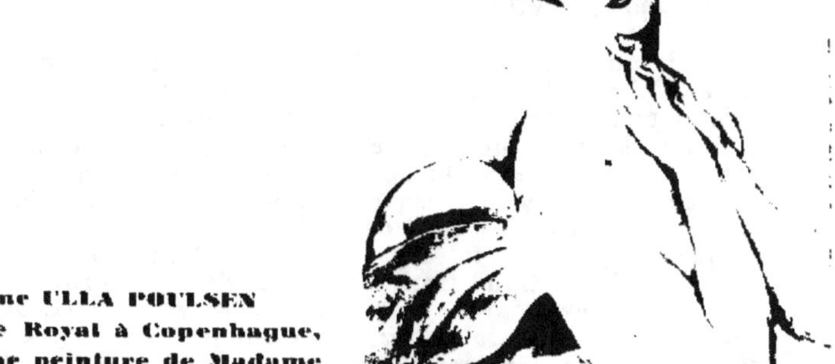

Madame ULLA POULSEN
du Théâtre Royal à Copenhague,
d'après une peinture de Madame
Gerda WEGENER

fioritures de la petite batterie ; les deux sujets féminins plaisent, sans faire valoir des qualités transcendantes, par cette atmosphère de pureté et de noble décence dont s'entourent leurs danses.

Dans un sentiment de fervente gratitude, les danseurs du Ballet Royal de Copenhague donnèrent au divertissement que nous avons applaudi aux Champs-Elysées, la signification et la poésie d'un hommage à la mémoire d'Auguste Bournonville.

Vers le milieu du siècle dernier, ce chorégraphe illustre (venant après l'Italien Galeotti), consolida, au Danemark, la tradition de la danse française d'expression scandinave. Il dota la capitale danoise d'un répertoire de ballets et d'une école. Son rêve fut analogue à celui du Marseillais Petipas en Russie.

Grâce à une continuité ininterrompue, le ballet étant au Danemark chose royale, son enseignement ne périclita pas. Il appartenait à cette admirable génération des Blasis et des Saint-Léon qui développèrent et codifièrent le langage saltatoire de la danse classique amplifié et exalté par la fièvre romantique. Il mettait une technique abstraite, linéaire et noble au service d'une esthétique spiritualiste. Ecriture de l'indicible, cet art traduisait la vie intérieure, par les symboles des attitudes et l'essor de l'élévation.

Ranimé par Michel Fokine au moment où ses formes menaçaient de se figer, le ballet danois paraît avoir conservé, en sa distinction tant soit peu surannée, ce style de 1840, suscité par la Taglioni, et qui fut celui du ballet français à son zénith. Cent ans s'écoulent comme dans le conte de fée, et la Belle au Bois dormant se réveille ; et voilà que nous croyons reconnaître, sur les lèvres d'Ulla Poulsen, le sourire même de cette Lucile Grahn qui inspira à Théophile Gautier, maintes réflexions philosophiques.

De l'*Europe Nouvelle*, 15 juin :

On sait qu'en janvier 1926, M. Firmin Gémier a fondé la Société Universelle du Théâtre dont l'objet est de créer et d'entretenir entre les auteurs, les compositeurs, les interprètes, les techniciens du théâtre mondial, des liens constants, spirituels et matériels. Du point de vue matériel, elle vise à constituer — elle y est presque parvenue — une sorte de syndicat international des gens de théâtre, avec tous les avantages que comporte un tel organisme dans l'ordre commercial, professionnel et administratif. Du point de vue spirituel, elle se propose de « *travailler à la diffusion et à la protection du goût artistique dans le public, d'encourager et de faire connaître les œuvres propres à élever ou à maintenir le théâtre sur un plan d'art et d'enseignement* ».

Ce second chapitre, qui seul nous retient ici, mériterait une étude approfondie. Hélas ! comme toutes les sciences critiques, l'histoire de l'art est négligée. S'il est vrai qu'elle nous fournisse, de-ci de-là, quelques indications précieuses, elle manque généralement de méthode. Nous ignorons, à peu de choses près, tous les phénomènes qui touchent à l'infiltration, à la germination, au rayonnement d'une œuvre dans l'esprit du spectateur. C'est à la patience découverte, à l'étude minutieuse de cette « histoire naturelle » qu'il faudrait se vouer, je pense, avant de « travailler à la protection du goût dans le public ». Sinon, on ne peut faire que de la propagande au petit bonheur, une propagande aussi aveugle et sourde, aussi hasardeuse que la publicité massive.

**

Fondé au XVIIIᵉ siècle par un Français, le Théâtre Royal danois semble avoir gardé le goût et l'esprit de l'époque. Mais les acteurs, qu'une troupe excellente nous a permis d'admirer, n'ont pas d'équivalents chez nous. Certes, pour juger de leur valeur absolue, pour savoir s'ils sont vraiment de grands acteurs, il nous manque la connaissance exacte du texte qu'ils interprètent. Mais il est significatif, malgré le lourd silence d'une langue étrangère (et peut-être à cause de lui), que tous ces acteurs ont appris et sont habitués à vivre à l'intérieur d'un rôle, qu'ils subissent, en jouant, un profond déguisement psychologique qui les sépare du public autant que de la scène elle-même.

Et ce n'est pas seulement par ce « fossé » qu'elle creuse entre la « représentation et l'auditoire », ce n'est pas seulement parce qu'elle contribue à faire de la scène un autre monde que celui de vie, que l'interprétation danoise m'a surpris et séduit, c'est parce que, donnant à chaque rôle son cachet particulier, allant presque jusqu'à dessiner dans l'air ses contours géométriques, elle lui permet d'évoluer parmi les autres, sans s'émietter ni se réduire.

Le choix d'un poète comme cet *Erasmus Montanus*, que joua le théâtre de Copenhague, était particulièrement propice à nous faire cette démonstration. Chaque rôle en est entier, anatomique si l'on veut. Cette pièce nous présente (je suis l'ordre de l'entrée en scène) un père vaniteux, un sacristain-maître d'école, une mère inquiète, un beau-père intransigeant, une fiancée poupée, un paysan finaud, un étudiant pédant, un officier faraud et rusé... Presque toute la pièce se passe chez les parents d'Erasmus, dans un décor charmant dont la couleur et l'exactitude « usuelles » évoquent les arts rustiques et font miraculeusement le point entre un savoureux exotisme et l'humaine généralité.

Le jeune paysan Rasmus Berg, qui a latinisé son nom en Erasmus Montanus depuis qu'il étudie à l'Université, a annoncé à ses parents son retour au village par une lettre pédante et bourrée de citations. On a recours, pour la déchiffrer, au maître d'école-sacristain, lequel y perd son latin. (La scène où le pauvre gros sacristain patauge sans espoir dans les déclinaisons puis, pour prouver sa science aux parents atterrés, se met brusquement à hurler la gamme de do, est d'un comique énorme, qui va loin et qui porte) Magdelone, la fiancée de l'étudiant, vient nous donner le gentil spectacle de l'impatience. Puis Jacob Berg, frère d'Erasmus, raconte, avec un émerveillement narquois, les extravagances par quoi le jeune savant, qui vient d'arriver, a déjà bouleversé le village.

Le second acte est fait d'un jeu assez gaillard de grosses plaisanteries sophistiques. Tous les « malins » du village s'en viennent jouter, l'un après l'autre, avec Erasmus qui manie éperduement le syllogisme. Le tournoi d'éloquence et de philosophie, encore qu'il fasse des victimes, qu'il étrille des amours-propres, se terminerait assez bien si, tout à coup, le jeune savant, qu'inspire un mauvais génie, ne s'avisait de prétendre que la terre est ronde. Hérésie !... Les choses se gâtent... De vieux amis quittent solennellement la maison. Le futur beau-père d'Erasmus lui refuse la main de sa fille et part en claquant la porte... Mais, nouveau Galilée, Erasmus s'entête. Il souffre au nom de la vérité. Il saura renoncer à tout plutôt que d'accorder que la terre est plate.

C'est un lieutenant recruteur, singulière providence, qui dénouera la comédie au dernier acte. Il engage avec Erasmus un pari « philosophique » que celui-ci gagne facilement. Au moment qu'il empoche l'enjeu, des soldats surgissent qui ont vu la scène. Toucher de l'argent d'un officier recruteur, cela équivaut à s'engager. Voilà notre Erasmus soldat !... Sans plus tarder, on lui endosse l'uniforme et on lui fait faire l'exercice à l'allemande. Enfin mâté, le jeune savant implore sa grâce en affirmant que la terre est plate. Sur quoi le lieutenant le relâche à la grande joie de ses amis, de ses parents et beaux-parents, qui, tous, ne demandent qu'à oublier ce moment qu'il a eu d'égarement cosmographique.

Cette pièce est de Ludvig Holberg, auteur danois du XVIIIe siècle, qui mérita le nom de « Molière du Danemark ».

La soirée s'achevait par un mimodrame, *Scaramouche*, de M. Poul Knudsen, sur une partition de Sibélius. Spectacle forcément hybride. On songe à un poème de Verlaine mis à la scène par un maître de ballet suédois et joué par des héros de Musset. Mais ce qui est peut-être particulier aux « nordiques » qui l'interprètent, c'est le trouble charnel, la lourde et blonde sensualité, l'impudeur, presque, qui montaient de ce mimodrame en somme bien anodin. L'héroïne, Blondelaine, était vêtue d'une ample et vague robe noire, chaste, encore que transparente, tant que Blondelaine restait immobile. Mais sitôt qu'elle se mettait à danser, la robe, en tournoyant, découvrait deux fort belles jambes gaînées de soie noire, puis un diable de petit caleçon de satin blanc, entr'aperçu par transparence à travers le voile noir... Ajoutez que les petits pieds à talons rouges de Blondelaine au nom lilial, franchissaient, en dansant, un fleuve de sang qui coulait sur la scène, issu du sombre Scaramouche, l'amant d'une nuit, que la belle venait d'occire d'un coup de couteau... Bref, on sentait bouger sous cette œuvre danoise une passion si vaste et si tranquille, un désir si violent, quoique muet, patient et froid, qu'on en éprouvait à la fois, comme la faim et le dégoût.

André OBEY.

D'*Excelsior*, 14 juin:

La Société Universelle du Théâtre, dont M. Gémier est l'ardent animateur, est venue à bout de toutes les difficultés accumulées, au dernier moment, sur sa route. Et le premier spectacle du festival, donné par le Théâtre Royal de Copenhague, a obtenu un grand et mérité succès. Les Danois sont de fidèles admirateurs du théâtre français. Nous n'avons pas perdu le souvenir des représentations données à Paris par le célèbre artiste danois Reumert. Ses camarades, en tête desquels se trouve M. Johannès Poulsen, ont joué une comédie de Ludwig Holberg *Erasmus Montanus*, œuvre des plus pittoresques, des plus savoureuses. Louis Holberg, au XVIIIe siècle, fut un des maîtres de la littérature scandinave. Il avait lu Molière, et il était imprégné de l'esprit de Rousseau. Sa farce est une satire du pédantisme et, à la fois, une peinture plaisante et attendrie des mœurs villageoises. Erasmus, fils de paysans, est tout fier de la science apprise au collège. Il discute, il raisonne, il affirme en tout sa supériorité. Plutôt que de reconnaître qu'il se trompe, il préfère rompre avec sa fiancée. Mais le moment vient où il doit baisser le ton. C'est quand on l'enrôle pour le service militaire. Il apprend alors à se taire, et à reconnaître qu'il se trompe, même quand il a raison. La peur des coups! Dans le même moment, il renoue avec sa fiancée.

La pièce est bien montée et bien mise en scène, avec un égal souci du pittoresque et de la vérité. M. Johannès Poulsen est un Erasmus très vivant, très naturel, plein de souplesse et de mouvement. Mmes Signid et Neuendam, MM. Hemrik Malberg, Knudsen, Gabrielsen, etc., composent un excellent ensemble.

Un mimodrame, *Scaramouche,* de M. Knudsen, musique de M. Sibelius, nous a permis d'admirer l'art merveilleux et le beau tempérament dramatique de Mlle Elna Jorgen-Jensen. A ses côtés, M. Johannès Poulsen fut un Scaramouche brutal et passionné. Et Mme Ulla Poulsen, gracieuse, aérienne, danse à ravir.

Charles MÉRÉ.

Du *Gaulois*, 13 juin:

La première manifestation de la Société Universelle du Théâtre, groupement fondé par Gémier pour établir et encourager entre les diverses nations des échanges artistiques, dramatiques ou musicaux, vient d'être réalisée au Théâtre des Champs-Elysées: c'est la troupe de Copenhague qui a ouvert la série.

Le programme était copieux; mais il nous a permis de donner un coup d'œil d'ensemble à cette compagnie remarquable. Il comprenait d'abord une comédie en cinq actes, de Holberg, *Erasmus Montanus*, dans laquelle l'auteur danois expose le conflit de l'instruction avec les idées rétrogrades. Il s'agit d'un jeune paysan Erasmus, qui est allé faire ses études à l'Université de Copenhague. Il en revient quelque peu boursouflé de pédantisme, mais très au courant des progrès modernes de la science. Il aime une jeune fille, Lisbed; or, les parents de Lisbed ne veulent pas la lui donner en mariage, à cause des théories paradoxales qu'il veut importer dans le village. Erasmus, en un dénouement facile et naïf qui rappelle les dénouements moliéresques abandonnera ses idées et épousera Lisbed qui est férue d'amour pour lui.

Cette pièce qui a le parfum de nos comédies moralisantes ou de caractère du dix-huitième siècle, de Destouches, d'Allainval ou de Dufresny, est bourrée de traits satiriques, d'observations piquantes, que l'on peut soupçonner par l'analyse insérée dans le programme et par les effets d'hilarité produits sur l'auditoire danois qui garnissait la salle.

Ce qu'il faut louer sans restrictions, c'est la mise en scène et l'interprétation. Le décor et la vie de l'action des quatre premiers actes rappellent par leur fidélité, par leur pittoresque et par leur vérité, les mises en scène de notre Théâtre-Libre, sous la direction d'Antoine, puis de Gémier. De l'interprétation, il faut louer la grande simplicité, qui ne vise pas à l'effet, mais qui l'obtient. L'acteur principal, M. Johannès Poulsen, a joué le rôle long et difficile d'Erasmus avec une habileté consommée ; il a été rêveur, pathétique, ironique, comique, puis réaliste à souhait ; sa diction est nette, son jeu vivant au possible ; il a été très chaleureusement applaudi et rappelé. Des éloges mérités sont dus à MM. Lars Knudsen, Rasmus Christiansen, qui jouent les rôles des pères; de Mmes Sigrid et Jouna Neiiendam, dans les personnages des deux mères; Holger Gabrielsen, amusant dans le rôle du frère d'Erasmus, et Henri-K. Malberg, en vieux maître d'école extrait de la comédie italienne.

Les mêmes artistes, ou à peu près, ont interprété *Scaramouche*, drame mimique, c'est-à-dire un drame dansé et entrecoupé d'un texte qui n'ajoute pas grand'chose à l'action. Ce Scaramouche ne rappelle que de loin le personnage du théâtre italien. Voici le sujet de la pantomime :

Le poète Leilon donne une fête où sa femme, la jolie Blondelaine, se met à coqueter avec les invités. Passe au dehors Scaramouche, virtuose de la mandore. Elle le fait venir ; il joue, il l'ensorcelle, elle s'enfuit avec lui dans la forêt. Elle rentre à la maison; son mari, qui l'adore, débouche le meilleur vin pour fêter le retour de l'infidèle. Scaramouche reparaît ; il veut entraîner à nouveau celle qui s'est donnée à lui. Elle résiste, elle le tue ; et, tandis que le corps est caché sous une draperie, elle danse frénétiquement et glisse dans une tache de sang qui coule du cadavre. Elle tombe morte auprès de celui qu'elle a aimé et assassiné.

La musique de M. Sibélius est fluide et rêveuse, expressive et élégante, d'une inspiration distinguée, d'une orchestration qui ne recherche pas la bizarrerie et qui est solide. Johannès Poulsen joue Scaramouche avec une sensibilité profonde; son visage mobile porte en lui tout le drame. Mme Elna Jorgen-Jensen mime avec talent, avec légèreté le rôle de Blondelaine, et il convient de ne pas oublier M. Johan-Svendsen, qui a rendu avec sobriété la tristesse du mari Leilon.

Un intermède de ballet a permis d'applaudir la première danseuse, Mme Ulla Poulsen, dont les pointes sont tout à fait classiques, dont les mouvements sont vifs, gracieux, poétiques, et le danseur Kaj Smith, qui a du « ballon » et traverse l'air comme s'il avait des ailes. Dans un pas de quatre, Mlles Korfeld et Hojgaard, MM. Ornberg et Jversen ont montré de la netteté, du fini, de la précision.

Le chef d'orchestre, M. Georg Hoeberg, possède un bras ferme et a su faire rendre par ses instrumentistes tout le rêve qui s'exhale des partitions qu'il a dirigées.

Louis SCHNEIDER.

De *La Liberté*, 14 juin:

En présence du président de la République, de plusieurs de nos ministres et du ministre de Danemark à Paris, la Société Universelle du Théâtre, fondée par Gémier, a donné, hier soir, au Théâtre des Champs-Elysées, son premier festival. Comédie et ballet, par des artistes de Copenhague.

Sur les ballets, on n'est pas embarrassé de dire son avis. Ce fut tout à fait charmant. Le « pas de deux » de la *Fête des Fleurs à Genzano,* le « pas de quatre » de *Napoli*, un solo de *la Sylphide* nous ont enchantés. Je ne parle pas de la musique, qui ne mérite pas une attention extrême, étant fort périmée, et vulgaire affreusement. Mais que Mme Ulla Poulsen est donc jolie, et poétique, sous ses bandeaux d'or fin, et légère dans son « tutu » de gaze! Quand elle se dresse sur les pointes, il semble qu'elle ne tienne déjà plus à la terre ; quand elle « redescend », à la fin d'un battement ou d'une « vrille », on dirait que ses bras étendus vont suffire à retarder sa chute. Mlles Kokfelt, Hojgaard, moins virtuoses, de beaucoup, sont fort gracieuses. MM. Ornberg et Iversen bondissent bien. Cet intermède nous rajeunissait. Nous étions ramenés au temps des ballets romantiques: de la Taglioni, de Thérèse et Fanny Essler... C'était doux, propice au rêve, un peu mélancolique.

La musique de Sibelius pour le *Scaramouche* de M. P. Knudsen, d'un métier plus soigné, est aussi beaucoup plus expressive.

Elle n'a pas paru profondément scandinave. Mais elle commente avec adresse l'histoire de la belle Blondelaine qui, un soir de bal, parce qu'elle a la tête tournée par les compliments et la danse, et par le jeu sensuel, les doubles-cordes crispantes et voluptueuses du violoniste ambulant Scaramouche, quitte, la nuit même, son palais et son mari et va se jeter dans les bras du bohémien ardent et brutal...

Passé l'orage des sens, Blondelaine, honteuse, revient à Leïlon, le poète. Elle tue Scaramouche quand il cherche à la reprendre. Mais, près du cadavre, elle s'hallucine. Elle est saisie d'épouvante, et tombe morte à la fin d'une danse frénétique.

Scaramouche se joue dans un fort beau décor noir, violet et or ; les costumes, assez audacieux, laissent prévoir que les femmes, après ce bal, ne se refuseront guère. Ils annoncent clairement la crise sensuelle de Blondelaine...

Mme Jorgen-Jensen est tout à fait dramatique, passionnée : c'est « Vénus tout entière... ». Et fort belle, si pâle, livide, entre ses mèches rousses !

M. Poulsen et M. Johan-Svendsen lui sont d'excellents partenaires.

Il est peut-être imprudent de parler de comédiens dont on ne comprend pas le langage... Je puis dire cependant que, dans *Erasmus Montanus*, de L. Holberg (1722), la troupe du Théâtre Royal a fait la meilleure impression. Ce qui nous a frappés, ce fut moins la valeur et les qualités individuelles des artistes que l'unité, la cohésion, le style commun de toute la troupe. On sent que ce théâtre a deux siècles de tradition derrière lui. On est tout naturellement amené à le comparer à notre Comédie-Française interprétant les classiques. Les acteurs de Copenhague jouent large, et très en dehors. Ils donnent de la voix : ils articulent. Leur mimique a de l'ampleur. M. Poulsen, le protagoniste, a beaucoup d'autorité et de verve ; il possède un gosier résistant. Imaginez un Brunot qui aurait le corps, et surtout le visage blanc de Sacha Guitry. Mme Neiiendam, dans un rôle de vieille paysanne, c'est Mme Kolb ; Mlle Nellemose, la petite fiancée, rappelle Mlle Müller ou notre Madeleine Renaud ; et M. Lars Knudsen a la bonhomie d'un Got, ou de Silvain quand il joue *l'Ecole des Femmes*.

La pièce de Holberg, sonore et joyeuse, nous montre un jeune paysan qu'on a envoyé étudier à la ville, et qui, de Rasmus Berg, devenu Erasmus Montanus, revient fort gonflé de son petit savoir, et ruisselant de syllogismes. C'est un peu Blanchette : c'est un peu Thomas Diafoirus... Imaginez encore un Perdican sot et rustaud, au lieu du fin et sensible Perdican de Musset. Il veut éblouir de son savoir tout le village. Son pédantisme manque de lui faire perdre la jolie Lisbed, car le papa Jéronimus refuse de donner sa fille à un garçon qui soutient que la terre est ronde. Etait-on aussi arriéré, au Danemark, en 1722 ?... Cette pièce contre le savoir livresque, inintelligent, vaniteux, finit par ressembler à une pièce contre la science... Erasmus, après quelques épisodes comiques, finit par céder. Il confesse que la terre est plate, et épouse Lisbed. Le « progrès des lumières » a toujours été contrarié...

Le décor représente un intérieur de paysans danois, au XVIIIe siècle : meubles, vaisselle, bonnets, robes aux vives couleurs... On le détaille avec plaisir.

Il faut profiter d'une soirée au Théâtre des Champs-Elysées pour examiner les dessins, les aquarelles et les maquettes que René Chavance y a réunis et classés avec tant de discernement. Ils constituent un « Etat de la décoration théâtrale », de 1920 à 1927, du plus vif intérêt. Les « coloristes » — V. Barbey, Piot, Dethomas, Benoît, Maurice Denis, Laprade, Hémart, Granval, Foujita, Mlle Perdiat — y tiennent une grande place. Mais les « synthétistes », comme Louis Jouvet, G. Baty, Idelson, Léger, et les « réalistes » comme André Boll et Ibels, y sont, eux aussi, représentés par quelques-unes de leurs productions les plus intelligentes ou les plus adroites.

C'est une excellente « introduction » à l'étude du théâtre contemporain, agréable aux yeux, et instructive.

Robert KEMP.

Du *Matin*, 14 juin :

Les manifestations organisées par la Société Universelle du Théâtre et M. Firmin Gémier ont été inaugurées au Théâtre des Champs-Elysées par une remarquable représentation donnée par le Théâtre Royal de Copenhague.

On sait que le théâtre danois est aussi florissant que brillant. Par une attention dont on appréciera la délicatesse, le public parisien a été convié à entendre une comédie d'Holberg, ce maître, au XVIIIᵉ siècle, de la littérature danoise et norvégienne, dont l'œuvre a une diversité étonnante, mais dont *Erasmus Montanus*, qu'on représentait, est souvent inspiré de Molière. L'influence du grand poète comique, qui s'est fait d'ailleurs sentir en son temps dans toute l'Europe, n'a pas empêché Holberg de caricaturer avec un sens très sûr et pénétrant les mœurs et les types scandinaves. La pièce, pleine de bonne humeur et de franche jovialité, se gausse de la fausse science et de la pédanterie. Mise en scène avec goût, elle a été jouée dans une note plaisamment réaliste par d'excellents acteurs, parmi lesquels M. Johannès Poulsen et M. Henrik Malberg se classent hors pair. Les noms de Mmes Sigrid et Ionna Neüendam, Karin Nillemore, MM. Knudsen, Gabrielsen, Moller, Fons et Rosembaum sont à retenir.

Deux ballets délicieux et un drame mimique complétaient le spectacle. Le drame mimé, *Scaramouche*, est, pour le scénario de M. Poul Knudsen et pour la musique de la Sibélius. L'action, d'un symbolisme visible, verse dans la tragédie. La musique, colorée, s'adapte étroitement aux péripéties, les commente expressivement. Mme Elna Jorgen-Jensen a triomphé dans l'interprétation de cette œuvre, aux côtés de M. Johannès Poulsen et de Mme Ulla Poulsen, une ravissante danseuse.

Ce fut un très beau spectacle auquel le public a fait un un succès considérable.

JEAN PRUDHOMME.

De l'*Œuvre*, 13 juin :

Ces représentations de troupes étrangères ont été, on le sait, organisées par les soins de Gémier. Lui-même, en une courte et substantielle préface, présenta nos hôtes, les artistes du Théâtre Royal de Copenhague, et parla de l'auteur d'*Erasmus Montanus*, ce Ludvig Holberg qui, de 1722 à 1729, écrivit plus de vingt pièces et devint « le père de la littérature dramatique danoise et norvégienne ».

En son pays, l'on considère Holberg comme un second Molière (le Molière de Copenhague). Mais il est sans doute

plus facile d'être le Molière de Copenhague que... Molière
tout court. Au surplus, il paraît assez malaisé de porter un
jugement sur une œuvre lorsqu'on n'entend point le langage
parlé par les acteurs. Grâce au programme, nous avons néanmoins saisi (oh! imparfaitement) la trame d'*Erasmus Man-
tanus*, et compris qu'il s'agissait d'un jeune villageois, revenu
au village avec un diplôme, grisé de sa science récente et
cherchant glorieusement à « épater » ses parents, son frère,
sa petite fiancée, etc. Au dernier acte, le cuistre reçoit un
châtiment : car, à la suite d'une ruse (ourdie par un officier),
il se trouve enrégimenté, contraint de faire l'exercice, et ne
se libère qu'en s'humiliant, en avouant la vanité de son
savoir. Après quoi, il épouse la douce fiancée un instant
dédaignée. Cette œuvre, classique au pays du baron de Gon-
dremark, a paru enchanter les spectateurs danois, ce qui est
déjà un résultat, et fort divertir M. Doumergue, présent dans
la salle. Nous nous sommes, pour notre part, surtout intéressé
au jeu des comédiens (l'un d'eux, M. Johannès Poulsen,
chargé du rôle principal, dépense un naturel, une verve, une
souplesse qui nous ont fait songer à Sacha Guitry, et son
camarade M. Malberg est d'une irrésistible jovialité). Quant
au décor, il nous a ravis par son harmonieuse délicatesse
d'estampe, sa plantation si ingénieusement intime et l'heureux
groupement des meubles et accessoires. Un maître présida,
sans contredit, à la mise en scène.

Après *Erasmus Montanus*, une exquise danseuse, Mlle Ulla
Poulsen, battit le plus gracieusement du monde de classiques
entrechats. Cela nous changeait, je vous prie de le croire,
des gigotements négro-américains en honneur dans nos music-
halls. D'autres danseurs firent applaudir un aimable pas de
quatre.

Et la soirée s'acheva par *Scaramouche*, drame de M. Knudsen, musique de M. Jean Sibélius, dont le scénario un peu
naïf est certes à la portée de toutes les intelligences, mais où
M. Johan Svendsen et Mme Jorgen-Yensen montrèrent de
loyales qualités de mimes tragiques.

Edmond SÉE.

De *Paris-Midi*, 12 juin :

Ce fut une soirée charmante et triomphale. On commença
par une comédie d'Holberg, fameux auteur danois du commencement du XVIIIe siècle.

Louis, baron de Holberg, est né en 1684. Apprenti-soldat,
apprenti-pasteur, il a fini par être professeur de métaphysique,
auteur comique, homme illustre, après avoir erré un peu
comme Rousseau. Il appartient, par son caractère et ses
mœurs, à l'espèce des gens originaux.

En 1714 et 1715, cherchant sa voie, il est venu à Paris. Il y
a trouvé la tradition de Molière, et il l'a rapportée chez
lui.

Son *Erasmus Montanus* raille le pédantisme des jeunes cer-
velles, frottées de scholastique à l'Université. Son héros, pareil
au Dorante, du *Menteur*, mais fils de paysan et non de gentil-

homme, étonne son père, sa mère, le sacristain, l'intendant et sa fiancée. Il les « colle » par ces raisonnements sophistiqués dont le type, chez nous, est le fameux syllogisme : « On a ce qu'on n'a pas perdu... etc. » Il s'enivre de ses propres paroles. Enfin, il rencontre un sergent instructeur, plus malin encore que lui, qui l'enrôle et lui fait faire : « Une... deux ! Une... deux ! » Et cela le guérit de la philosophie et de la sottise.

Peut-être que, si nous avions bien compris le texte, il nous aurait moins agréé — il nous a laissé regarder le naturel. Notre ignorance nous a permis de regarder sans arrière-pensée les décors, la lumière, les gestes des acteurs, leurs mouvements, grimaces, batailles, lazzis. Notre imagination a collaboré à la comédie et nous avons goûté la substance comique des situations et des caractères avec la plus agréable liberté d'esprit.

Le grand succès a été pour M. Johannès Poulsen (Erasmus Montanus), pour Mlle Karin Nellemose, sa blonde fiancée, fluette et jolie comme une petite cantinière de soldat de plomb ; pour... eh ! ma foi, pour tous les autres — sans parler des décorateurs.

Nous avons vu une maison danoise, toute pareille à une maison polonaise, un carrefour devant une grange, avec la mer au bout et beaucoup d'autres choses admirables.

Et puis la musique est venue avec les danses et avec Mlle Ulla Poulsen, la beauté la plus blonde et la plus gracieuse du monde ; *in the world*, dit-on à New-York.

Mais la musique, la danse et la beauté ne sont déjà plus de mon rayon, et je passe le stylo au plus digne.

Fortunat STROWSKI,
Membre de l'Institut.

Du *Temps*, 12 juin :

M. Gémier, comme on sait, est notre champion international de théâtre. Il organise aujourd'hui une rencontre à Paris. Il sera demain à Berlin, à Vienne, à Rome, à Londres ou à Moscou. Il va de réunion en réunion avec une énergie infatigable. L'esprit européen s'est allumé en lui. Il est pionnier de Locarno. On le voit plein d'ardeur généreuse et de discours fraternels. Il prêche l'interpénétration des peuples par le moyen des auteurs, des acteurs, des maîtres de ballets et des danseuses. Il nourrit dans son cœur des rêves merveilleux. On l'imagine présidant avec un entrain diabolique à de vastes spectacles qui auraient pour théâtre une capitale entière et où toutes les troupes du monde seraient mêlées ; le triomphe de l'art dans les agapes populaires, un désordre cordial, des embrassements sonores, des défilés chantants, de somptueuses effusions démocratiques sur l'escalier géant d'un Palais des nations. Il mène tout cela à la vapeur, dans les élans confus d'un zèle constamment en alerte. Il voit grand, Il voit large. Il ne songe pas à lésiner sur les moyens. Les entreprises d'Etat sont celles qui le tentent. Animateur en chef des foules pacifiques serait un titre pour lui plaire. Il a

fondé la Société universelle du théâtre. Il passe la moitié
de ses jours et de ses nuits au rythme des wagons. Son activité
est si extraordinaire qu'il trouve, entre deux fuites, le moyen
de traverser, en hâte, son pied-à-terre odéonien... Ce n'est
qu'un instant. Il arrive, il joue un rôle, et puis s'élance,
disparaît. Comment s'attarderait-il quand le concert des peuples le réclame ?... Tout cela, il faut l'avouer, est plein de
belles promesses !

Grâce à son initiative, le Théâtre royal de Copenhague
est donc venu avant-hier, en présence de M. Doumergue, souriant et ganté de frais, offrir un spectacle aux Parisiens, M.
Johannès Poulsen et la troupe qui l'entoure ont été accueillis avec une amitié chaleureuse. Toutes sortes de liens nous
attachent à cette illustre Maison de comédiens, qui fut fondée, il y a deux siècles, par un acteur français, et dans laquelle nos traditions classiques demeurent si vivantes. M.
Reumert, il y a deux ans, avait rétabli le contact en interprétant à l'Odéon une œuvre dramatique d'un des premiers
écrivains du Danemark contemporain : Mme Karen Bram-
son, vigilante amie de la France. Notre ignorance par ailleurs restait entière. M. Johannès Poulsen nous permet aujourd'hui d'entrer dans des relations plus étroites. Georges
Brandès, qu'on ne saurait citer mieux à propos, disait de
lui : « Il est créé pour le théâtre. » Il est de fait que M. Poulsen appartient à une célèbre famille d'acteurs. Son père, son
oncle jouissaient, à Copenhague, d'une grande réputation. Ce
double héritage, lui a été profitable. Il respire la force, l'autorité, et il occupe solidement les planches. On le sent rompu
aux pratiques du métier et prenant la profession dans sa plus
large portée. Il a joué et joue couramment Holberg, Bjœrn-
son, Ibsen, Strindberg, Shakespeare, Sheridan, Dumas, Hugo,
Tolstoï, Molière. Cette ampleur de moyens marque l'acteur
de forte race et nous rend sensible une fois de plus, le
défaut de spécialisation qui sévit aujourd'hui sur la scène
française. Considérez les Guitry, les Réjane et les facultés
extraordinaires de transformation qu'en dehors de leur génie
propre ces grands interprètes mettaient au service des auteurs. Ils maintenaient l'art du comédien dans sa fonction
essentielle qui est l'expression variée des sentiments divers.
Nous savons qu'actuellement les vedettes tendent à s'enfer-
mer dans un rôle sur mesure, toujours le même ou à peu près
qu'on leur prépare de pièce en pièce. La souplesse du métier ne se rencontre guère que chez certains vétérans des petits
emplois. De ce fait, la profession s'étrique et perd son véritable aspect.

M. Poulsen nous a paru un ouvrier de la bonne façon. Il
s'est montré dans une des pièces célèbres du répertoire : *Erasmus Montanus*, de Ludvig Holberg. C'est une comédie en cinq
actes inspirée de Molière, comme l'œuvre entière d'Holberg.
Elle raille la pédanterie et met en scène un jeune paysan,
gonflé de sottise parce qu'il a passé par la ville et obtenu son
brevet d'étudiant. Il tient des discours entremêlés de citations, latines et se fait appeler Erasmus Montanus. Il affecte
un mépris bienveillant pour son père et sa mère dont toute

la science s'arrête au catéchisme. Il les remplit d'admiration et rudoie son jeune frère, l'excellent Jacob, lorsqu'il ose lui parler en égal. Des contradicteurs dignes de sa dispute seraient nécessaires pour faire éclater ses mérites. Faute de mieux, il s'attaque au bedeau et au maître d'école et les étourdit de ses démonstrations.

« Je raisonne au sujet de choses importantes et savantes, dit-il, comme de savoir, par exemple, si les anges ont été créés avant les hommes, si la terre est ronde ou ovale ; je puis discourir encore sur la lune, la soleil, les étoiles et autres choses semblables. »

Tant de savoir sent l'hérésie. L'étudiant vaniteux voit ses fiançailles compromises pour avoir prétendu que la terre était ronde. On le conjure d'affirmer qu'elle est plate. Comment un *philosophus baccalaureus* pourrait-il consentir à se déjuger ! Il n'en démordra pas. Il faudra bien qu'il y vienne pourtant. Grâce à un stratagème, un lieutenant réussit à l'enrôler. On passe au savant l'habit de soldat. Il doit faire l'exercice présenter armes et recevoir des coups. Il demande bientôt grâce, accorde tout ce qu'on veut et rentre dans la simplicité.

La comédie est d'un tour franc, d'une verve copieuse, bien sonnante et toute pleine de « solides clartés ». Cela jaillit de la forte veine populaire avec une facilité abondante et vigoureuse. Holberg a créé sous le signe de Molière un théâtre national danois où les personnages marqués à grands traits simples et robustes conservent à travers les âges leur vertu comique. M. Poulsen — autant qu'on puisse juger un acteur qui s'exprime dans une langue étrangère — a un talent qui épouse très exactement cet art probe et naturel. Il campe la figure d'Erasmus avec une solidité qui révèle l'aisance et la sûreté de ses moyens. Il est bien en chair, bien en voix et plein de véhémence joyeuse. Les cinq actes sont enlevés par la troupe dans un mouvement excellent. Tout cela semble alerte et — comme le génie de Holberg : très latin. On distingue à côté du principal interprète M. Holger Gabrielsen, qui figure M. Henrik Malberg, sacristain de la meilleure tradition drolatique.

Après un divertissemant chorégraphique, où Mme Ulla Poulsen, couronnée de bleuets et portant aux épaules deux ailes de libellule, fait applaudir sa grâce charmante et attentive, M. Poulsen reparaît dans un mimodrame sombre et néo-romantique qui fait regretter la gaieté franche de Holberg. Il figure Scaramouche, musicien ambulant et monstre des bois. Il violente Mme Elna Jorgenjensen dont le visage exprime l'effroi le plus sincère.

La représentation sans doute n'apporte aucun élément d'art très neuf, mais elle montre la qualité d'une compagnie de comédiens et comédiennes en possession parfaite de leur talent et formant un ensemble heureux. Elle nous ménage, par surcroît, le plaisir de reconnaître, vivantes et recréées, des traditions qui sont nées du génie français.

Ce spectacle manifeste, hâtons-nous de le dire, n'est qu'un début. M. Gémier nous annonce l'arrivée prochaine de deux troupes britanniques, d'une troupe hollandaise, de comédiens russes, japonais, flamands, d'un opéra italien et de danseuses espagnoles. Que de réjouissances en perspective !

Pierre BRISSON.

Du *Petit Parisien* (13 juin) :

Le Théâtre royal de Copenhague a inauguré les représentations du Festival international d'art dramatique et lyrique, organisé par M. Gémier — vivante exposition du théâtre. Dans un programme ingénieusement conçu, il a présenté divers aspects de son activité.

Ce fut d'abord une comédie classique du répertoire danois, *Erasmus Montanus*. Ce serait beaucoup dire que Holberg, qui écrivit ses pièces dans la première partie du XVIIIe siècle, fut le Molière du Nord. Mais il observa avec verve les travers humains, se souciant moins des péripéties d'une action que de l'étude des caractères. Dans *Erasmus Montanus*, c'est la critique narquoise de l'emploi du savoir mal digéré. Tout fier d'avoir conquis ses grades à l'université, ce fils de paysans entend montrer sa supériorité, et son orgueil et sa pédanterie le jettent dans des mésaventures qui le ramènent à plus de modestie.

La mise en scène de cette comédie atteste le souci minutieux du détail, et la pièce est jouée avec un ensemble remarquablement fondu. M. Johannès. Poulsen, héritier d'un nom dramatique déjà illustre, est un des comédiens les plus réputés du Danemark, partageant avec M. Reumert — que l'on a vu à Paris — la faveur du public. Il a la vie, le mouvement, le naturel, et la clarté de son jeu permettait de suivre une œuvre interprétée dans une langue étrangère. Autour de lui se trouvent des acteurs éprouvés tels que MM. Lars Knudsen, Christiansen, Henrick Malberg, Mme Sigud Neiiendam.

Puis ce furent des divertissements chorégraphiques, rappelant l'importance que donne à la danse le Théâtre royal, en gardant les traditions les plus pures de cet art. Mme Ulla Poulsen, dans un pas de deux avec M. Kaj Smith, puis dans des variations de la *Sylphide*, montra brillamment sa virtuosité. Pour un « pas de quatre », on avait eu l'attention d'évoquer les compositions d'un maître de ballet français, Bournonville, qui, il y a plus d'un siècle, fonda l'école de chorégraphie de Copenhague.

La soirée se terminait par un drame mimé (un peu parlé aussi et dansé), *Scaramouche*, de M. Paul Knudsen. Ce n'est pas le Scaramouche de la comédie italienne. C'est un hirsute bohémien, représenté par M. Poulsen, expert à se métamorphoser, qui tire de son violon des accents magiques, puisque, hantée par eux, la belle et heureuse Blondelaine est poussée par une force irrésistible à quitter la maison du poète Leilon, où elle est fêtée et adulée, pour aller rejoindre dans la forêt ce vagabond. Elle se reprend, cependant, s'échappe, est effrayée de son vertige, se réfugie dans les bras du poète,

Mais, pendant une brève absence de celui-ci. Scaramouche reparaît et tente d'enlever Blondelaine qui, n'étant plus fascinée par lui, le poignarde. L'horreur de ce meurtre la poursuit ; sa raison s'égare ; et, après avoir dansé frénétiquement, en croyant entendre encore l'air harcelant qui causa sa perte, elle succombe elle-même. Blondelaine, c'est Mme Elisa Jorgen-Jensen, danseuse renommée, tour à tour gracieuse et dramatique.

Cette pantomime, qui n'est pas qu'exclusivement pantomime, un peu lente, au second acte, est soutenue par la partition expressive et pleine, et ayant toujours de la distinction de M. Jean Sibelius. Le directeur de la musique du Théâtre royal, M. Hœberg, conduisait l'orchestre. Les costumes ont quelque singularité.

Il est une leçon à retenir de cette représentation qui, bien que donnée en un théâtre nouveau pour cette Compagnie, a été parfaitement au point ; si copieux que fut le spectacle, les entr'actes ont été très courts.

PAUL GINISTY.

REPRÉSENTATIONS
des 10, 11 et 12 Juin 1927
(COMÉDIE DES CHAMPS-ELYSÉES)

LE SIMOUN
3 actes et 14 tableaux de M. H.-R. LENORMAND

DISTRIBUTION (*par ordre d'entrée en scène*)

1er *Mozabite*	MM. DENNEVILLE.
Le Négro	LAVIALLE.
2e *Mozabite*	Roger MAXIME.
Ali	Georges ADET.
Laurency	M. F. GEMIER.
Le Vérificateur	Jean FLEUR.
Le Percepteur	AUDEL.
Le Receveur	FRESCHARD.
Giaour	ROZET.
L'Agha	PERDOUX.
Le Prophète	WASLEY.
Un Jardinier	DAPOIGNY.
2e *Jardinier*	HUGUET.
Aziz	GASTHON'S.
Le Vieillard	VOUTHIER.
1er *Joyeux*	BRYONE
2e *Joyeux.*	BARROULT.
3e *Joyeux*	RUMEL.
Jeune Arabe	SAINT-JEAN.
Aïscha.......................	Mmes NEIH-BLANC.
La Gamine	Petite SIMONOT
Clotilde	Rachel BERENDT.
Petite Arabe	REIFFERT.
Petit Arabe	EUTEL.
Deux Mauresques	LOVA, MEIRET
La Danseuse	UTEAU.

REPRÉSENTATION du 11 Juin 1927
(Grand Théatre des Champs-Elysées)

SOIRÉE-GALA DE BALLET
par des Artistes de l'Ancien Théâtre Impérial de Pétrograd

PROGRAMME

Orchestre : Ouverture du ballet *Casse-Noisette* .... TSCHAIKOVSKY.

Adagio et variations classiques .... SAINT-SAENS.
dansés par E. SMIRNOVA, A. OBOUKHOFF.

Danse du Bouffon .... BEETHOVEN.
exécutée par B. ROMANOFF.

Variation classique .... X.X.X.
dansée par A. OBOUKHOFF.

Ecossaise .... TSCHAIKOVSKY.
dansée par E. SMIRNOVA.

Bohémien .... ADAM.
exécuté par B. ROMANOFF.

Chinoiserie .... TSCHAIKOVSKY.
dansée par E. SMIRNOVA, B. ROMANOFF, A. OBOU-KHOFF.

HOMMAGE A SCHUBERT

Paraphrases pour deux pianos de Serge Prokofieff

E. SMIRNOVA, B. ROMANOFF, A. OBOUKHOFF
Claudia PAVLOVA

Champions .... DARIUS MILHAUD.
dansé par E. SMIRNOVA,
B. ROMANOFF, A. OBOU-
KHOFF.

Fox-trott .... SATIE.
dansé par C. PAVLOVA.

Matelote .... ASSAFIEFF.
dansée par B. ROMANOFF.

Rondeau à la Turque .... MOZART.
dansé par A. OBCUKHOFF.

Gigue .... BEETHOVEN.
dansée par E. SMIRNOVA,
B. ROMANOFF, A. OBOU-
KHOFF.

De *Comœdia*, 14 juin :

RENTRÉE DE BORIS ROMANOFF

La deuxième soirée du Festival nous ramena les trois vedettes de ces *Ballets romantiques russes*, que j'avais tenu, naguère, à présenter au public parisien et qui firent triompher, sur ce même plateau, une saisissante et pittoresque version de *Giselle*. Le nom de Boris Romanoff et de ses vaillants compagnons reste, pour nous, attaché à cette éclatante victoire.

Dans le divertissement varié et touffu dont ces trois danseurs d'élite assumèrent tout le poids, les cadres de leur troupe ayant été dissous, le chorégraphe n'a pu manifester ses dons de puissance et d'humour que sous une forme fragmentaire et forcément incohérente. Cependant Romanoff nous a offert la primeur de deux compositions nouvelles. Ce fut, d'abord, une suite de danses établie sur une paraphrase, par M. Prokofieff, des airs de Schubert ; le musicien du *Pas d'acier* fait marcher au trot, en lui insufflant une trépidante énergie, le bon Schubert, l'indolent et génial ménétrier des valses que Liszt avait jadis paré de ses splendeurs pianistiques. De cette adorable musique, l'*Hommage* pour deux pianos a éliminé le lyrisme ingénu et ravissant pour en accuser, en forçant les accents, le dynamisme latent. C'est de même que Romanoff, fidèle à l'esprit du texte musical, a donné à ses groupes et aux pas d'école dont il use une carrure angulaire en substituant les ardeurs combatives du stade aux naïves ivresses du bal et aux tendres enlacements de la valse viennoise. C'est de même une stylisation burlesque du mouvement sportif que réalise un match très amusant qui se dispute entre un joueur de golf, un rugbyman et une championne de la raquette, sur une musique de M. Darius Milhaud, qui réussit à atteindre la vulgarité avec une effrayante aisance. Des fragments de ballet classique, ainsi que des pas de caractère, gigues, czardas et chinoiseries complétaient le programme.

Mme Smirnova, l'émouvante et parfaite Giselle de 1924, qui n'a pas encore entièrement retrouvé sa forme dans le classique (une longue maladie l'ayant arrêtée en plein succès), traite les entrées fantaisistes avec sa verve coutumière et cette vénusté qu'elle conserve jusque dans la parodie. Boris Romanoff égrène ses gigues et saute ses anses tziganes avec cette vigueur nerveuse et cette intensité d'expression qui sont le fonds de son tempérament impétueux et racé.

Mais la palme revient, à coup sûr, à M. Anatole Oboukhoff, qui exécuta ses variations dans un style admirable et qui est, probablement, le plus accompli des danseurs classiques de sa génération.

André Levinson.

De l'*Intransigeant* (juin 1927) :

Nous accordons plus volontiers le succès au divertissement à trois personnages « Champions » qu'interprètent avec beaucoup d'esprit Mme Smirnova, MM. Romanoff et Oboukhoff.

Gustave Bret.

Du *Petit Parisien* (18 juin 1927) :

Enfin, nous eûmes le plaisir très grand de revoir dans le gala des ballets impériaux russes, les admirables danseurs Boris Romanoff, Oboukhoff et Mme Smirnova. *Ils furent extraordinaires de souplesse, de légereté, de charme, de grâce, d'élégance,* nous rappelant les plus beaux soirs des ballets russes, quand M. de Diaghileff nous les révéla au Châtelet, il y a vingt ans.

F. LE BORNE.

De *Minerva*, 26 juin :

On dansait, sous la Terreur, au bal des *Cous Coupés* où n'étaient admis que les proches parents des guillotinés. On dansa, de tout temps, après les catastrophes, les drames, les guerres, et, pendant que les Soviets faisaient fusiller, à Moscou, d'inoffensifs monarchistes, les Russes réfugiés à Paris dansèrent entre deux oraisons funèbres, ou allèrent voir danser leurs compatriotes aux Théâtres « Sarah-Bernhardt » et des « Champs-Elysées ». Avec leur cœur lourd de peine des disciples de Terpsichore ont dansé gaîment au grand « Théâtre des Champs-Elysées ». Ils étaient de la troupe impériale, ils ont été la joie des êtres marqués par la Fatalité. La tragédie vécue, ils savent encore sourire dans la grâce aérienne de leurs ébats.

Ce ne sont pas des ballets, mais plutôt des numéros de danse qu'ils exécutent, et sans autre décor que des tentures grises. Mais la légèreté, la souplesse, la spirituelle mimique de MM. Boris Romanoff, Anatol Oboukhoff, de Mme Hélène Smirnova nous suffisent.

Nous les avons particulièrement admirés et applaudis dans leurs danses modernes.

Jeanne LANDRE.

REPRÉSENTATION du 13 Juin 1927

(Grand Théatre des Champs-Elysées)

RECITAL DE PIANO
de WLADIMIR HOROWITZ

1. BACH .... *Prélude et Fugue d'orgue en ré majeur* (arr. Busoni).

2. SCARLATTI a) *Deux sonates* (ré majeur et do majeur).
   b) *Capriccio.*

3. CHOPIN .. *Sonate en si bémol mineur.*
   Grave. Doppio Movemente.
   Scherzo. Piu lento.
   Marche funèbre.
   Finale. Presto.

4. CHOPIN .. a) *Deux études* (la majeur, op. 10, sol bémol majeur, op. 25).
   b) *Deux mazurkas* (la dièse mineur, do dièze mineur).

5. RAVEL ... a) *Oiseaux tristes.*
   b) *Jeux d'eau.*

6. DEBUSSY a) *Doctor Gradus ad Parnassum.*
   b) *Sérénade à la Poupée.*
   from. « Childrens Corner ».

7. LISZT .... a) *Au bord d'une source.*
   b) *Méphisto-Valse.*

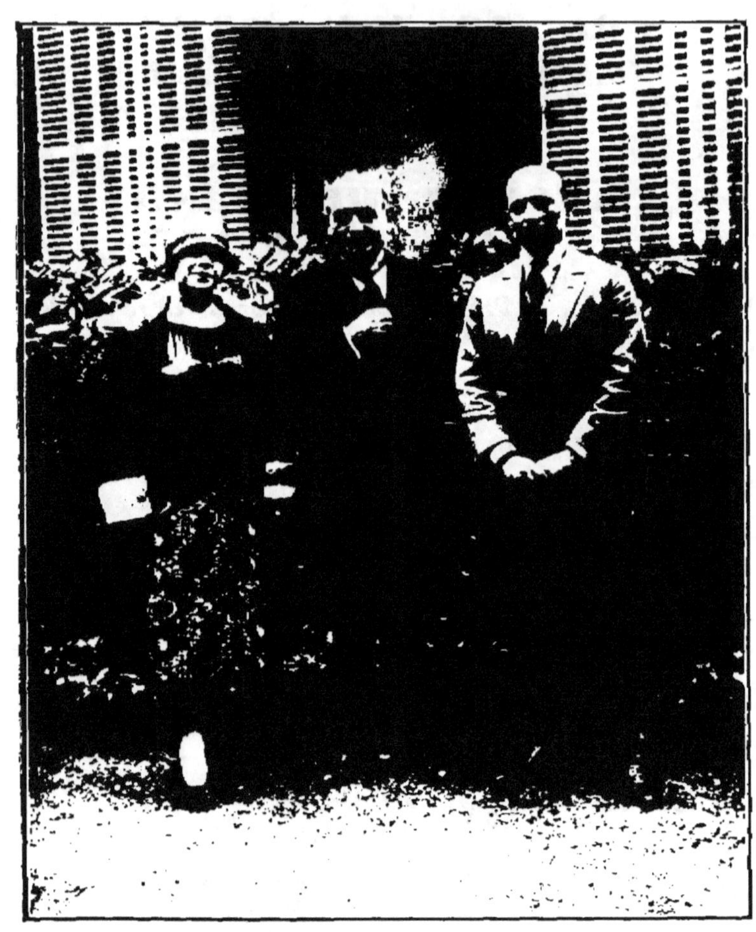

DÉLÉGATION LETTONNE

De droite à gauche : M. LIBERTS, délégué letton, M. GÉMIER, M⁽ᵐᵉ⁾ LIBERTS.

REPRÉSENTATION du 14 Juin 1927

(Grand Théatre des Champs-Elysées)

GALA DE MUSIQUE MÉCANIQUE

I

L'Oiseau de feu (Igor Strawinsky)

1. *L'Oiseau de feu et sa danse;*
2. *Complainte de l'oiseau de feu;*
3. *Jeux des princesses enchantées;*
4. *Ronde des princesses;*
5. *Danse infernale du roi Katschei;*
6. *Berceuse;*
7. *Final.*

Le Pleyela est actionné par

IGOR STRAWINSKY

Entr'acte

II

Le Panatrope (Brunswick)

Disques inédits de BRUNSWICK et COLUMBIA

III.

Un peu de musique mécanique humaine

Jean WIENER et Clément DOUCET

Le programme donnait les explications suivantes :

Le grand compositeur russe Igor Strawinsky à qui l'on doit tant de chefs-d'œuvre, est devenu, depuis quelque temps, l'un des plus chaleureux partisans de la Musique Mécanique.

Tout le monde connaît les différents modèles de pianos mécaniques. Une certaine défaveur avait régné d'abord sur ces instruments. Mais ils ont été tellement perfectionnés qu'ils ne méritent plus le mépris des connaisseurs.

Igor Strawinsky a reconnu que ces appareils permettaient de réaliser des compositions musicales d'une richesse incomparable et il s'est mis à écrire résolument des œuvres pour ce moyen d'exécution.

On conçoit quelle en peut être l'originalité.

Le mécanisme libère, en effet, l'exécutant des limitations que lui imposait jusqu'à présent la nature humaine. De bas en haut du clavier, des notes peuvent être attaquées à la fois. Des accords tout à fait inédits et en nombre presque illimité peuvent être imaginés. Les plus extraordinaires possibilités s'ouvrent pour l'artiste.

Il ne faut pas croire d'ailleurs que l'usage du mécanisme entraîne nécessairement la monotonie et la dure régularité de l'exécution. Quand c'est un artiste qui se sert de l'appareil mécanique, il peut l'employer avec toutes sortes de délicatesses: ce mode d'expression n'exclut donc ni la personnalité, ni même la fantaisie.

Voilà ce que veut prouver publiquement Igor Strawinsky. Et nul doute que sa démonstration ne soit décisive.

MM. Wiener et Doucet, au cours de la même soirée, présenteront des disques de phonographes qui, grâce à des innovations admirables, se feront entendre de toute la salle aussi bien qu'un puissant orchestre.

Ils passeront en revue un certain nombre de jazz qui font en ce moment fureur en Amérique.

Ils donneront également l'audition tout à fait singulière et passionnante, d'une des fameuses prédications faites par des prêtres nègres dans les cités des Etats-Unis.

Ces prêches sont, on le sait peut-être, scandés comme des chants. Ils sont accompagnés de mélopées rythmées par l'assistance et d'airs musicaux dont l'étrangeté et la nostalgie ne manquent pas d'émouvoir les auditeurs les plus raffinés.

On voit quelles données curieuses et toutes nouvelles apporte ce gala de Musique Mécanique.

L'âge moderne est celui de la Machine.

Pendant longtemps elle a été exclusivement d'intérêt pratique.

Voici que maintenant elle est appelée à collaborer avec l'Art et le Rêve.

REPRÉSENTATIONS
des 14 et 15 Juin 1927

(COMÉDIE DES CHAMPS-ELYSÉES)

COMPAGNIE DES VENTURERS DE LONDRES

MIGHT-HAVE-BEENS

in 2 acts

(LES RATÉS)

by H. R. LENORMAND

Translated by Rowland Leigh
Produced by A. E. FILMER

He	COLIN KEITH-JOHNSTON.
She	GWEN FFRANGCON DAVIES.
Montredon	WILLIAM STACK.
2nd Ghost	FRANCK LAWTON.
Larnaudy	FARREN SOUTAR.
Mme Gueuroz	MARION FAWCETT.
Soubrette	MARDA VANNE.
Saint-Gallet	TOBIAS.
The Musician	E. CHAPMAN.
The Bounder	P. SMITH.
The Dresser	MINNIE RAYNER.

a Waiter, a Negro, a Police Officer, etc.

Du *Carnet de la Semaine*, 26 juin :

M. Gémier, en organisant le festival international du théâtre, a permis aux fervents de l'art dramatique de comparer les efforts qui, dans les dernières années, ont été fournis dans presque tous les pays de l'Europe. Anglais, Hollandais, Flamands, Espagnols, Danois présentent à Paris leurs meilleurs acteurs et leurs meilleures pièces. C'est, en vérité, le tour du monde que, sans bouger de son fauteuil, on fait aux Champs-Elysées. A ce tournoi pacifique il convient de se rendre sans aucun parti pris ; et si la conclusion qui s'en dégagera n'est pas à notre avantage, peut-être cette constatation et cette humiliation seront-elles des stimulants.

Sans doute, dans les pays étrangers la situation n'est-elle pas la même qu'à Paris. Les directeurs n'y sont point étranglés par des frais atteignant souvent un chiffre presque égal au maximum qu'il leur est possible de réaliser. C'est pourquoi nos directeurs recherchent les pièces légères : ils croient en leur vertu pratique. Ailleurs, les maîtres de la scène n'ont pas seulement des soucis matériels. N'est-ce point la raison pour laquelle notre art dramatique ne possède plus une supériorité incontestée

Gémier a donc réuni, avenue Montaigne, les plus belles troupes de l'Europe, et créé chez nous une internationale de l'art dramatique. Comparaisons et constatations que son effort si heureux, si noble, si désintéressé, fera naître, permettront de mieux voir où nous en sommes et de rechercher les moyens de recouvrer notre ancienne suprématie.

Une troupe anglaise de Londres : « La Société des Venturers », a interprété « Les Ratés », de Mr H.-R. Lenormand Cette troupe a joué beaucoup de nos auteurs et surtout ceux que l'on dit être, sans savoir au juste ce que cela signifie, d'avant-garde. Sa mise en scène est tout à la fois simple et soignée, et elle est ingénieuse. Il nous a semblé que l'œuvre de Mr H.-R. Lenormand ne perdait pas à être traduite. Elle contient assez d'humanité pour être comprise dans tous les pays ; et comme elle recherche la vérité n'a pas le souci d'une littérature inutile parce qu'elle deviendrait vite de la rhétorique, une adaptation adroite ne l'a pas trahie. En France, les hommes de lettres arrivés ont toujours eu le mépris des ratés. Alphonse Daudet était féroce pour eux. Mais qu'est-ce donc qu'un raté ? Il n'y a pas bien longtemps, beaucoup de journalistes — Henry Fouquier entre autres — considéraient Verlaine comme tel. Tant de peintres furent jugés comme des fous ou des nullités dont, au lendemain même de leur enterrement, les toiles atteignirent des prix rothschildiens. La dernière victime de ce jeu de l'insuccès et du succès fut Modigliani. Et puis, sait-on jamais si un homme qui, aujourd'hui, n'a pas de talent, n'en aura pas beaucoup demain ? Mr H.-R. Lenormand a écrit sur ces « déveinards » une pièce généreuse, sensible, humaine.

Elle a pour interprètes une troupe de tout premier ordre composée de Mmes Ffrangcon Daviès, Marion Farweet, Marda

Vanne et Minnie Rayner, et de MM. Colin Keith-Johnston, William Stack, Lawton, Soutar, Chapman, Tobias, Smith.

R. WISNER.

De *Comœdia*, 18 juin :

Le second spectacle organisé par « la Société Universelle ldu Théâtre » nous a permis d'applaudir une très belle représentation donnée, en anglais, par la Société des « Venturers » de Londres. Cette société ne constitue pas une troupe fixe ; elle n'a pas de théâtre à elle ; elle loue des salles pour y monter de temps à autre, des spectacles hors série. Elle joue des œuvres littéraires, des pièces d'avant-garde, soit d'auteur anglais, soit d'auteurs étrangers. Elle vient de faire jouer avec un très grand succès une traduction, due à M. Rowland Leigh, des *Ratés,* de M. H.-R. Lenormand ,avec une mise en scène de M. A.-E. Filmer. Et c'est une représentation de cette pièce qu'elle nous a donnée hier à la Comédie des Champs-Elysées.

On connaît l'œuvre de M. Lenormand, cette odyssée lamentable de deux pauvres êtres, de deux artistes qui n'ont pas réussi et qui, après avoir rêvé de la gloire, sont harcelés par la misère et par la faim ; les étapes de leur déchéance, au cours d'une de ces tournées sans éclat de ces petites troupes de théâtre, dans des salles d'attente de gares, dans des beuglants, dans des chambres sinistres et désolées d'hôtels médiocres... Ces deux êtres qui s'aiment, et que la destinée contraint à s'avilir... Ce drame profond de conscience, où les sentiments dépassent toujours les paroles et où des mobiles secrets, à peine exprimés, déterminent tous les actes. L'art suggestif, évocateur, de M. Lenormand a su nous faire sentir avec beaucoup d'intensité dramatique cette association étrange qu'il y a parfois entre la grandeur et la bassesse, et cette pitoyable misère des âmes nobles par nature, avilies par nécessité, et orgueilleuses de leur déchéance pour n'avoir pu l'être de leur gloire.

Sans chercher à établir une comparaison avec les représentations des *Ratés* données il y a sept ans au Théâtre des Arts par M. Pitoëff et Mme Marie Kalff, je dirai que le spectacle des « Venturers » est absolument remarquable. L'œuvre est réalisée dans son esprit même, montée et jouée avec une intelligence et un talent qui forcent l'admiration. Les décors, les costumes, l'éclairage, toute la mise en scène enfin, créent avec une simplicité puissante l'atmosphère. Enfin, les deux interprètes principaux sont de tout premier ordre.

Mme Ffrangcon Davies, qui a joué à Londres avec le succès que l'on sait, les pièces de Shakespeare, d'Ibsen, de Thomas Hardy, de Bernard Shaw, a montré dans le rôle des *Ratés* un naturel, une sensibilité hors de pair. Les attitudes les expressions sont à la fois simples et pathétiques. Et elle a une sobriété dans la force que peu d'artistes de chez nous possèdent à ce point. Son partenaire, M. Colin Keith-Johnston, servi d'ailleurs par une physionomie qui allait fort bien au rôle, à le jeu le plus intelligent et le plus aigu ; et il a su faire revivre le drame intérieur de son personnage avec un art poignant, toujours net et juste. Les autres interprètes sont excellents. Je citerai MM. William Stack, Soutar, Lawton, Tobias, Chapman, Smith et Mmes Marion Farweett, Marda Vanne et Minnie Rayner, remarquable « habilleuse ». Ce qui caractérise cette troupe très homogène, c'est, avant tout, la vérité du jeu, une vérité sobre et expressive, qui ne force jamais la mesure et qui reste subordonnée à la pensée elle-même de l'œuvre. Remercions les « Venturers » de nous avoir donné cette occasion de les applaudir.

Etienne REY.

D'*Excelsior*, 17 juin :

Les représentations étrangères du Festival International du Théâtre, organisées par M. Gémier, se poursuivent avec éclat. Après les Danois, voici les Anglais. La Société anglaise « Les Venturers » qui est, à Londres, une compagnie dramatique d'avant-garde, nous rapporte, dans une excellente adaptation de M. Rowland Leigh, la pièce de H.-R. Lenormand, qui obtint naguère un si grand succès au Théâtre des Arts : *Les Ratés*.

Dans le texte anglais, l'œuvre de l'auteur du *Simoun*, cette œuvre si âpre, si douloureuse, si émouvante, garde toute son humanité. Voilà une traduction, au moins, qui n'est pas une trahison ! *Les Ratés* c'est, vous vous en souvenez, l'histoire de deux pauvres artistes, à qui ni la vie ni la chance n'ont souri et qui, d'étapes en étapes, au cours d'une tournée en province, descendent la pente jusqu'au dernier degré de la déchéance. Ils s'aimaient ; ils avaient eu l'ambition de n'être que de purs artistes — et leurs rêves se sont écroulés. N'importe ! même dans leur avilissement, ils gardent la fierté d'être ce qu'ils sont !... Le drame moral est poignant. La réalisation dramatique originale et saisissante.

Le metteur en scène anglais, M. Filmer, a merveilleusement servi l'œuvre de M. H.-R. Lenormand. Dans les rôles créés à Paris par MM. Pitoeff et par Mme Marie Kalff, M. Colin Keith-Johnston et Mme F. Ffrangcon Davies ont été remarquables de simplicité, de sobriété, d'intelligence. Chez eux, l'art le plus moderne, le plus aigu, s'allie à la sensibilité la plus naturelle. Ils ont été très applaudis, ainsi que toute l'excellente troupe des « Venturers ».

Charles MÉRÉ.

De l'*Intransigeant*, 18 juin :

La Société Universelle du Théâtre nous a présenté l'étonnante troupe britannique des « Venturers ». Elle a joué pour nous la pièce traduite en anglais de H.-R. Lenormand : *Les Ratés*.

Le moins qu'on puisse dire est que, sans savoir un mot d'anglais, sans connaître d'avance la pièce de M. Lenormand, on n'a pu manquer de sortir bouleversé de cette représentation. Le réalisme de la troupe des « Venturers » a quelque

chose de si juste, de si précis dans les nuances les plus dis-
crètes que l'on se demande si l'on ne voit pas jouer là une
pièce par la famille spirituelle de Lucien Guitry. C'est l'odyssée d'un couple de ratés. Lui et elle sont partis dans la vie
pour faire de grandes choses. Ils échouent dans une petite
tournée théâtrale de province et cela finit par l'écœurement
qui mène à la mort. Elle, c'est Mme Gwen Ffrangcon, nature
d'une extrême sensibilité; lui, c'est M. Colin Keith-Johnston,
acteur émouvant et simple. Tous deux sont les pivots du
drame. Ils le développent avec une intensité surprenante, une
telle lucidité d'expression que l'on découvre le sujet, répé-
tons-le, sans avoir besoin de comprendre la langue. Et les
artistes qui accompagnent ces deux acteurs méritent les
mêmes éloges, tant il y a d'unité dans l'interprétation de
MM. William Stack, Franck Lawton, Farren Soutar, Tobias,
Chapman, P. Smith et de Mmes Minnie Rayner, Marion
Fawcett, Marda Vanne.

De l'*Œuvre*, 17 juin :

Les représentations du Festival international (organisé par
Firmin Gémier) se poursuivent au Théâtre des Champs-Élysées. Elles offrent, pour la plupart, un vif intérêt.

Hier, la Société des « Venturers » de Londres, a joué *Les
Ratés*, le drame poignant de M. H.-R. Lenormand. Les « Venturers » servent chez eux les écrivains de théâtre d'une certaine classe ; ils recherchent les pièces *littéraires*, et, sans
grouper une troupe fixe, sans posséder un local particulier,
se transportent ici et là afin d'accomplir leur mission. Voilà
qui témoigne d'une belle activité et d'un noble désintéressement.

La représentation des *Ratés* fut en tous points remarquable, et par la réalisation extérieure (mise en scène, décors,
costumes), et par la qualité de l'interprétation. On sait que
l'œuvre (le chef-d'œuvre) de M. Lenormand doit suggérer,
avant tout, une atmosphère de tristesse, de lente et morne
dégradation, et qu'une sorte de fatalité tragiquement désespérée pèse sur les personnages. Tout cela se dégage précisément de la mise en scène (simple, mais vivante, éloquente),
des projections lumineuses graduées à la perfection et du
jeu des interprètes : M. Colin Keih-Johnston et Mme Ffrangcon Davies. Cette dernière, qui fait, paraît-il, merveille à Londres dans les ouvrages de Shakespeare, d'Ibsen, de Hardy,
etc., accuse une sensibilité, une vie, une ardeur irrésistibles.
Ses attitudes, toujours justes, harmonieuses, ses expressions
de visage, sa force dramatique l'égalent aux meilleures comédiennes de chez nous, et son camarade, M. Keith-Johnston,
compose son rôle avec une subtile et pénétrante intelligence.
Toute la troupe, au surplus, mérite des éloges.

Une soirée comme celle-là nous montre l'utilité, l'intérêt de
ce « Festival international », où nous pouvons et devons puiser
un si précieux enseignement, grâce aux meilleurs artistes de
l'univers.

EDMOND SÉE.

De *Paris-Midi*, 17 juin :

Le festival international du théâtre continue à nous offrir des spectacles les plus curieux et les plus intéressants. La Société des « Venturers » de Londres nous a apporté, à son tour et pour sa part, une interprétation nouvelle des *Ratés*, de M. H. R. Lenormand.

Dans cette version anglaise, les *Ratés* s'appellent : « *Ceux qui auraient pu être* ». Dans la version américaine, le titre est « *Les Compagnons* ». Cette différence montre la richesse du sujet et de ses développements.

Les artistes anglais ont visé à la simplicité.

Pitoeff, qui avait créé la pièce, avait inventé un décor simultané et avait donné beaucoup de pittoresque à la mise en scène. Les *Venturers*, au contraire, ont concentré tout l'intérêt sur les deux personnages principaux : *Lui*, le poète raté, et *Elle*, l'actrice ratée. On ne voit qu'eux. On les suit avec angoisse depuis le moment où l'imprésario fait signer à la jeune femme un engagement jusqu'à ce petit matin où l'on découvre le corps de la femme assassinée et l'homme ivre à côté d'elle.

Le même souci de simplification, la même tendance à la psychologie, se retrouvent dans le jeu des deux acteurs principaux, Miss Ffrangcon Davis (Elle) et M. Colin Keith Johnston (Lui). Par les moyens les plus sobres, ces deux artistes, surtout la femme, arrivent à traduire la déchéance et les peines de deux âmes véhémentes et passionnées. Sans gesticulations et sans cris, ils créent l'atmosphère par la justesse du ton et des attitudes, et par des inflexions délicates, presque imperceptibles, qui expriment l'intensité de la vie. Les autres acteurs ont montré le même souci de la vérité et du naturel de leur rôle qui est quelques fois l'artificiel, comme il arrive pour le vieux cabot qui voit partout des actions de théâtre.

Pour M. Lenormand, comme pour tous les jeunes auteurs contemporains, le théâtre est un langage. Le langage de l'auteur des *Ratés* et du *Simoun* fuit les longues périodes et les développements inutiles. Il est élliptique et saisissant. S'il fallait lui chercher dans la littérature ordinaire des correspondants, je dirais que cela ressemble au style de Sénèque ou de Tacite.

Je regrette que les *Venturers* s'en aillent trop vite. Ils ont eu le temps de mériter le succès, et ils n'auront pas celui de le goûter.

Au revoir, vraiment et sincèrement !

FORTUNAT STROWSKI.
Membre de l'Institut.

De *Chicago-Tribune*, 25 juin :

La Société Universelle du Théâtre : *Les Ratés,* pièce de Lenormand, jouée par The Venturers Society of London aux Champs-Elysées.

Dans une série de représentations, la Société Universelle

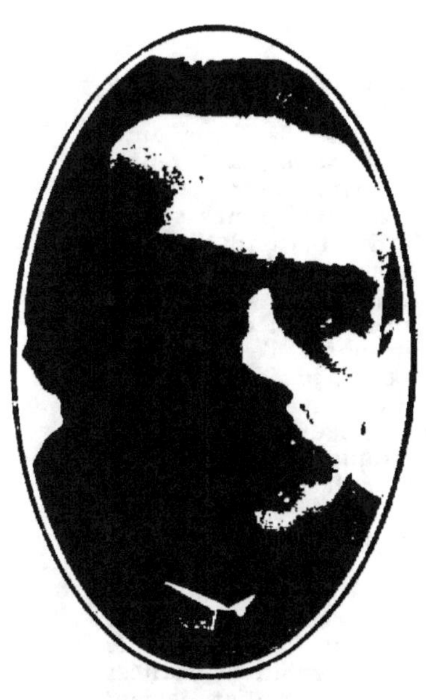

M. H.-R. LENORMAND
Membre de la Commission des Auteurs
Dramatiques et de la Section des Auteurs
Dramatiques de l'Union Française de la
S. U. D. T. Auteur des « Ratés »

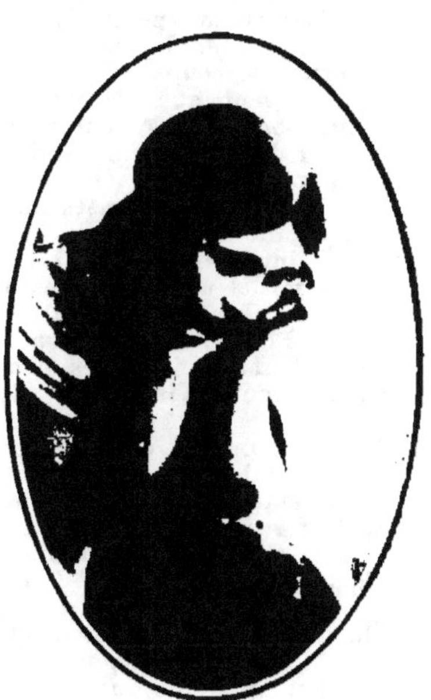

MISS FFRANGCON DAVIES
Interprète de
Hight-Have-Beens (Les Ratés)

du Théâtre présente actuellement quelques-uns des meilleurs acteurs de la scène étrangère dans leurs rôles les plus caractéristiques. Cette semaine, la Colonie anglaise de Paris aura l'occasion de voir Sybil Thorndyke dans *Saint-Joan,* représentation dirigée par Shaw lui-même. Une autre troupe anglaise qui a remporté dans son pays de très grands succès avec ses interprétations de Thomas Hardy, Bernard Shaw et Ibsen, a choisi avec beaucoup de jugement pour sa première apparition sur la scène parisienne : *Les Ratés* de Lenormand.

Depuis la guerre, aucune pièce française n'a fait une impression égale sur les metteurs en scène étrangers d'avant-garde. Traduite par Miss Katzin pour Knopf, on l'a jouée au « Guild Théâtre » à New-York, où Winifred Lenihan et Jacob Ben-Ami ont créé un des plus grands rôles de leur carrière. C'est une épreuve suprême des capacités artistiques pour un acteur. Le thème unique et sans relief de l'espoir déçu se transforme imperceptiblement en tragédie. Les *réflexions* satiriques qui illuminent quelques scènes ne servent qu'à intensifier l'impression écrasante du désastre.

Il s'agit de la déchéance d'un auteur, qui, prisonnier de son manque de résolution et aveuglé par des idées absurdes sur son génie artistique, suit dans une tournée provinciale, une actrice, qui l'aime de toute son âme. Ses ambitions exaltées sont anéanties par son manque de raison. La situation devient critique et amène une débâcle morale. Avec cette pénétration sûre qui caractérise ses analyses amoureuses et mentales, M. Lenormand peint l'idylle dorée, arrêtée d'abord par les besoins matériels, puis corrompue par l'avilissement qui déprime le couple. Quand, selon le mode classique, la jeune fille se vend afin d'acheter de la nourriture et des vêtements pour son héros irréprochable, la première tache obscurcit l'idéal de leur amour. Après des larmes et des récriminations, l'amant reprend son rôle de parasite. Il oublie absolument le travail et abandonne ses manuscrits. Enfin il devient la proie du destin. En vain, il cherche à se dissimuler sa honte en étant infidèle à son tour. En vain il demande à l'alcool de l'étourdir. Nul espoir. C'est la faillite de l'artiste et de l'homme. Conséquence : meurtre et suicide.

M. Philip Carr m'a raconté que lorsque Lenormand vit Miss Ffrangcon Davies dans le rôle d'*Elle,* il s'écria qu'il avait trouvé l'interprète idéale de sa pièce. Par sa beauté sereine, cette actrice exerce un charme qui captive l'esprit. Elle aborde sans efforts son rôle et réserve la pleine révélation de son talent pour la dernière scène. Sa grâce ravissante, sa poignante simplicité contribuent puissamment à la sincérité et à la force du dénouement. Hanté par les rythmes Shakespeariens, Colin Keith-Johnson a peut-être eu quelque difficulté à débiter les textes de *Lui* à la cadence normale. Mais dans cette donnée fatale, il a retrouvé l'atmosphère qui convient à la tragédie de tous les temps. L'entourage ne vaut sans doute pas les deux protagonistes. Mais *Lui* et *Elle* ont élevé le niveau artistique du jeu à une hauteur remarquable.

WILLIAM-LÉON SMYSER.

REPRÉSENTATION
du 17 Juin 1927
(Grand Théatre des Champs-Elysées)

GRAND GALA DE
DANSE ESPAGNOLE
DONNÉ PAR
MADAME ARGENTINA

Programme

Première partie

1. *Sonate ancienne* . . . . PADRE SOLLER.
   CARMENCITA PEREZ.

2. a) *Sereneta* . . . . MALATS.
   b) *Danza V.* . . . . E. GRANADOS.
   c) *Danse des yeux verts* (dédiée à
      Madame Argentina) . . . . . . E. GRANADOS.
   ARGENTINA

3. *Pochade Andalouse* (Aniers sur la
   route d'Espagne) . . . . M. INFANTE.
   CARMENCITA PEREZ.

4. a) *Cordoba* . . . . I. ALBENIZ.
   b) *Tango Andalou* (mélodie popu-
      laire) . . . .
   c) *Danse Gitane* . . . .
   ARGENTINA

5. *Seguidillas* . . . . I. ALBENIZ.
   CARMENCITA PEREZ.

6. a) *Boleron* (danseuse classique 18e
      siècle) . . . . IRADIER.
   b) *Seguidillas* (sans musique) . . . .
   c) *La Corrida* . . . . VALVERDE.
   ARGENTINA

Deuxième Partie

7. Orchestre : *Esquisse Symphonique*
   (La chanson du Lanternier) .. E. HALFFTER.
8. Orchestre : *Chanson du temps jadis*
   (première audition) .... OSCAR ESPLA.
9. *Représentation   Intégrale   d e*

EL AMOR BRUJO

(L'Amour Sorcier)
Scène gitane de l'Andalousie

Ballet en un acte de G. Martinez-Sierra, musique de
Manuel de Falla

Réalisation chorégraphique de Mme Argentina

Décors de G. Baccarisas

Candelas .... Mmes ARGENTINA.
Lucia .... Irène IBANEZ.
Carmelo .... MM. Ottilio LOPEZ.
Le Revenant .... Georges WAGUE

Les Gitanes : Maria Benitez, Andréa Camarez, Sofia Galir-
rue, Carmen Juarez, Dolorès Moreno, Filomeno La Villa,
Rosio La Villa.

CHANT : Dolorès de SILVERA

Orchestre sous la direction de Ernesto HALFFTER

DANSES

1. *Danse de la Frayeur ;*
2. *Danse du Feu ;*
3. *Chanson du Feu Follet ;*
4. *Danse du Jeu de l'Amour.*

(Danse rituelle pour chasser les mauvais esprits.)

De *Bref*, 23 juin :

Parmi les soirées qui jusqu'à présent ont donné le plus d'éclat au Festival de la Société Universelle, il faut mettre à part celle où parut la danseuse Argentina

En vérité, cette artiste représente toute l'Espagne La chorégraphie n'est-elle pas d'ailleurs une des gloires de ce pays ?

L'Argentina évoque tantôt les lignes et les couleurs de Velasquez, tantôt celles de Goya, tantôt celles de Zuloaga.

Ses évolutions ne ressemblent en rien, à vrai dire, aux gambades des nègres et des négresses qui sont actuellement à la mode.

Ce sont des attitudes très campées, très dessinées, des cambrures d'une nervosité et d'une élégance infinies, de subites volte-face avec des arrêts brusques, puis des bondissements, des trépignements, de rageurs appels du talon, des ondulations d'une grâce exquise.

Les costumes espagnols épousent adorablement ce corps si souple. C'est la gamme des grands peintres espagnols, de vives oppositions : noir et blanc, rose et noir, noir et vert d'eau, avec la note ardente d'une mantille pourpre ou d'une large fleur rouge piquée dans la chevelure blonde.

Les castagnettes accompagnent la vertigineuse pantomime. Elles chantent dans les paumes de l'Argentina. Elles commentent tous ses gestes, elles ponctuent tous ses élans. Parfois elles frémissent imperceptiblement. Parfois elles semblent rire. Elles s'impatientent, elles s'irritent, elles s'affolent. Les castagnettes sont pour l'Argentina un nouveau langage étrange, obsédant, qui exprime dans leurs moindres nuances toutes les passions et qui les communique presque tyranniquement aux admirateurs de cette extraordinaire danseuse.

PAUL GSELL.

De l'*Action Française*, 4 juillet 1927 :

Dérogeant à ses habitudes, Mlle Argentina a permis cette année aux Parisiens de l'applaudir une seconde fois. Nous ne sommes guère en avance, mais mieux vaut tard, et d'ailleurs cette brillante soirée du 17 juin au théâtre des Champs-Elysées, au cours de laquelle Mlle Argentina a remporté un succès triomphal, n'est pas de celles qu'on puisse passer sous silence. Elle prouve au moins que le public, trop souvent aveugle et injuste, peut aussi, à l'occasion, s'emballer pour un spectacle de qualité.

Mlle Argentina ne force pas l'admiration par une technique transcendante. Cette technique, nécessaire à la danseuse classique dont l'art est une évasion vers un univers féerique ou abstrait où se trouve modifié le jeu normal des lois de l'équilibre et du mouvement, cette technique est négligée par la danse espagnole, d'essence populaire, et soumise à la nature et à l'instinct. Pour exprimer l'ardeur de vivre, le désir amoureux, les manèges et provocations de la coquetterie, un vocabulaire restreint, une syntaxe élémentaire suffisent. Le roulement des talons, un rein et des bras éloquents, le jeu des prunelles et celui des castagnettes remplacent les savants enchaînements, les constructions idéales de lignes et de formes. La danse espagnole a quelque chose d'animal. Or, Mlle Argentina et c'est là le privilège et le secret de son talent unique, a su, sans en affaiblir la saveur, épurer et styliser les danses de son pays, ajouter à leur flamme le rayonnement de l'intelligence. On la tient à juste titre pour la plus grande danseuse espagnole de ce temps. La vérité est qu'elle est la seule qui fasse figure d'aristocrate. Pour le reste, chacun sait le parti si musical que tire de ses castagnettes celle que l'auteur anonyme de la notice charmante insérée dans le programme appelle avec bonheur « un présent d'Euterpe à sa sœur Terpsichore ».

La deuxième partie de la séance était consacrée à la représentation de l'*Amour sorcier* de M. de Falla. L'admirable traduction de Mlle Argentina, la faiblesse de la troupe occasionnelle dont elle s'était entourée, et, malgré cette faiblesse, la vitalité triomphante de la partition, son succès, tout était fait ce soir-là pour accroître nos regrets à la pensée que l'Opéra-Comique a laissé passer cette année encore l'occasion d'accueillir cet étincelant chef-d'œuvre.

Dominique SORDET.

REPRÉSENTATIONS 17 ET 18 Juin 1927

(COMÉDIE DES CHAMPS-ELYSÉES)

A 20 *H.* 30

" GHETTO "

Drame en 3 actes de M. Herman HEYERMANS

Misce en scène de Herman SCHWAB

DISTRIBUTION

Sachel, l'aveugle	M. Louis de VRIES.
Esther, sa sœur	Mme E. de BOER-V.-RYCK.
Rafaël, son fils	M. Dick van VEEN.
Aaron	M. Herman SCHWAB.
Rebecca, sa fille ....·	Mme Sp. de VRIES DE BOER.
Le Rabbin	Hein HARMS.
Rose, une bonne chrétienne dans la maison de Sachel	Mme C. DEFRESNE-KOHLER.
Un Marchand Juif	Adr. V. D. HORST.

Décors spéciaux du peintre Guillaume DULLE

La Scène se passe dans le Ghetto d'Amsterdam
Le premier acte dans la boutique de Sachel
Le deuxième acte dans la salle à manger
Le troisième acte dans la rue.

De *Chantecler* 25 juin :

Le spectacle que M. Louis de Vriès et sa compagnie nous ont apporté de Hollande constitue un hommage sans réserve au Théâtre Libre. *Ghetto,* le drame de Heyermans, sa mise en scène et son interprétation sont l'expression intégrale de la formule réaliste, telle que nous la vîmes appliquée dans la *Bonne Espérance,* du même auteur, ou dans les *Tisserands,* de Hauptmann. Ce serait une erreur de penser que cette formule seule soit en honneur sur les scènes hollandaises. Des directeurs comme M. Rozaards ou M. Verkade ont entraîné l'art dramatique de leur pays dans des directions différentes. Mais, si le choix de la pièce et le style des décors ont pu surprendre un moment le public parisien de 1927, ce public a été bien vite conquis par le talent des deux principaux interprètes, M. Louis de Vriès et Mme de Boer van Ryck. M. Louis de Vries, dans le rôle d'un fripier juif aveugle, a dressé devant nous, avec une puissance étonnante, cette figure à l'épreuve des siècles, que Rembrandt avait fixée, qu'Israëls retrouvait il y a cinquante ans et que nous rencontrons encore aujourd'hui, quand nous flânons dans les ruelles voisines de la Jodebreestraat, à Amsterdam. Mme de Boer van Ryck a joué le rôle de la sœur du fripier avec cette admirable vérité qui fait d'elle la première comédienne des Pays-Bas. Le milieu sordide, les hardes, la misère, l'atmosphère du ghetto sont évoqués avec le scrupule que les intimistes hollandais apportaient à la composition de leurs tableaux.

H..R. LENORMAND.

De *Comœdia,* 19 juin :

FESTIVAL INTERNATIONAL DU THÉÂTRE

LE GALA HOLLANDAIS

M. Louis de Vriès et la troupe du Hollandsch Toonel d'Amsterdam ont joué un drame d'Herman Heyermans, *Le Ghetto,* qui date d'une trentaine d'années. Il y a deux troupes importantes, en Hollande, et qui vont jouer de ville en ville. L'une représente un théâtre aux tendances modernistes, et correspond aux scènes « d'avant-garde », qui existent dans chaque nation d'Europe, et aussi aux États-Unis. L'autre, celle que nous avons entendue hier, appartient à une tradition, qui ne se manifeste plus guère chez nous, à l'heure actuelle, mais qui est restée vivante dans quelques pays : la tradition du théâtre libre. Encore cette dernière compagnie a-t-elle donné des spectacles d'un caractère très neuf.

Nous avons eu l'impression, hier, en écoutant *Le Ghetto,* que nous avions sous les yeux une pièce de l'école réaliste ou vériste de M. Antoine. Elle remonte d'ailleurs à cette époque, et c'est peut-être une raison. Pourquoi nous avons renoncé en France, à cette forme d'art, il serait trop long de l'expliquer ici. Il est possible, d'ailleurs, que le théâtre revienne, un jour prochain, au réalisme, si l'école opposée continue à manquer d'œuvres marquantes. Tout n'est qu'action et réaction. En attendant, le drame de Heyermans nous a donné l'occasion, que nous n'avons plus en France, d'apprécier les mérites et les qualités solides de cette formule, aussi bien dans la conduite même de la pièce que dans la mise en scène et le jeu des interprêtes.

Le sujet du *Ghetto* est celui de nombreuses pièces: c'est la lutte des vieux et des jeunes, la révolte d'une génération contre celle qui la précède, l'affranchissement des enfants des croyances et des traditions de leurs pères sujet qui sera, à travers les temps, éternellement vrai, et l'un des plus émouvants qui soient. Mais ce thème général s'applique ici à l'étude d'un milieu particulier, pittoresque, celui des petits commerçants juifs du ghetto d'Amsterdam.

Nous voyons dans une boutique de fripier, le vieil aveugle Sachel, sa sœur Esther, Aaron, un autre marchand juif, et Rose une jeune servante chrétienne. Il y a des querelles amusantes à propos de religion, de commerce et de mariage... Sachel discute avec Aaron la dot que celui-ci donnera à sa fille Rebecca pour épouser Raphaël, le fils de Sachel. Mais Sachel soupçonne une intrigue amoureuse entre Raphaël et Rose, et il se querelle, à ce sujet, avec sa sœur Esther, qui a la langue bien pendue... Raphaël paraît. Ce jeune homme a un air bien romantique! Il a perdu le respect de son père, depuis qu'il a surpris celui-ci en train de frauder dans son commerce. On voit par là que la pièce date un peu.

Le lendemain, Rose pleure dans les bras de Raphaël: elle attend un enfant de lui et est inquiète. Ils sont surpris par Rebecca, mais Raphaël renvoie celle-ci avec des injures; il ne veut pas d'un mariage qui n'est qu'une opération commerciale... Conseil de famille. Un rabbin fort bavard, parle religion, et tâche de persuader Raphaël. Mais celui-ci déclare qu'il n'a plus la foi de ses pères; il est plein de mépris pour les Juifs et le Ghetto. Et il avoue son amour pour Rose.

Au dernier acte, le drame éclate. Sachel conseillé par Aaron offre de l'argent à Rose pour qu'elle renonce à Raphaël. Elle refuse. Alors, il lui dit que son fils est parti, et qu'il ne reviendra pas. Et pour la convaincre, il n'hésite pas à faire un faux serment. Rose, désespérée, va se noyer dans le canal. Je ne sais s'il y a beaucoup de chrétiennes capables de se jeter à l'eau pour n'avoir pu être admises à l'honneur d'entrer dans une famille juive. Raphaël revient pour voir apporter le cadavre de Rose. Il maudit son père, qui est d'ailleurs accablé de remords, et il s'enfuit du Ghetto. L'histoire s'arrête au moment où elle aurait pu devenir la plus intéressante. Que devient un juif libéré de sa race et de sa religion? Le problème a son intérêt. En Russie, Raphaël se ferait bolcheviste; à Paris, auteur dramatique. Mais à Amsterdam?

Il est difficile de juger de la valeur d'une pièce jouée dans une langue qu'on ne comprend pas. Celle-ci paraît avoir des lignes simples et vigoureuses. La partie comique au premier acte, et les traits de mœurs m'ont paru porter davantage que le drame proprement dit. En revanche, nous pouvons nous faire une idée assez nette de la qualité de la troupe de M. de Vriès. Nous mettrons au premier plan Mme Esther de Boer van Rijke, qui n'est pas une inconnue pour les Parisiens, et qui interprêta à l'Œuvre, il y a quelques années, *La Bonne Espérance*, de Huyermans. C'est une artiste de très grande classe ; elle a fait d'Esther, cette vieille juive, une composition saisissante de vérité et admirablement typée. Pas de caricature, la caricature est toujours plus facile ; un portrait très simple, mais étudié dans les plus petits détails, aux lignes nettes et intelligentes... Le costume, les expressions, les attitudes, tout était parfait. Et quelle voix de théâtre incomparable ! M. Louis de Vriès, de sont côté, a tenu le rôle de l'aveugle Sachel d'une façon remarquable. C'est du très bon réalisme, consciencieux et solide. M. Herman Schwab (Aaron) a des qualités de même ordre. Et les autres interprètes aussi, quoique moins originaux : Mmes Dufresne-Hœhler, S. de Vriès de Boer et MM. Acin Harms, Karel Baars. M. Dick van Veen (Raphaël) a de l'ardeur et de la sincérité. La mise en scène de M. Schwab est excellente. Le décor du premier acte est fort pittoresque et très réussi. Le second, banal.

Dans l'ensemble, une représentation fort intéressante, et dont nous devons remercier M. de Vriès et sa troupe. Le spectacle a attiré plus de spectateurs hollandais que français, et c'est, mon Dieu, tout naturel, car combien y a-t-il de Parisens sachant le hollandais ? Mais combien y en a-t-il aussi qui savent que la littérature et la culture françaises ont en Hollande des amitiés nombreuses et fidèles ? La Hollande n'est pas qu'un pays de banquiers, de tulipes et de diamantaires. Et nous devrions entretenir avec elle des rapports intellectuels plus suivis. C'est en quoi la manifestation du Festival international du théâtre, est une œuvre utile, et qui mérite d'être poursuivie.

ETIENNE REY.

De *La Gazette du Franc*, 25 juin :

Le Festival international du théâtre nous a permis d'entendre, après une troupe danoise et anglaise, la Compagnie néerlandaise du Hollandsch Tooneel d'Amsterdam dans un drame réaliste, qui est en même temps une pièce de mœurs juives, du dramaturge Herman Heyermans, mort l'an passé. Nous avons eu là un échantillon fort intéressant de la tradition dramatique hollandaise. Mais il convient de ne pas ignorer que les Pays-Bas sont dans tous les ordres de la production artistique à l'avant-garde. On connaît la valeur de leurs architectes. Ils ne négligent pas davantage l'art de la mise en scène.

La troupe de M. Louis de Vriès, nous a rappelé la meilleure époque du théâtre Antoine avec quelque chose de plus poussé et de plus discipliné encore qui rappelle la tradition de Stanislawski. Le décor du premier acte, qui représente une boutique de fripier juif dans le ghetto d'Amsterdam, rappelle par sa précision extraordinaire les maîtres hollandais et il s'apparente, par les effets d'éclairage, à Rembrandt. On sent vraiment derrière ce décor, et plus encore derrière la mise en scène de M. Herman Schwab, toute une grande civilisation homogène.

Le sujet, c'est l'éternelle lutte entre la tradition et le modernisme. Sachel, le brocanteur aveugle, souhaite le mariage de son fils Rafaël avec la fille de son ami Aaron. Sa sœur Esther est du même avis. Mais Rafaël est un idéaliste que certaines fraudes commerciales auxquelles son père s'est laissé aller indignent et bouleversent, et c'est un moderniste qui ne croit pas aux préjugés de race. Il est amoureux de la servante chrétienne Rose et il entend l'épouser. Il considère aussi ce mariage comme un devoir, car Rose attend un enfant de lui. Sachel, pour empêcher le mariage, imagine un stratagème : il fait croire à Rose que Rafaël a décidé de l'abandonner et a quitté la ville. Rose se noie. Quand on rapporte le cadavre, Rafaël maudit son père qui se repent de sa cruauté.

Ce drame de lignes simples est, on le voit, assez sommaire. Son premier acte, où la vie du ghetto est évoquée avec beaucoup d'humour, est le meilleur. M. de Vriès est un vieil aveugle impressionnant ; sa voix exprime tour à tour la raillerie, la colère, la douleur, la supplication avec une intensité surprenante. Mme de Boer Van Pjik, dans le rôle de la tante Esther, est la vie même ; il n'est pas un de ses gestes qui ne soit significatif tout en restant naturel. M. Schwab, le metteur en scène, met en bon relief le rôle d'Aaron et M. Van Veen a de la flamme dans Rafaël.

Benjamin CRÉMIEUX.

De l'*Illustration*, 2 juillet :

Le mois de juin, qui clôture habituellement par des galas la « saison de Paris », nous a apporté, sous les auspices du « Festival international du théâtre », deux représentations exceptionnelles.

Ce fut tout d'abord un spectacle hollandais donné par M. Louis de Vriès et la troupe du Hollandsch Toonel d'Amsterdam. La pièce choisie était *le Ghetto*, d'Herman-Heyermans, qui date d'une trentaine d'années ; œuvre réaliste rappelant l'atmosphère et la manière de notre ancien Théâtre Libre. On y voit, dans la boutique d'un vieux fripier juif aveugle, se développer la lutte si souvent utilisée par la littérature, mais toujours dramatique, des enfants contre les parents, de la génération nouvelle, dégagée de préjugés, contre celle qui l'a précédée et reste attachée à ses croyances, de l'esprit de progrès contre la tradition. Mieux encore que les idées générales que ce conflit suggère, on a apprécié la saveur d'une observation exacte des mœurs. Nous avons eu, depuis quelques années bien des peintures des ghettos balkaniques. Celle-ci, d'un ghetto hollandais, n'a pas moins de relief, autant qu'on peut s'en rendre compte quand la langue vous échappe. Les scènes comiques alternent avec les passages pathétiques et le jeu des acteurs est en tous points remarquable : M. Louis de Vriès, le vieux juif aveugle, Mme Esther de Boer Van Rifke, dans le rôle de sa sœur, ont été particulièrement appréciés.

ROBERT DE BEAUPLAN.

De l'*Information*, 27 juin :

A son tour une troupe hollandaise, dirigée par M. Louis de Vriès, apporta son concours au Festival de la Société Universelle du Théâtre, mais, cette fois, sur la scène de la Comédie des Champs-Elysées. Elle a joué *Ghetto*, drame moderne en trois actes d'Herman Heyermans, qui, jusqu'à sa mort récente, tint l'une des premières places dans la littérature dramatique de son pays.

Lors de mon premier voyage à Amsterdam, au cours d'une tournée, j'avais eu l'occasion de me rencontrer avec l'auteur et rapporté un acte de lui plein de couleur, *Ahasvere*, que nous jouâmes au Théâtre Libre. C'était le temps où, pour laisser un peu souffler les jeunes auteurs, nos fournisseurs habituels, j'explorais les répertoires étrangers. *Tolstoï* en Russie, *Hauptmann* en Allemagne, *Ibsen* et *Strindberg* en Scandinavie, l'Ecole Vériste Italienne avec *Verga* et cette Chevalerie Rustique, qui, bousculée chez nous, allait devenir quelques années plus tard *Cavalleria Rusticana* et faire le tour du monde.

Ahasvere était un tableau des mœurs juives dans les Pays-Bas, traité à la manière d'un Rembrandt, que nous avons retrouvée l'autre soir dans la mise en scène de M. de Vriès. C'est à la même époque que Heyermans me fit lire son *Ghetto*, représenté à Amsterdam en 98, et qui commençait son éclatante carrière, mais la similitude du milieu et des personnages avec *Ahasvere*, m'empêcha de l'accueillir. L'affaire Dreyfus chargeait encore l'atmosphère, et il était inutile, surtout à la scène, de jeter de l'huile sur le feu. Cependant je n'avais point perdu de vue les rares qualités d'Herman Heyermans, et en décembre 1902, nous donnâmes au Théâtre Antoine, un grand ouvrage de lui en quatre acte, *La Bonne Espérance*, qui produisit une impression si profonde que je le gardai au répertoire, et que plusieurs années après, nous l'affichions encore.

Il s'agissait d'un cas de baraterie ; un armateur expédiait dans la mer du Nord un bateau de pêche après l'avoir assuré pour une grosse somme, sachant pertinement qu'il ne pouvait plus naviguer, et sacrifiant froidement les braves gens qu'il embarquait ainsi. Et, en effet, par une nuit de tempête, le naufrage survenait, mettant en deuil de nombreuses familles de pêcheurs. Signoret, qui débutait, fut admirable ce soir-là dans un jeune mousse flairant le désastre et que l'on traînait de force à bord. Ce spectacle était si tragique que la masse du public ne put le soutenir longtemps. Mais, en bien d'autres pays, en Allemagne surtout, l'œuvre d'Heyermans, restée longtemps célèbre, était représentée couramment.

C'est donc ce *Ghetto*, que je n'avais point accepté boulevard de Strasbourg que la Compagnie de M. Louis de Vriès représentait l'autre soir. L'impression devant un public, composé en majeure partie de compatriotes, a été très forte, même pour nous, qui ne comprenions pas la langue, et pour qui l'intérêt résidait surtout dans la présentation. La pièce est jouée dans la pure tradition de l'époque où elle fut créée.

Comme ont bien voulu le remarquer quelques confrères, ce spectacle est un spécimen parfait des premières interprétations du Théâtre Libre, selon la pure doctrine naturaliste. Les artistes hollandais avaient pris soin d'apporter leurs décors et leurs accessoires, et, en vérité, le contraste était instructif entre les méthodes scéniques d'il y a une trentaine d'années et celles d'aujourd'hui. Les accessoires entassés, les costumes, les éclairages de cette boutique de fripier juif, dans la pénombre de ce sous-sol, constituent une atmosphère que l'on ne retrouve plus que bien rarement dans les pièces contemporaines.

Au reste, le sujet assez mélodramatique n'a plus guère d'autre intérêt que la peinture des mœurs israélites du bas peuple. Le vieux Sachel vit dans sa sordide boutique où, bien qu'il soit aveugle, il exerce depuis longtemps toutes sortes de commerces. Derrière son comptoir, sa cécité ne l'empêche point d'estimer en expert consommé la valeur des objets dont on vient lui proposer la vente, et la maison retentit constamment de ses aigres criailleries et de ses disputes avec les voisins et une sœur qui l'a aidé à élever son fils Raphaël. Sachel a entrepris de marier son héritier avec une jeune fille de l'un de ses coreligionnaires voisins. Il soupçonne cependant quelque chose, une intrigue entre le jeune homme et la servante chrétienne de la maison et en effet, Rose est déjà la maîtresse de Raphaël. Un beau jour, elle s'aperçoit avec épouvante qu'elle est enceinte, sur quoi l'amoureux, décidé à l'épouser, la rassure tendrement. D'ailleurs, il est las de vivre dans un pareil milieu, sous la tyrannie paternelle ; la rupture qu'il prévoit le temps venu d'avouer la vérité ne l'effraie pas autrement.

Au second acte, le conflit éclate violemment. Raphaël quitte la maison, Sachel fait croire à Rose qu'elle est également abandonnée, et comme il appuie son mensonge d'un serment solennel, la pauvre fille, dans un accès de désespoir, court se noyer dans le canal voisin. Ce n'est pas, comme vous le voyez, extrêmement neuf, et l'émotion que ce fait-divers peut soulever relève plutôt du vieil Ambigu, mais le milieu est curieux, les personnages pittoresques et, avec cette rude et âpre langue hollandaise, tout cela garde un très grand caractère.

Il faut dire qu'au mérite rare de la mise en scène, dont j'ai parlé, s'ajoute une étonnante interprétation. M. Louis de Vriès est incontestablement un grand comédien ; tout en méprisant les effets de théâtre, il atteint à un étonnant pathétique avec l'art le plus simple sa mimique, ses silences, ses brusques éclats donnent à son jeu une intense expression de vie. Les autres rôles ne sont pas moins bien tenus. Mme Esther de Bœr Van Ryck montre un naturel, une aisance admirable dans la sœur de l'aveugle ; chez elle l'actrice disparaît complétement. Mme Dufresne-Kœhler, qui joue la jeune fille, un peu plus conventionnelle parce que, peut-être encore moins rompue au savant métier de ses deux grands camarades, n'en apparaît pas moins fort touchante, et son amoureux, M. Dick Van Veen, garde dans la simplicité un romantisme ardent et passionné. MM. Horst et Herman

Schwab ne déparent point cette troupe qui nous fait apercevoir les avantages d'une discipline parfaite et du concours absolu de tous en vue d'un effet d'ensemble.

A ce point de vue aussi la soirée reste instructive pour les gens de chez nous qui, d'ailleurs, étaient assez clairsemés dans l'auditoire. Et l'expérience montre encore l'inconvénient pour les artistes qui nous visitent de choisir des pièces que le public français ne connaît pas. Le lendemain, à *Sainte-Jeanne,* notre plaisir fut complet parce que nous avions eu la bonne fortune d'en entendre la traduction française au Théâtre des Arts. Mais ici, malgré une notice, trop courte du programme, l'attention est trop absorbée par le besoin de suivre l'action, pour laisser le temps de jouir comme il convient du talent des interprètes. C'est un travers où seront tombées quelques-unes des troupes étrangères qui nous auront visités cette année. Lorsque nous conduisîmes le Théâtre-Libre à Berlin, on distribuait aux spectateurs des analyses des pièces détaillées scène par scène; pareille méthode devrait toujours être employée au cours de ces excursions en pays étrangers.

ANTOINE.

Du *Temps,* 20 juin :

Les troupes étrangères conviées par la Société Universelle du Théâtre continuent à défiler aux différents étages des Champs-Elysées. Après une représentation anglaise des *Ratés,* de M. H. R. Lénormand, à laquelle je n'ai malheureusement pu assister, et où Mme Ffrangcon Davies a recueilli de grands applaudissements, voici la compagnie du *Hollandsch Tooneel* d'Amsterdam, dirigée par M. Louis de Vriès. Elle s'est présentée dans un drame moderne en trois actes d'Herman Heyermans, intitulé *Ghetto.* Il s'agit d'un ouvrage réaliste qui met en mouvement quelques figures des quartiers juifs. On voit le vieux Sachel dans la sombre boutique de friperie où il exerce toutes sortes de commerces fructueux. Depuis de longues années il a perdu la vue. Il sait encore reconnaître sous ses doigts habiles l'usure et la qualité d'une étoffe. Il reste là tout le jour, derrière son comptoir où un quinquet jette une flamme sordide. Il est âpre à la dispute, retors et plein de véhémence. M. Louis de Vriès, qui tient le rôle, compose une figure extraordinairement vraie. Les cheveux en broussaille, la barbe inculte, l'œil blanc, affaissé sur lui-même, il semble vivre au naturel dans ce taudis. Vous n'êtes pas en présence d'un portrait, mais de la réalité même, la plus authentique.

Le vieil aveugle entre en lutte avec son fils Rafaël. Sachel veut le marier à Rebecca, la fille d'Aaron. Maïs Rafaël est épris de Rose, la servante chrétienne dont il a fait sa maîtresse. Elle va être mère. Il décide de l'épouser. Le premier acte montre la méfiance du vieux juif, ses soupçons à l'égard de la fille de service dont il devine l'intrigue, ses emportements tortueux. Le second nous fait assister à la révolte du fils qui affirme et proclame son dessein irrévocable. Finalement et pour empêcher cette union qui lui fait horreur Sachel abuse la pauvre Rose. Il annonce le départ de son fils, il jure à la malheureuse qu'elle est abandonnée. Elle court se noyer dans la rivière. Rafaël n'a plus d'autre ressource que de maudire le père affreux qui poursuit son malheur.

Tels sont (grâce au programme qui donne une courte analyse) les éléments saisissables de la pièce. L'ouvrage se déroule en longues conversations dans ce parler hollandais dont l'accent rude et guttural reste mort à nos oreilles latines. On se sent vraiment en terre étrangère. Il semble difficile, devant une pièce de cet ordre, où l'action proprement dite tient une si faible part, d'apprécier avec nuance la qualité de l'interprétation. De toute évidence, M. Louis de Vriès est un artiste d'un mérite supérieur. On voudrait pour cela même pénétrer intimement le détail de son jeu. Son premier souci paraît être la fidélité. Il appartient à la race des acteurs réalistes. Il cherche la ressemblance la plus précise avec l'art le plus simple. Il met une attention extrême à éviter le moindre effet de théâtre. On démêle chez lui une sûreté singulière avec je ne sais quel pathétique intérieur qui s'échappe par instants et anime le visage. Il a des silences, suivis de brusques poussées de voix, des mimiques lentes dont la vertu expressive reste frappante.

L'interprétation entière et la mise en scène illustrent les plus fermes principes naturalistes de l'ancien Théâtre-Libre. On supprime le quatrième mur. On surprend les personnages dans leur existence quotidienne. Tous les détails du décor, du mobilier, du vêtement, aussi bien que tous les gestes accomplis par les comédiens sont exacts, plausibles, et tendent visiblement à l'être. La troupe, sur ce chapitre, semble admirablement exercée et offre une cohésion rare. Mme Esther de Boer-V.-Ryck, qui figure la sœur de l'aveugle, est étonnante de naturel, d'aisance juste et calme. Pas un instant vous ne distinguez l'effort de composition. On ne saurait entrer plus complètement dans l'apparence d'un personnage. De même Mme Defresne-Kœhler, MM. Horst et Herman Schwab, qui tiennent les emplois secondaires. Seul, M. Dick Van Veen, sous les traits de Rafaël, quitte un peu le ton de la vérité commune et se laisse aller à quelque effervescence romantique.

Excellente représentation en définitive et qui nous montre — ce qui est si rare à Paris — la discipline parfaite d'une troupe où tous les éléments étroitement liés concourent à un effet d'ensemble. Les principes appliqués n'ont rien de neuf ou de hardi, mais ils sont mis en œuvre avec une conscience exemplaire et une entière probité artistique.

On déplore seulement que les troupes qui viennent ainsi se produire sur nos scènes ne choisissent pas dans leur répertoire des pièces plus accessibles au public parisien ou directement connues de lui. Comment un spectateur français aurait-il le courage d'aller s'aventurer dans ce *Ghetto* d'Herman Heyermans? Il lui faudrait une bonne volonté surhumaine. Le but de ces manifestations est une prise de contact, un échange et non pas un divertissement offert aux membres des colonies étrangères séjournant dans la capitale. La tentative, dans ce cas, n'aurait plus aucun sens.

Pierre BRISSON.

REPRÉSENTATIONS DU 20 au 26 Juin 1927

(Grand Théatre des Champs-Elysées)

TROUPE ANGLAISE DE MISS SYBIL THORNDIKE

" SAINTE JEANNE "

Chronique en six actes et un épilogue
de Bernard SHAW

Personnages dans l'ordre de leur entrée en scène :

Robert de Baudricourt	Hubert CARTER.
L'Intendant	Reynor BARTON.
Sainte Jeanne	Sybil THORNDIKE.
Bertrand de Poulengey	John H. MOORE.
La Trémouille (Chamberlain)	Bruce WINSTON.
Un Page de la Cour	Peter RIDGEWAY.
Gilles de Rais	Ronald KERR.
Le Capitaine La Hire	Matthew FORSYTH.
Le Dauphin	Harold SCOTT.
La Duchesse de la Trémouille	B. MORLEY-HORDER.
Dunois (Bâtard d'Orléans)	Robert MORTON.
Le Page de Dunois	Jack HAWKINS.
Richard de Beauchamp, Earl de Warwick	Russell THORNDIKE.
Chapelain de Stogumber	Lewis T. CASSON.
Pierre Cauchon, Evêque de Beauvais	Eugène LEAHY.
Le Page de Warwick	Mary CASSON.
L'Inquisiteur	H. R. HIGNETT.
D'Estivet, Chanoine de Bayeux	Reynor BARTON.
De Courcelles, Chanoine de Paris	Bruce WINSTON.
Le Frère Martin Ladvenu	Lawrence ANDERSON.
Le Bourreau	John H. MOORE.
Un Soldat anglais	Hubert CARTER.
Un Gentilhomme	Godfrey BAXTER.

Dames et Gentilshommes de la Cour : Zillah Carter, Margaret Webster, Iris Baker, Ursula Granville, Renée Rubens, Desmond Deane, Philip Clowes.

Compositeur de la musique : John FOULDS

Metteur en Scène : Lewis T. CASSON

De *Comœdia*, 22 juin :

Mme SYBIL THORNDIKE
DANS *JEANNE - D'ARC*

Nul choix ne pouvait être plus heureux, pour nous permettre d'admirer la célèbre actrice anglaise, Miss Sybil Thorndike, et sa troupe. Le souvenir des représentations de *Sainte Jeanne*, il y a deux ans, au Théâtre des Arts, est encore dans nos mémoires et les Français restent trop rebelles aux langues étrangères, y compris l'anglaise, pour qu'il n'y ait pas un grand avantage à leur présenter des pièces qu'ils connaissent déjà. On peut alors suivre aisément une œuvre, même quand les détails du dialogue vous échappent. D'autre part, *Sainte Jeanne* est une pièce que nous avons beaucoup aimée et qui est une dette, peut-être involontaire, que ce grand satiriste, ce terrible railleur qu'est Bernard Shaw a payée à la France, pour quelques sarcasmes inutiles.

Une figure comme celle de Jeanne d'Arc, peut être interprétée de façons fort diverses suivant qu'on la rapproche davantage du ciel ou de la terre. Le rôle, qui pourtant tente bien des artistes, y compris les vedettes de cinéma, est en réalité impossible à tenir, parce que différents plans s'y coupent. Chaque interprète n'en peut donner qu'une vision partielle, et la vraie Jeanne d'Arc, celle, du moins, qui a traversé les siècles, est un portrait composite, où toutes les images que nous avons d'elle viennent se fondre dans une unité mystérieuse que l'art ne saurait atteindre.

La Jeanne d'Arc que Mme Pitoëff avait représentée était infiniment émouvante. Sa grâce naïve, son charme pur et frêle, son émotion très simple, avaient réussi à nous donner une Jeanne qui n'était pas une héroïne de théâtre, mais une jeune fille réelle, vivante, et cependant habitée par un dieu. Mais ce n'était peut-être pas exactement le personnage de Bernard Shaw. Au contraire, il nous a semblé que l'interprétation de Miss Sybil Thorndike, — la créatrice de la pièce — répondait de la façon la plus précise à la pensée de l'auteur et de l'œuvre. Miss Thorndike a campé une Jeanne d'Arc solide, volontaire, intelligente, avisée, pleine d'équilibre. Elle a su, à certains moments, l'animer, d'une flamme intérieure mais ce n'est pas une flamme mystique. Jusqu'à son procès, Jeanne à l'air d'une bonne fille sportive qui veut gagner la partie.

On s'est étonné que le socialiste convaincu qu'il y a en Bernard Shaw ait pu être tenté par une figure comme celle de Jeanne d'Arc. A vrai dire, je ne suis pas bien sûr que Bernard Shaw ne se considère pas, au contraire, comme le frère cadet de Jeanne. Ce n'est point parce qu'il aime, autant qu'elle, taper sur les Anglais. Mais il se plaît à représenter la paysanne de Domrémy comme luttant, au nom du souverain bon sens, contre les erreurs et les préjugés de son époque. C'est Michelet, je crois bien, qui a défini Jeanne d'Arc « l'exaltation dans le bon sens ». Pour Shaw, c'est bien ce qu'elle est en effet, ce qu'elle est avant tout ; et si elle a raison contre le roi, contre les seigneurs, contre l'Eglise, c'est parce qu'elle sait juger sainement des choses, parce qu'elle y voit clair, parce qu'elle est une réaliste. Si elle apparut comme un miracle, c'est parce qu'elle était seule équilibrée au milieu des fous. Or, c'est là le rôle que Bernard Shaw, le moins mystique des Irlandais (un Irlandais protestant, du reste, s'est assigné lui-même, avec un mélange d'humour et de sérieux, dans la société contemporaine. Il aime Jeanne, parce qu'au fond elle pense comme lui ; ou plus exactement parce qu'il la fait penser comme lui... Il considère que tous les deux mènent le même combat contre les puissances établies, et qu'il est, lui aussi, un grand incompris... Il ne lui manque, que de monter à son tour, sur un bûcher pour compléter l'analogie. Il ne tient pas, j'en suis persuadé, à la pousser jusque-là. C'est peut-être dommage ; un tel spectacle lui inspirerait sans doute d'excellentes plaisanteries, dans sa manière habituelle.

Cette Jeanne d'Arc aux prises avec tous les hommes représentatifs de son époque, et en triomphant tout d'abord, par sa claire raison, Miss Thorndike l'a dressée vivante, sous nos yeux, avec un naturel, une aisance admirables, dus à la fois à son aspect et à son tempérament physiques, et à l'art le plus souple, le plus intelligent qui soit. Nous voici loin, avec cette fille solide, qui porte légèrement l'armure, et qui sait être de bonne humeur, des Jeanne d'Arc en carton-pâte et en papier doré...

Mais il y a aussi, dans le rôle de Jeanne, surtout dans la seconde partie, une sorte de grandeur simple et émouvante que miss Thorndike a su fort bien exprimer. Les paradoxes spirituels, les idées bouffonnes ou rationalistes que Shaw, au cours de sa pièce, a développés sur la mission de Jeanne, passent heureusement au-dessus de sa tête. Si l'auteur avait fait d'elle une prédicante, c'eût été odieux... Mais il s'est gardé de lui prêter ses propres pensées ; elle ne soupçonne pas une seconde qu'elle peut annoncer les temps modernes: elle n'est ni lyrique, ni éloquente ; Shaw la laisse passer pure, simple, toute droite, à travers ses développements fantaisistes d'auteur. Et pour cela, il n'y a eu, dans l'acte du tribunal, qu'à lui faire prononcer exactement les paroles que les procès verbaux nous ont transmises, et qui sont dans toutes les mémoires. Pour cette partie, si poignante, du rôle, miss Thorndike n'a pas l'aspect frêle, naïf, l'ardeur mystique qu'avait Mme Pitoëff. Mais elle est sincère, humaine, vraie ; je n'ai pas beaucoup aimé son costume, assez bizarre, et d'une apparence anachronique ; mais ses gestes sont harmonieux, ses attitudes et ses regards expressifs, sa voix flexible et pathétique. Dans l'ensemble, une grande artiste, très complète, mais dont les traits dominants semblent être l'intelligence et la volonté.

Les acteurs qui entourent miss Thorndike sont excellents.

M. Harold Scott a fait du dauphin une figure bien curieuse, presque hallucinante, d'un relief saisissant. M. Robert Morton a donné à Dunois un aspect robuste et sympathique. M. Russel Thorndike est un Warwick très fin et très diplomate, M. Eugène Leahy un évêque Cauchon autoritaire et bilieux, M. Lewis T. Casson représente avec humour le chapelain de Sto-

gumber, et M. Ronald Kerr, Gilles de Rais. Citons encore
MM. Forsyth (fort bon La Hire), Moore, Winston, Hignett,
Barton, Anderson, Carter. Bexter. La mise en scène, de M.
Casson, conforme aux indications de Bernard Shaw est plus
vivante, moins stylisée qu'au Théâtre des Arts. Certains décors, comme celui de la cathédrale, sont très beaux. En revanche, je préférais la séance du tribunal de M. Pitoëff. L'épilogue, si original, est ingénieusement mis en scène, avec un peu
trop d'éclairage au début. La musique de scène de M. John
Foulds est adroite et pittoresque.

En résumé une très belle représentation qu'il faut aller voir
tant qu'il en est temps encore.

ETIENNE REY.

Du *Figaro*, 24 juin :

Miss Sybil Thorndike, l'une des plus grandes artistes d'Angleterre, vient de jouer, au théâtre des Champs-Elysées, au
cours des représentations organisées pour le festival international du théâtre, la *Jeanne d'Arc* de M. Bernard Shaw.

Quand cet ouvrage fut représenté sur la scène du théâtre
des Arts, — où Mme Ludmilla Pitoëff jouait le rôle de Jeanne
— nous en avons rendu compte. Il ne saurait donc s'agir que
d'une question d'interprétation.

Miss Sybil Thorndike nous présente un personnage d'une
conception toute nouvelle. La Jeanne d'Arc de Mme Ludmilla
Pitoëff était une mystique ;celle de Miss Sybil Thordike trouve
son inspiration dans sa seule intelligence et sa seule volonté.
La première semblait se détacher d'un vitrail ; la seconde
demeure constamment dans la réalité. Elle porte l'armure
avec la simplicité d'un homme d'armes.

Il est malaisé de savoir, car sa pensée se masque d'ironie,
quel était le dessein précis de M. Bernard Shaw et quelle
Jeanne d'Arc il eût préféré, mais nous avons longuement
applaudi miss Sybil Thorndike ; dont l'autorité, la sincérité
l'émotion dans la dernière partie, donnaient à l'ouvrage un
relief particulier.

Elle fut acclamée, au baisser du rideau. — M. G.

De l'*Illustration*, 2 juillet :

Quelques jours plus tard, c'est une troupe anglaise que nous
étions conviés à applaudir dans la *Sainte Jeanne* de Bernard
Shaw. Choix doublement heureux, puisqu'il s'agissait d'une
pièce déjà connue du public français et qu'on était curieux de
comparer l'interprétation des artistes anglais avec celle que
M. Georges Pitoëff, par sa mise en scène, et Mme Ludmilla
Pitoëff, par une inoubliable création, ont si profondément marquée de leur originalité. Sans revenir ici sur le caractère de
l'œuvre et sur la façon dont Bernard Shaw a représenté la
sainte, il est évident que les deux réalisations sont assez différentes. La mise en scène anglaise, plus luxueuse et moins stylisée qu'au Théâtre des Arts, est d'un goût parfait ; elle use

notamment avec beaucoup de science des jeux de lumière à travers des fonds de vitraux. Mme Sybil Thorndike est une très grande artiste. Elle extériorise le rôle de Jeanne plus que ne le faisait Mme Pitoëff. Moins concentrée, elle donne une impression d'énergie physique, de volonté ardente. Elle nous ramène du mysticisme dans la vie. Mais de combien de manières ne peut-on concevoir Jeanne d'Arc et, en particulier, celle de Shaw? Ce qui, d'ailleurs, a surtout frappé, c'est l'homogénéité impeccable de toute la troupe. La moindre silhouette est étudiée et fouillée. Quant aux personnages principaux : le roi, Warwick, l'évêque Cauchon, le chapelain, ils sont rendus avec une intensité saisissante par MM. Harold Scott, Russel Thorndike, Leahy, Lewis T. Casson.

Robert de BEAUPLAN.

De l'*Avenir*, 27 juin :

Cette semaine, Miss Sybil Thorndike et sa troupe ont reçu le meilleur accueil en interprétant, au théâtre des Champs-Elysées, la *Sainte Jeanne* de Bernard Shaw. Miss Sybil Thorndike est belle, expressive, héroïque. C'est une Jeanne d'Arc pour l'Académie des Beaux-Arts. A la fin de la première partie, les délégués des comédiens français déposèrent à ses pieds des gerbes blanches. Harmonieuse, Miss Sybil Thorndike élevait pieusement vers les frises l'étendard de la vierge guerrière.

Dans cette compagnie, j'ai aimé l'humour de Harold Scott qui tient le rôle de Charles VII. Les décors, malgré le souci de simplification, sont luxueux. Les costumes, malgré une volonté caricaturale, peuvent rester magnifiques. La lumière d'une rosace pose un reflet violet sur une colonne. Des patisseries aux tons vifs, parce qu'en effet elles n'étaient pas encore usées sous Charles VII, forment des fonds agréables quand des scènes sont jouées au premier plan.

Nous avons reconnu en Miss Sybil Thorndike une tragédienne d'un enthousiasme vibrant et déclamatoire. Le visage intelligent, expressif, s'illumine de poésie. Les attitudes sont harmonieuses, les gestes décisifs. C'est, évidemment, une vaillante interprète. Je ne serais pas étonné si elle déployait, dans des pièces un peu romantiques, une force pathétique. Nous sommes heureux d'avoir eu cette occasion de la fêter.

NOZIÈRE.

De l'*Information*, 27 juin :

Ce fut la semaine de la Société Universelle du Théâtre. Dans les deux salles des Champs-Elysées, les organisateurs ont donné une série d'intéressants spectacles. L'un des plus sensationnels fut l'interprétation de la *Sainte Jeanne*, de Bernard Shaw, par la Compagnie de la célèbre actrice anglaise, Miss Sybil Thorndike, qui remporta personnellement un très vif succès. On revit avec curiosité cette belle œuvre dans la version originale; elle a fait le tour du monde, et fourni à Pitoëff, assez avisé pour couper l'herbe sous le pied des directeurs de la Porte-Saint-Martin et du Théâtre Sarah-Bernhardt, une longue série de fructueuses représentations qui ne paraît point encore épuisée. L'exceptionnelle réussite de la mise en scène de Pitoëff, dont j'avais beaucoup loué l'originalité et le goût, donnait un intérêt piquant à un parallèle entre la présentation de Londres et celle de Paris.

Disons tout de suite que le spectacle anglais est infiniment plus somptueux. Le soin évident avec lequel la pièce a été distribuée à des interprètes de haute prestance et de belle allure, habiles à porter de splendides costumes, lui confère une noblesse que nous n'entrevîmes pas aux Arts. Les beaux décors anglais, conçus avec une ingénieuse érudition, composent une série de tableaux de premier ordre; ils ont dû, chez nos amis, puissamment contribuer au succès populaire. A ce point de vue, la Cathédrale, la Salle du Château de Chinon, sont des merveilles, dans le magnifique cadre de la salle des Champs-Elysées. Et, pourtant, il ne m'a pas semblé que tout fût vraiment préférable à la décoration simplifiée chez Darzens. Le dispositif adopté à Paris, l'escamotage de précisions trop archéologiques, pour employer une sorte de fond unique, s'adaptait excellemment à la formule de Bernard Shaw, dont on ne peut pas dire qu'elle soit historique, mais bien plutôt une interprétation philosophique de la merveilleuse histoire par un puissant esprit moderne. Evidemment, il perçait dans le procédé de Pitoëff un peu de sécheresse, et les belles visions anglaises témoignent d'un art plus complet; cependant le Tribunal fut infiniment supérieur de composition et de couleur à celui de chez Miss Sybil Thorndike.

Cette justice rendue à la réalisation du Théâtre des Arts, ne fait que mieux apparaître les défaillances que j'ai si souvent reprochées à Pitoëff au point de vue de sa troupe et de l'interprétation des pièces qui lui sont confiées. La Compagnie des Champs-Elysées est autrement remarquable par la vie qui l'anime, malgré le ton noble indispensable à ces grandes figures; comparez, si vous le voulez la silhouette de Pitoëff lui-même, d'ailleurs médiocre personnellement dans Charles VII, alors que nous venions de voir Blanchar dans la *Jeanne d'Arc* de M. François Porché, avec la saisissante, l'étrange, l'obsédante figure réalisée par M. Matthew Forsyth. L'artiste anglais semble vraiment échappé des pages de quelques Livre d'Heures, et pourtant il reste si vrai, si plaisant, qu'il prodigue les effets les plus franchement comiques. Et c'est ce qui fait la saveur de cette interprétation où tous les personnages sont différents, et de tournures imprévues, dégageant l'ironie latente de l'auteur et de la pièce.

Il est inutile, je crois, de rappeler les grandes lignes du drame dont Shaw a, de parti pris, négligé des épisodes attendus, pour traiter ceux propres à faire ressortir les hommes plutôt que les personnages historiquement convenus. Leur humanité renouvelle le drame d'imagination qu'on a coutume de trouver dans l'histoire de Jeanne d'Arc; Bernard Shaw peint des créatures de tous les temps qui ne diffèrent de nos

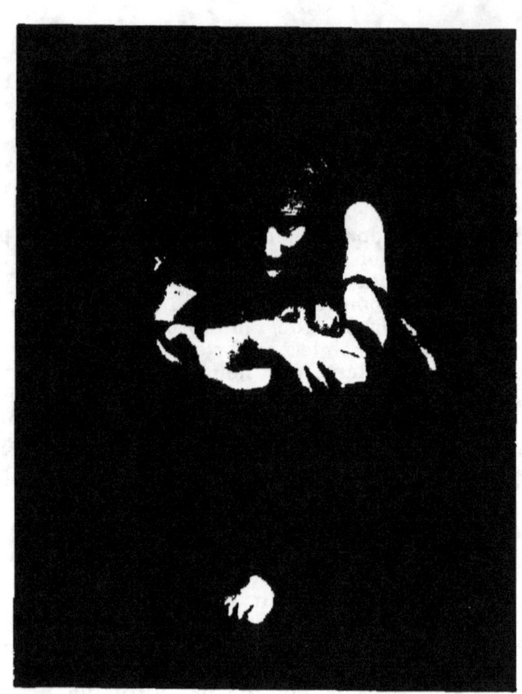

**MISS SYBIL
THORNDICKE**
Créatrice
de Sainte - Jeanne

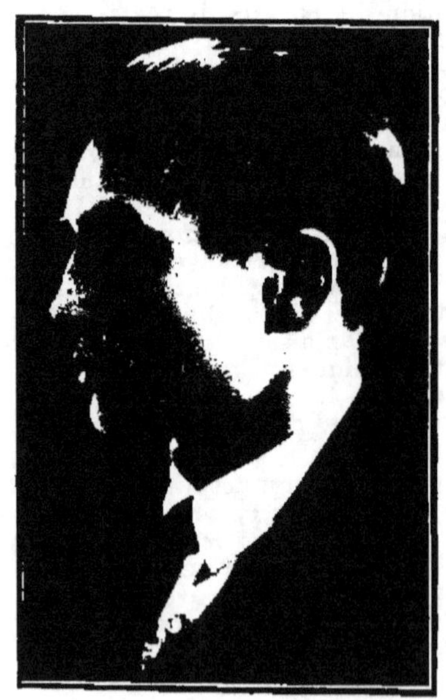

**M. COLIN KEITH
JOHNSTON**

contemporains que par l'accoutrement. Toutes les passions, les appétits, les égoïsmes, les bassesses, les ridicules éternels de l'animal humain jouent leurs terribles et perfides comédies autour de la Pucelle.

La nécessité de ne point gâter le spectacle par d'interminables entr'actes, qui fut pour Pitoëff l'une des directives de sa mise en scène avec un décor passe-partout, rapidement transformable, a été également observée par les Anglais, avec un système différent, et tout aussi heureux, car on ne nous infligea pas plus de deux pauses, d'une durée tout à fait normale. Pareille démonstration, après celle de *Lorenzaccio*, prouve que l'obligation d'aller vite n'est pas incompatible avec une mise en scène minutieuse, variée, plus vraisemblable, en somme, que ces dispositifs fixes dont la monotonie est devenue particulièrement fatigante en un temps où le cinéma habitue la foule à des visions nombreuses et rapides dont la richesse et l'ampleur sont interdites à la scène.

Il faudrait nommer tous les artistes qui entourent Miss Sybil Thorndike. Chacun d'eux marque son rôle d'un trait original et personnel. M. Hubert Carter présente un Robert de Baudricourt extraordinairement vivant ; M. Peter Ridgeway est magnifique d'allure dans Gilles de Rais ; M. Robert Horton en bâtard d'Orléans, M. Jack Hawkins, M. Russel Thorndike, sont aussi excellents, et M. Lewis Casson doit être un grand comédien si j'en puis juger par la puissance avec laquelle il campe le terrible Cauchon. Toute la Cour de Chinon est peuplée de belles dames, portant avec une branche extraordinaire leurs somptueux atours ; c'est une fabuleuse tapisserie du temps qui se serait animée. Je n'ai guère relevé qu'au tableau du Tribunal l'allure moins imposante de quelques moines, qui devaient être hélas ! des figurants français. Ils furent vraiment la seule tache d'une réalisation, d'un style et d'une tenue dont nous avons perdu l'habitude chez nous.

Quant à Miss Sybil Thorndike, il faut d'abord dire qu'elle est magnifique. Je ne songe pas un instant à un parallèle avec Mme Ludmilla Pitoëff. Entre les deux comédiennes, il existe exactement le même écart qu'entre les deux présentations de l'œuvre. Alors qu'il paraissait invraisemblable qu'avec sa petite stature, sa grâce et sa faiblesse d'oiseau, Mme Pitoëff ait pu jamais supporter le poids de l'armure de la Pucelle, et accomplir les durs travaux de la guerre. Miss Sybil Thorndike réalise une vaillante et vigoureuse créature, solide comme les héros qui l'accompagnent. Et, il n'est pas non plus inutile, au théâtre surtout, que Jeanne d'Arc soit d'une beauté inaccoutumée, car elle doit être l'héroïne totale, comme le fut Sarah Bernhardt. Certes, j'espère toujours une version simplement vivante, car le thème est assez grand pour supporter la *Vérité Evidente* et une Jeanne sous les traits d'une forte campagnarde un peu lourde et presque masculine telle que dut être la gaillarde inspirée, chevauchant aux côtés de Dunois, de La Hire, il y aura autant de *Jeanne d'Arc* que de pièces qui la célébreront encore. Miss Thorndike est une magnifique statue, mais la beauté de ses attitudes sent le théâtre ; elle reste « grande tragédienne » ; son jeu malaisé à apprécier dans une langue étrangère, m'apparut nuancé et d'une souplesse étonnante ; dans l'ensemble elle incline plutôt son interprétation vers le genre noble. Dans les moments d'inspiration ou d'exaltation, j'oserai dire qu'elle est plutôt la *Jeanne d'Arc* de Schiller que celle de Bernard Shaw. Il manque à Miss Thorndike, question de race probablement, cette sorte de fièvre intérieure dévorant l'héroïne et que Mme Pitoëff, avec ses yeux ardents et sa figure ravagée, traduisit à quelques instants de son interprétation. Cependant Miss Thorndike reste dans le souvenir et elle a été chaleureusement et justement acclamée.

ANTOINE.

De l'*Œuvre*, 23 juin :

Aucune des représentations du Festival international n'est indifférente, celle-ci offre vraiment un intérêt particulier. Mme Sybil Thorndike, qui nous vient d'Angleterre (où elle triomphe depuis des années), interprétait hier la *Jeanne d'Arc* de Bernard Shaw. Vous vous souvenez — et je pense, avec émotion, avec gratitude — de Mme Ludmilla Pitoëff, dans ce rôle. Mme Thorndike ne ressemble en rien à Mme Pitoëff ; et elle nous a néanmoins donné une remarquable, une savoureuse composition, et très personnelle. Moins sensible, moins tendrement et naïvement « effusive » que sa devancière, la comédienne anglaise montre une Jeanne plus active, plus combative, plus volontaire ; une mystique raisonnable, si j'ose dire, et résolue à triompher de ses adversaires par la précision, la logique de l'argumentation. Mais le visage de Mme Thorndike, d'une grave beauté, d'une intelligence frémissante, et d'un tel rayonnement poétique parfois, m'a ravi, ainsi que ses attitudes toujours harmonieuses, sa voix exquise et sa diction nette, martelée, vibrante à souhait. L'artiste s'impose dès les premières scènes, prend possession de son public, qui ne se détache plus d'elle, la suit charmé, dompté, conquis jusqu'à la fin.

Au surplus, une compagnie merveilleusement disciplinée entoure l'étoile, M. Harold Scott (le roi Charles), Robert Morton, Russel Thorndike, Leahy en sont les meilleurs éléments, La curieuse et vivante mise en scène (je vous recommande le décor de la cathédrale), des costumes d'un pittoresque plus amusant qu'authentique, ajoutent à l'attrait du spectacle qui mérite bien d'être vu.

Edmond SÉE.

De *Paris-Midi*, 22 juin :

Ce Festival dont je doutais un peu, quoique je dusse y croire par métier, nous mène de surprise en surprise. Celle-ci est d'un ordre supérieur.

Il faut, naturellement, commencer par oublier Mme Ludmilla Pitoëff, et la *Sainte Jeanne* du Théâtre des Arts.

La nouvelle Jeanne (ou plutôt la première), est une Jeanne active, volontaire, aux cheveux blonds, aux traits amaigris, aux yeux brillants, au menton accentué. La lumière brille sur sa cuirasse. Elle tend ses mains. Sa voix vibre. Facilement elle dominerait. Elle domine à la fin.

Les autres personnages sont vêtus de costumes somptueux et pittoresques ; ils sont plus individuels, plus fantaisistes, plus capricieux, plus amusés que ceux que nous montra M. Pitoëff. Le décor est moins stylisé. Le sérieux moins continu, l'ensemble a plus de curiosité, de vie et d'imprévu. Les moines gloussent ; le bourreau et ses aides ressemblent à des diables noirs.

Même si on ne comprend rien, on a un grand plaisir des yeux.

Et on a aussi un grand plaisir des oreilles, parce que cet anglais est merveilleusement rythmé ; il a une cadence et une mélodie dont la traduction française ne pouvait donner l'idée.

Mme Sybil Thorndike (Jeanne) est une admirable tragédienne ; elle a du feu, de l'intelligence et de la beauté ; son succès a été très grand et très mérité. Sa compagnie — très nombreuse — est étonnamment disciplinée, sous son air de liberté et d'invention. Je ne signale que M. Harold Scott, qui a représenté, d'une façon inoubliable la surprise du dauphin Charles et sa brusque transformation à l'appel de Jeanne : c'est d'un art supérieur.

Et puis j'ai pensé à l'auteur, au prodigieux auteur, — d'un génie si libre ici, et si héroïque, malgré la persistance de l'humour.

Mais j'ai pensé surtout qu'il avait existé véritablement une Jeanne d'Arc, qui avait fait tout ce qui est dit dans la pièce et qui était une sainte.

Sainte Jeanne d'Arc ! On a excommunié jadis les gens de théâtre, acteurs ; il est vrai que c'était à une époque où les Français eux-mêmes ne vous comprenaient pas très bien.

Vous voyez que la scène d'aujourd'hui n'est pas trop indigne de vous.

Priez pour les auteurs, les acteurs, les metteurs en scène, les décorateurs, les machinistes, les lumiéristes et enfin pour les critiques. Donnez aux uns le génie, aux autres l'âme, aux autres le savoir. Quant aux pauvres critiques, ils ne demandent que la patience, la sagesse et le discernement. Accordez-leur ces dons, ô Sainte Jeanne, pour leur fidélité à vous suivre et à vous aimer.

Du *Petit Parisien*, 23 juin :

On se rappelle que, après l'éclatant succès de *Sainte Jeanne*, au théâtre des Arts, Bernard Shaw, au lieu de remerciements au public parisien qui avait fait un chaleureux accueil à son œuvre, écrivit une lettre singulière où il parlait de l'incompréhension française. Le ton de cette lettre était véhément, mais on crut à une des boutades auxquelles se plaît l'auteur dramatique. L'on a toujours peine à comprendre ces sortes d'invectives, où peut s'expliquer les raisons de la mauvaise humeur de Bernard Shaw. La présentation que nous continuons à trouver très intelligente de M. Pitoëff diffère, en beaucoup de points de celle qui nous a été offerte par la compagnie anglaise. On peut donner des intentions diverses au même texte. Sans l'altérer dans une traduction littérale. M. Pitoëff avait le souci d'un goût et d'un tact que dédaigne la conception shavienne. Tout en restant humaine et simple, Mme Pitoëff avait donné à la figure qu'elle avait dessinée une grâce légendaire.

L'interprétation par la troupe anglaise a plus de rudesse. Elle insiste davantage sur l'humour, sur le côté caustique de certaines scènes. Elle a, au demeurant, un ensemble qui atteste sa conformité de vues.

Mme Sybil Thorndike, tragédienne réputée, à laquelle on devait les témoignages d'estime qui se sont traduits, à la fin de l'acte de Reims, par des applaudissements nourris et par une manifestation dont elle gardera le souvenir, apporte surtout de la force dans la composition de son personnage. Elle est la robuste paysanne lorraine jetée dans une merveilleuse, puis tragique aventure. Il faut d'ailleurs se garder de l'absolu, dans l'expression d'une opinion, quand il s'agit d'une artiste étrangère et jouant dans une autre langue que la nôtre. On ne saurait donner qu'une impression : bien des nuances nous échappent. L'action de Mme Sybil Thorndike, action qui est incontestable, nous a paru venir de sa vigueur dramatique, mais pensée, ce qui est le grand point, avant de se développer. Cette vigueur, elle l'a montrée, à l'acte du jugement, dans sa lutte contre les théologiens qui sont les accusateurs de Jeanne, et dans la rétraction de sa soumission. Nous voyons Jeanne à travers nos traditions ; faisons la part de cet écart entre elles et la personnalité du jeu de Mme Sybil Thorndike, vêtue à ce moment, d'une assez étrange lévite noire. Par les moyens qui lui sont propres, elle n'a pas laissé que d'être émouvante.

A côté d'elle, MM. Carter, Ronald Kerr, Russel Thorndike, Leahy, Hignett, Harold Scott donnent du caractère aux physionomies typiques qu'ils représentent.

La mise en scène, si l'on songe aux difficultés de la transporter d'un pays à un autre, ne pouvait être qu'à l'état d'indication, mais on pourrait accompagner par une autre musique que celle d'une anachronique pavane l'entrée des dames à la cour du dauphin, qui font une bien bizarre révérence. Certains détails ont quelque puérilité : c'est ainsi que Gilles de Rais, le Barbe-Bleue de la légende, porte, en effet, une barbe du plus beau bleu.

Paul GINISTY.

Du *Temps*, 27 juin :

Miss Sybil Thorndike qui créa *Sainte Jeanne,* à Londres, en 1924, sur la scène du New-Théâtre, est venue avec sa compagnie nous offrir une représentation du célèbre ouvrage de Shaw. La Société universelle du théâtre a été heureusement inspirée en nous ménageant ce spectacle d'un vif intérêt. Sybil Thorndike est actuellement la première tragédienne anglaise. Elle a conquis, après de longues luttes, une renommée dont l'éclat depuis quelques années n'a cessé de grandir. C'est à elle que Shaw songea en composant la pièce. La Jeanne d'Arc qu'elle nous propose est une vierge intrépide et ardente, maîtresse d'elle-même, consciente de sa mission et toute déchirée par instants d'effusions sensibles. Sous beaucoup de rapports c'est évidemment l'héroïne que Bernard Shaw a vue.

Vous avez lu sans doute la préface d'une centaine de pages écrite pour commenter l'ouvrage, une préface extraordinaire où il y a de tout : de l'économie politique, du pamphlet, de la critique, des jugements sur l'histoire, un cours d'hagiographie, des jeux de mots, un traité dramatique et par dessus tout cela une admirable et constante apologie personnelle. C'est Shaw déchaîné, rempli de son sujet et dans toute l'animation de ses feux. Il s'attache à Jeanne comme à une des célébrités excentriques du moyen âge. Il aperçoit en elle le précurseur de Napoléon et de Luther et par surcroît le pionnier du costume féminin rationnel.

« Ostensiblement, dit-il, elle fut condamnée pour avoir commis un certain nombre de crimes capitaux qui ne sont actuellement plus punis comme tels. En vérité, elle le fut à cause d'une présomption intolérable, peu convenable chez une femme. »

Il la compare à la reine Christine de Suède et à Socrate et il ajoute :« Sa véritable condition étant celle d'une parvenue il ne pouvait y avoir à son égard que deux opinions : l'une qu'elle était miraculeuse, l'autre qu'elle était insupportable.» Vous reconnaissez la forme habituelle de ses jeux d'esprit. Il en fait mille autres, examine les problèmes au hasard des rencontres, jette son mot partout et trouve çà et là des raccourcis d'une verve extraordinaire. C'est un malaxage de notions premières, de procédés de rhétorique, de paradoxes faciles et de vérités pénétrantes. On retrouve son séduisant pouvoir de récréer les questions et de les habiller à neuf. Cela court sur le papier avec une ardeur bousculante. Un flux ininterrompu d'idées. Quelle étonnante verdeur intellectuelle ! On sent qu'il a pensé le cas de Jeanne avec toute l'activité de sa passion dialectique. Après d'innombrables détours et jets de fusées, il arrive au portrait que voici :

« Nous pouvons accepter et admirer Jeanne comme une jeune campagnarde, saine d'esprit, sagace, et d'une force d'intelligence et d'une vigueur corporelle extraordinaires. Tout ce qu'elle faisait était soigneusement calculé. Bien que les délibérations de sa volonté fussent si rapides qu'elle en avait à peine conscience et qu'elle les attribuât à ses voix, elle était une femme prudente et non pas impulsive aveuglément. A la guerre elle était aussi réaliste que Napoléon. Elle avait l'œil sur l'artillerie et elle savait ce qu'on pouvait en tirer. Elle ne s'attendait pas à voir les villes assiégées tomber au son de la trompette à la façon de Jéricho... Jamais elle ne fut, même pour un moment, une personne romanesque. Elle était une vraie fille de la terre, avec l'opiniâtreté et le bon sens des paysans; comme eux elle acceptait sans idolâtrie et sans snobisme les grands seigneurs, les rois et les prélats. Elle percevait d'un coup d'œil jusqu'à quel point ils pouvaient lui servir individuellement. Elle avait comme toute respectable campagnarde le sens de la valeur de la décence publique....

Elle parlait aux gens de toutes classes, sans embarras ni affectation. Elle cajolait et elle bousculait, car sa langue était douce et affilée. Elle était très capable, un chef né ».

Autre observation qui marque un des thèmes dramatiques de la pièce : « Son absence de culture la rendait impuissante lorsqu'elle avait affaire à des organismes artificiels aussi évolués que les grandes institutions ecclésiastiques du moyen âge. Elle avait horreur des hérétiques sans se douter qu'elle était elle-même une hérésiarque et l'annonciatrice du schisme qui déchira l'Europe en deux et coûta des siècles d'effusion de sang ».

Remarquons en passant que Shaw présente Jeanne ici comme une fille inculte et près de la nature, alors qu'il l'avait dépeinte quelques pages plus haut sous un jour exactement contraire. « Elle était plus une demoiselle, affirmait-il, et même une demoiselle intellectuelle que la plupart des filles de notre petite bourgeoisie. » Les contradictions de cet ordre (on pourrait en relever de nombreuses) ne sont guère pour le gêner. Il fait le tour des idées sans tenir très fortement à aucune. Il y a un vieux fonds de facétie qui reste sensible dans les moments les plus sérieux et qui donne au morceau sa tonalité générale.

Miss Thorndike traduit avec force l'énergie clairvoyante et raisonnée de Jeanne, sur laquelle Shaw insiste. Mais en même temps elle éloigne l'héroïne de son caractère paysan. Elle la place d'emblée sur un plan d'humanité supérieure et lui prête, avec une constante sobriété de moyens, l'allure épique qui annonce la légende. Elle reste sans perdre l'accent simple, dans une noblesse de ton perpétuelle. Elle montre en cela le jugement le plus sûr. A côté de la figure décrite avec abondance par Shaw dans la préface, il y a l'autre, celle de la pièce proprement dite, et les deux images sont loin de se confondre. Les raisons de cette divergence semblent intéressantes à préciser.

Comment le drame a-t-il été conçu par l'auteur ? Plusieurs idées essentielles en marquent le développement. D'abord, celle qui consiste à faire de Jeanne, la première martyre du Protestantisme et une anticléricale incorrigible. Directement inspirée de Dieu, elle ignore ses ministres et reste complètement incapable, avec la meilleure foi du monde, d'entrer dans les vues de l'Eglise. Ensuite, la loyauté du procès de Rouen — c'est, sans aucun doute, l'affirmation à laquelle Shaw tient le plus — et la sincérité parfaite des juges qui prononcèrent la condamnation. Ils désirent avec ardeur sauver des flammes éternelles la malheureuse hérétique dont chaque parole, chaque acte ruinent le principe fondamental du clergé. Enfin, dernier point : Jeanne est vaincue, par la coalition naturelle qui provoque toute individualité supérieure. L'humanité commune tend à détruire ceux qui s'élèvent au-dessus d'elle, à les résorber dans son sein ; il y a là un réflexe défensif contre l'anomalie.

Ces différents repères étant fixés, on voit la pièce se composer d'elle-même et prendre son ampleur. Elle est faite d'un contraste perpétuel. Jeanne est jetée au milieu des forces sociales qui agitent le monde. Elle traverse une assemblée de fantoches. Elle rencontre à chaque pas l'erreur, la faiblesse, la sottise humaines. Enfermée dans son innocence, conduite par son rêve, n'écoutant que sa foi, elle avance d'un pas tranquille. Cette simplicité merveilleuse et profonde, qui assure un instant son pouvoir, la conduit en même temps à sa perte. Elle arrête miraculeusement les rouages de l'énorme machine. Il est inévitable que les choses, bientôt, rentrent dans le train normal et qu'elle soit broyée.

L'antithèse qui assure ainsi le mouvement tragique du drame amène Shaw à modifier, malgré lui, l'image qu'il s'est tracée de la vierge guerrière et à laquelle il reste attaché dans sa préface. C'est la pureté naïve de l'héroïne qu'il accuse au théâtre et qu'il met en lumière bien plus que sa vertu de « chef ». Les moments où la pièce arrive à une beauté supérieure et largement pathétique sont ceux où la Pucelle apparaît dans toute sa faiblesse ; la scène de doute et de découragement, après le sacre dans la cathédrale de Reims, et, plus tard, le procès, l'arsenal théologique dressant lentement autour de la victime les puissantes batteries qui vont l'écraser. Serrant de près la réalité psychologique et la recréant en quelque sorte, Shaw dépasse son propre but. Il semble emporté par la force du débat. Il va jusqu'au point vif des choses. Il amplifie le jeu des forces en mouvement. La figure de Jeanne accusée dans ses traits profonds s'idéalise d'elle-même et prend une valeur générale. Il ne s'agit plus de la paysanne sagace, de la réformiste avant la lettre, de la championne du nationalisme, mais d'un être miraculeusement simple tout entier soumis au sentiment qui l'anime.

Mme Pitoëff, dont on n'a pas oublié l'émouvante interprétation, était sans pareille dans ces instants-là. Entourée de ses juges et traquée par eux, éperdue de foi et d'incompréhension, incapable de concevoir la querelle qu'on lui faisait, craintive devant la mort et soulevée pourtant par la certitude qui remplissait son cœur, elle laissait passer dans ses regards, dans ses gestes, dans sa voix, je ne sais quels vacillements affolés qui atteignaient au dernier pathétique.

Miss Thorndike, au contraire, conserve ici sa force intacte et reste sur le plan de la haute tragédie. Elle exerce une action beaucoup moins vive. Toute la qualité de son interprétation, par ailleurs, est dans le style qu'elle prête à la figure, dans la force étrange et profonde de certaines inflexions qui semblent traduire les plus légères palpitations d'une âme. Elle donne la mesure de son pouvoir à l'acte de Reims dans le moment où Jeanne se débat avec elle-même. Nous avons entendu là quelques accents d'un frémissement admirable.

Autour d'elle les rôles sont tenus avec une ironie moins accentuée que chez Pitoëff, en mettant à part celui de Charles VII, franchement poussé à la caricature. Il y a dans l'arrangement général du spectacle et la disposition intelligente du décor une distinction de goût à laquelle on demeure constamment sensible. Une belle représentation.

Pierre **BRISSON**.

REPRÉSENTATION
du 22 Juin 1927
(COMÉDIE DES CHAMPS-ELYSÉES)

HET VLAAMSCHE VOLKSTOONEEL
(Théâtre populaire flamand)

LUCIFER

(Tragédie en 5 actes en vers de Joost Van Den Vondel (1654)

Belzebut	MM. Staf BRUGGEN.
Belial, chef rebelle	W.J. Grinwis PLAAT-STULTJES.
Appolion	·Renaat VERHEYEN.
Gabriel, héraut des mystères de Dieu	Emerence DEMOOR.
Lucifer, gardien de la cité de Dieu ...	Johan de MEESTER, Jr.
Chœur de trois anges dont Raphaël	Judith Van GELDER. Tilly Van SPEYBROUCK. X.
Michel, capitaine des milices du Seigneur.	Wilhem DOEVENSPECK.
Uriel, écuyer de Michel	Antoon Van der PLAATSE.
Luciféristes, esprits révoltés	M. HOSTE. Oscar Van CROMBRUGGE. ALLONCIUS.

L'action se passe au ciel
Mise en scène de Johan de Meester Jr.
Musique de scène de Karel Albert
Décors et costumes de René Moulaert.

De *Comœdia* :

LE THÉATRE POPULAIRE FLAMAND
(Het Vlaamsche Volkstooneel)
à la Comédie des Champs-Elysées

...Le spectacle que vient de nous donner « Het Vlaamsche Volkstooneel » (le Théâtre populaire flamand), de Bruxelles, est loin d'être indifférent. Il participe à la fois de cette candeur primitive vers quoi le snobisme actuel tente de nous ramener et de cette farouche éloquence des grands débats qui faisaient la matière des mystères chrétiens. Il m'a été donné d'assister, en d'antiques villages des Apennins, à des représentations bibliques données et jouées en toute humilité de gestes et de débit, par les montagnards de l'endroit. C'est un peu une impression analogue que me fait ressentir ce spectacle flamand, impression de respect commandé par la sincérité des servants et d'attendrissement pour l'ingénuité qui s'en dégage..

On croirait, dès le lever du rideau, se trouver dans un théâtre forain, assister à la parade faite pour attirer les enfants, les bonnes et les tourlourous qui les flanquent. Peu à peu, on comprend qu'il y a là d'autres intentions.

Cette imagerie violente vous obsède, évoque soudain en vous les panneaux du maître de Cologne, reconstitue les fresques flamandes... On songe aux admirables pages de Fromentin dans les maîtres d'autrefois et devant tout cet appareil s'efforçant à la pieuse imitation, on ne rit plus de ces ailes en carton doré, de ces rapières de bois, de ces armures en tôle découpée, d'autres accessoires simplistes, non plus que de ces figures passées à la dorure chimique, enluminées et bigarrées selon les nécessités symboliques.

Un autre élément domine : l'éclairage. Il vient d'un unique projecteur ; il est maître et peut-être le principal acteur de cette présentation scénique. Il varie la couleur, nuance les scènes au moyen de verres spéciaux, distribue la lumière et l'ombre d'une façon remarquable, fait un véritable tableau d'une mise en scène élémentaire et arrive à produire une impression de grandeur particulière.

Il est de toute justice de rendre hommage au manieur de ce projecteur qui paraissait, par instant, l'opérateur de la présentation d'un film. Il est bien qu'on l'ait, à la fin, réclamé sur la scène pour l'applaudir selon son indéniable mérite.

Que dire du prétexte même de toute cette fantasmagorie, de ce plat dont nous ne pûmes apprécier que la sauce. La beauté des vers flamands, de J. Van den Vondel, que l'on dit réelle, ne nous était point perceptible. L'action se résume en déplacements des tableaux vivants et défilés au proscénium sur les marches tenant lieu de rampe selon les méthodes « étagères », chères aux metteurs en scène modernes. Le reste n'est que récitatif, mélopée psalmodique, spasmodique et gutturale, avec seulement des intonations virulentes comme des ponctuations à ces longs discours ou une plus grande hâte du débit que, plus que le geste, le regard des récitants voudrait muer en dialogue de drame.

Une musique primitive, simple martèlement assez funèbre à la mode asiatique ou cantiques approximatifs appropriés au thème de l'ouvrage, soutenait ces curieux comédiens, héros de la fiction.

Mais venons à cette fiction, d'une pensée fort élevée et d'une métaphysique dominant les dogmes. Elle enferme toute l'origine des souffrances de l'humanité et spécule sur une thèse des plus originales, à savoir que l'orgueil des premiers anges se révolte à l'idée de servitude : un ange ne peut servir un homme. Or, Dieu, en se faisant homme, a déchu ; Lucifer n'accepte plus de seconder ses desseins. C'est donc la lutte entre lui et ses partisans contre l'archange Michel, général en chef des légions divines.

Lucifer est vaincu, après s'être couronné grand-maître, sur les instances de Belzébuth. Ces cinq actes ne sont donc que l'histoire de la révélation aux anges du mystère de la Trinité, le mécontentement qui s'élève et partage les élus jusqu'à la défaite du mauvais ange, déchu à jamais et promettant de se venger jusqu'à la fin des âges sur l'homme, raison unique de sa disgrâce.

A quelle ampleur n'eût pas atteint ce sujet traité par Hugo ? Nous ne saurions, je le répète, apprécier ici l'œuvre écrite au dix-septième siècle par le poète flamand.

Tout au moins nous a-t-elle permis d'applaudir, jouant en un décor simplifié, fait d'échelles et de praticables, des artistes remarquablement disciplinés, ayant le sens profond des attitudes, le timbre sonore et le maximum de conviction requis par ce genre d'ouvrage.

Il convient de féliciter tout particulièrement M. Johan de Meester, animateur prestigieux et metteur en scène soucieux de tous les effets, qui dressa lui-même de Lucifer une figure d'une rare puissance. A ses côtés, MM. Staf Bruggen, Belzébuth, Léo Persijn, l'archange Michel, Jan Plaat et Renaat Verheyen, chefs rebelles, et Emerence Demoor, héraut des mystères de Dieu, se déploient avec un style infiniment attachant. Bien curieuses aussi Mmes Judith Van Gelder, Tilly Van Speybrœck, Alina Heyrman, incarnant des anges tous dorés ; la première, presque belle dans ses tirades vengeresses.

Citons encore: MM. Antoine Van der Plætse, Mauritz Hoste, Oscar Van Crombugge, Gustave Alloncius et les autres participants de cette fresque tragibiblique débitée et rythmée, en les remerciant de nous avoir donné l'occasion de les admirer un soir.

ARMORY.

REPRÉSENTATION
du 23 Juin 1927
(COMÉDIE DES CHAMPS-ÉLYSÉES)

VLAAMSCHE VOLKSTOONEEL
(*Théâtre populaire flamand*)

TYL (UILENSPIEGEL)

Tragédie comique d'Antoon Van de Velde

Tyl	MM. Johan de MEESTER, Jr.
Lamme Goedzak	Staf BRUGGEN.
Brabo	M. HOSTE.
Nele	Tilly Van SPEYBROUCK.
Le Marquis Saturé de Bel-Esprit	J. W. Grinwis PLAAT-STULTJES.
La Marquise ...	Emerence DEMOOR.
Chou	Judith Van GELDER.
Belleken	Nini LOGMAN.
Don Quichotte ..	J. W. PLAAT.
Ahasverus, le juif errant	Renaat VERHEYEN.
De Vliegende Hollander (le Hollandais volant).	Léo PERSYN.
Les Trois Chimistes	A. Van der PLAATSE. Oscar Van CROMBRUGGE. Gustaaf ALLONCIUS.

De *Comœdia*, 25 juin :

«TYL», tragédie comique d'Antoon van de Velde

Le Théâtre populaire flamand a interprété, avant-hier soir, une tragédie comique d'Antoon Van de Velde, intitulée *Tyl*. Cela est incontestablement une œuvre très intéressante ; est-elle d'une absolue originalité ? Il serait difficile de le dire ; et il semble bien que le futurisme des uns et le dadaïsme des autres, en ces dernières années, nous aient préparés à ce spectacle et mis en parfait état de grâce pour le goûter. Il semble, toutefois, que M. Antoon Van de Velde ait réussi à unir harmonieusement et selon un équilibre stable des éléments fort disparates et d'ordinaire juxtaposés : le burlesque mécanique, l'extravagance de la fantaisie et le lyrisme le plus profond.

M. Antoon Van de Velde semble un Jean Cocteau lyrique. De plus, cette tragédie comique apparaît comme un appel de la patrie flamande à l'indépendance ; une âme nationale est en elle, c'est une race qui revendique le droit à la liberté. Mais voici le sujet.

Tyl, l'esprit de la Flandre, a quitté son pays ; il vit sur une île déserte avec Brabo la Force et Lamme la Bonté. Tyl veut reconquérir son pays. Tyl construit un vaisseau. Il envoie son hibou, le hibou de son blason, annoncer à Nele, celle qu'il aime, et qui est servante au pays de Flandre, son retour. Des apparitions lui prédisent les pires difficultés. Tyl partira.

Tyl est revenu en Flandre où règne le marquis Saturé de Bel-Esprit. La Flandre s'ennuie. Tyl provoque en duel le marquis ; le marquis meurt ; la race des Saturé de Bel-Esprit est anéantie. Tyl retrouve Nele.

Au troisième acte, Tyl va à la maison paternelle ; il la trouve travestie en bar de nuit. On voit le symbole. Nele est la victime des buveurs ils lui font boire les cocktails qui sont le signe : d'émancipation, de richesse, de beauté…. Ils endorment Nele d'un sommeil mystérieux, désespoir de Tyl.

Tyl repart, en attendant des jours meilleurs ; il reviendra et il reveillera sans doute Nele.

On voit tout ce qu'il y a dans cette œuvre de nature âpre et de lyrisme tumultueux et dans une forme très moderne de continuelle asymétrie. La mise en scène est tout à fait remarquable ; le bateau dans l'aurore, le duel du marquis et de Tyl, le tableau des chimistes sont d'un extraordinaire relief. Le metteur en scène, qui est M. Johann de Meester interprète aussi le rôle de Tyl ; il s'y montre un acteur de tout premier ordre : dons physiques, timbre sonore et chaud de la voix, âme ardente.

Mme Nini Logman a aussi les plus belles qualités. Mais il faudrait citer tous ces interprètes si dévoués, si pleins de passion pour l'œuvre qu'ils interprètent. Staf Bruggen, M. Hoste, Tilly Van Speybrouck, J.-W. Grimois, Plaat-Stultjes. Emerence Demoor, Judith Van Gelder, J.-V. Plaat, Renaat Verheyen, Léo Persyn, A. Van de Plaatse, Oscar Van Grombugge, Gustaat Alloncius.

Je n'oublie pas la très suggestive musique de scène de M. Karel Albert.   MAX FRANTEL.

De la *Nation Beige*, 3 juillet 1927 :

THÉATRE FLAMAND DE PARIS

M. Firmin Gémier, qui veut assurer par le théâtre la fraternité des peuples, a loué le Théâtre de la Comédie des Champs-Elysées pour y abriter un festival international du théâtre qui se rattache plus ou moins à l'Institut de coopération intellectuelle. Il nous a donné du théâtre danois, du théâtre japonais ; il fait aussi sa place au théâtre flamand le plus moderne et le *Vlaamsche Volkstooneel* est venu donner deux des pièces les plus étonnantes de son répertoire. Le *Lucifer* de Vondel (1654) et *Tyl* d'Antoon Van de Velde, un des épigomes les plus connus de la toute jeune littérature néerlandaise.

Assurément cette manifestation ne manque pas d'intérêt. Le *Vlaamsche Volkstooneel* est une œuvre de diffusion artistique tout à fait digne de sympathie, mais on se demande en quoi elle peut aider à rapprocher les peuples. Les Parisiens qui ont assisté à ces deux représentations ont pu être intéressés, surpris ; ils ont dû en conclure que la Flandre était loin, très loin de Paris, aussi loin que l'U.R.S.S.

Le *Lucifer* de Vondel a surtout un intérêt archéologique. Il faut être très versé en angiologie et bien connaître le néerlandais du XVIIe siècle pour y prendre un réel plaisir, mais cette atmosphère de mysticisme encore très médiéval est assez prenante et la réalisation scénique de M. De Meester est remarquable. Le *Tyl* de M. Van de Velde est plus déconcertant. Ce jeune auteur a repris à sa façon moderniste et même futuriste — le thème de Charles De Coster. Tyl c'est l'esprit et Nele l'âme de la « Mère Flandre ». Or, suivant M. Van de Velde, depuis 400 ans la mère Flandre a perdu son âme. Tyl, son esprit est égaré sur une île lointaine avec ses amis Brabo (la statue d'Anvers), et Lamme Goezak, tandis que Nele gémit dans la servitude du Marquis Saturé d'Esprit, de sa femme et de sa fille Chou, qui vivent dans le faux et dont la maison est tellement ennuyeuse que l'horloge ne marque plus même les heures.

Tyl et ses amis sont pris de nostalgie dans leur île lointaine. Ils s'embarquent avec trois fantômes : Le Juif errant, Don Quichotte et le Hollandais Volant. Ils arrivent chez le marquis Saturé d'Esprit où Lamme s'engage comme domestique. Tyl déguisé en baron d'Uylenspiegel, séduit la jeune fille insupportable dénommée Chou, symbole, paraît-il, d'une génération bourgeoise exaspérée d'ennui, après quoi il l'enferme dans l'horloge — autre symbole sans doute mais plus obscur. Il tue le marquis en duel et enlève Nele avec qui il retourne dans la maison paternelle. Mais celle-ci est occupée par un nommé John, nouvelle incarnation du juif errant, qui l'a transformée en bar et où trois sinistres chimistes fabriquent avec des mots les cocktails empoisonnés qui doivent avoir raison de Tyl, l'esprit d'émancipation. Le héros en triompherait certainement mais Nele arrive. Les sinistres chimistes lui font boire leurs cocktails qui doivent, disent-ils, lui donner l'émancipation, la liberté et la richesse et elle s'endort pour ne plus se réveiller que dans X années. Tyl définitivement dégoûté, repart pour son île, où il retrouvera Robinson Crusoé, avec qui il capturera les quarante voleurs d'Ali-Baba et civilisera les Caffres en attendant des temps meilleurs.

Cette étrange et symbolique histoire ne manque pas d'une certaine poésie. Elle est traitée sous cette forme de parade outrancière qui sert aujourd'hui à montrer qu'un auteur vise à être profond et certains traits ne manquent pas d'esprit, d'un esprit un peu lourd, un peu appuyé mais savoureux. Avec leur emphase flamande les excellents acteurs du *Vlaamsche Volkstooneel* la mettent très bien en valeur. Mais je me demande ce que le public français et international a pu y comprendre, même après avoir lu l'analyse assez serrée, que donne le programme. Comment aurait-il saisi l'ampleur des revendications sociales et nationale qui se cachent dans cette tragi-comédie. Il aurait fallu lui dire que si la Flandre a perdu son âme depuis 400 ans, c'est que les « fransquillons » la lui ont ravie, que le marquis Saturé d'Esprit et sa noble famille représentaient cette bourgeoisie flamande qui trahit sa race en parlant le français et que sous une forme fantaisiste, ce poème est le cri douloureux d'un peuple persécuté. Or, si on lui avait dit tout cela, il n'aurait pas manqué de s'écrier : « Comment, la Flandre est donc persécutée? » Et il aurait fallu lui expliquer ce que c'est que le flamingantisme, l'activisme, etc. ce qui eut été un peu long.

Ce qui a paru aussi un peu bizarre, sauf pour cette partie du public qui admire en bloc toutes les bizarreries, c'est cette mise en scène qui consiste à jouer une pièce sur des échafaudages. Quand le *Vlaamsche Volkstooneel* joue sur une place publique ou dans une grange, ce qui lui arrive, paraît-il, on conçoit très bien qu'il dresse ses tréteaux et qu'il s'en contente. Mais quand il dispose d'un théâtre, il aurait tout avantage à les remplacer par un décor, si élémentaire soit-il. Le public assez spécial qui assistait à ces représentations n'en a pas moins applaudi, il applaudit tout ce qui vient de loin. Mais voilà que la Flandre, la Flandre du Rodenbach et de Verhaeren lui apparaîtra maintenant comme un de ces pays lointains où, conduit par les disciples de Lénine et de Max Reinhardt, on révolutionne tout, même la géométrie...

L. DUMONT-WILDEN.

Du *Journal*, 4 juillet 1927 :

LE THÉATRE POPULAIRE FLAMAND
A LA COMÉDIE DES CHAMPS-ÉLYSÉES

La troupe du théâtre populaire flamand représentait, il y a quelques jours, à la Comédie des Champs-Elysées, *Lucifer,* tragédie en vers que Joost Van den Vonden a écrite en 1634. Elle vient maintenant de jouer, à l'occasion du festival international du théâtre. *Tyl* (*Uilenspiegel*), tragédie comique de M. Antoon Van de Velde qui est un jeune auteur.

Tyl Uilenspiegel est un héros populaire flamand auquel ont été attribuées les aventures de plusieurs fabliaux et qui a inspiré un grand nombre de poètes au cours du siècle dernier, entre autres Charles de Coster qui jouit d'une grande réputation en Belgique, M. Antoon Van de Velde continue à sa manière cette tradition.

Je crois avouer tout de suite que je n'ai compris goutte à *Tyl* (*Uilenspiegel*). Cette tragédie était jouée dans la langue flamande que j'ignore. Au gala danois, je n'avais pas compris grand'chose à *Erasmus*, car j'ignore aussi la langue danoise. J'étais parvenu tout de même à suivre à peu près l'action en m'aidant de l'analyse en langue française insérée dans le programme. C'est qu'Holberg, l'auteur d'*Erasmus*, tout pénétré de notre influence française, s'efforçait davantage de nous montrer les caractères permanents de l'homme, en somme l'homme éternel. Je ne sais pas si *Tyl* est particulièrement représentatif du génie flamand ; mais alors nous serions bien éloignés de ce génie-là.

Cette tragédie comique a obtenu d'ailleurs le plus éclatant succès de la part d'une salle composée en grande partie d'étrangers de nations les plus diverses qui pendant les entr'actes s'entretenaient dans leur langue. Comme il est probable que le flamand n'est pas si répandu dans le monde qu'ils le pussent tous comprendre, le succès qu'ils ont fait à *Tyl* dut aller surtout aux comédiens de cette troupe flamande. Ceux-ci m'ont paru en effet, très remarquables, MM. Johan de Meester, Staf Bruggen, M. Hoste, J.-W. Plaat, Renaat Verheyen, Léo Persyn, J.-W. Grinwis Plaat-Stultjes, Mmes Tilly Van Speybrouck, Nini Logman ont un jeu à la fois simple, expressif et violent.

Quant à la mise en scène, elle était certainement curieuse, avec son parti pris de simplification excentrique de couleurs vives pour laisser le souvenir d'hallucinantes images coloriées. Cependant, il ne m'a pas paru que nous avions grand'chose à y apprendre. Les mises en scène de Baty, par exemple, procèdent, certainement d'un goût plus sûr. Les décors schématiques de notre jeune théâtre cherchent, comme c'est leur rôle, à évoquer avec pittoresque et couleur, en simplifiant ; leur fantaisie du moins le plus souvent, demeure humaine et logique.

Georges LE CARDONNEL.

De *l'Humanité*, du 10 juillet 1927 :

A PROPOS DES SPECTACLES DU THÉÂTRE POPULAIRE FLAMAND

Nous nous excusons auprès de l'admirable « Théâtre populaire flamand » de rendre compte si tard du deuxième spectacle qu'il donna à Paris. Cependant, comme nous espérons bien que nos camarades pourront, un jour ou l'autre, aller plus longtemps applaudir, à Paris, ce théâtre d'art vrai et pur, il nous parait toujours actuel de publier ce compte rendu devant le silence gêné et quasi-unanime d'une critique bourgeoise prête à boycotter tout effort nouveau désintéressé.

Deux représentations, de trop courte durée, pour notre enthousiasme: Lucifer et Tyl Eulenspiegel.

Ce dernier est une tragédie comique d'Antoon van de Velde mise en scène de Johan de Meester, musique de scène de Karel Albert, décors et costumes de René Moulaert.

La représentation de *Lucifer* par la même troupe nous avait inspiré un enthousiasme qui ne s'est pas du tout refroidi et que nous avons eu le plaisir de trouver chez tous ceux qui ont vu depuis cette création.

Nous craignons maintenant de tomber dans le lyrisme verbal. Il faut pourtant que nous réussissions à dire, aussi raisonnablement que possible, qu'à notre avis *Tyl* est plus beau que *Lucifer.*

Voici un théâtre populaire qui se paie le luxe de la haute poésie et qui l'impose, qui en donne le goût et le besoin aux foules déshéritées. N'est-ce pas exceptionnel pour nous, et dans toute l'Europe — sauf la Russie, où l'on en fait autant, — qu'il existe une scène ambulante déversant l'ivresse du beau et du grand sur une salle d'amateurs blasés aussi bien que sur les marchés et les kermesses, aux travailleurs de la terre, de l'usine et du sous-sol.

Antoon van de Velde a modernisé les aventures de ce vieux personnage germanique Tyl Eulenspiegel qui a laissé sa trace dans notre vocabulaire français (*l'espiègle*) et qu'avait déjà ressuscité le génial Charles de Coster. Le Tyl d'aujourd'hui, toujours jeune et puissant, c'est l'esprit de la Flandre, exilé avec deux compagnons dans une île déserte. Il construit un bateau et s'en va reconquérir son vieux patelin. Qui rencontre-t-il en arrivant? Nele, sa bien-aimée, l'âme de la race, asservie dans la cuisine du marquis « Saturé de Bel Esprit ». Tyl foudroie le marquis dans un duel éblouissant. Puis il conduit Nele à sa maison natale. Or, cette antique demeure a été transformée par les chimistes de la démocratie en bar international. Les dispensateurs d'oubli et de trompeuses espérances versent à Nele un cocktail qui l'endort pour longtemps — pour combien de temps?... Tyl, découragé, mais non désespéré, reprend le large. Il reviendra un jour, car il est *le peuple*, force immortelle.

Nous avons résumé, donc mutilé. De cette épopée héroï-comique, nous laissons tomber, — avec quel regret! — tous les épisodes qui l'éclairent. Mais le peu que nous gardons ne nous permet-il pas d'affirmer que voici de l'ouvrage révolutionnaire?

Et maintenant, il faudrait parler intelligemment et complètement de la mise en scène, des interprètes, de la musique, de ces explosions de voix, de sons, de couleurs et de lumières qui sont aussi du neuf, de la vraie poésie et de la révolution... Ici, nous serons forcément au-dessous de notre tâche, faute de moyens.

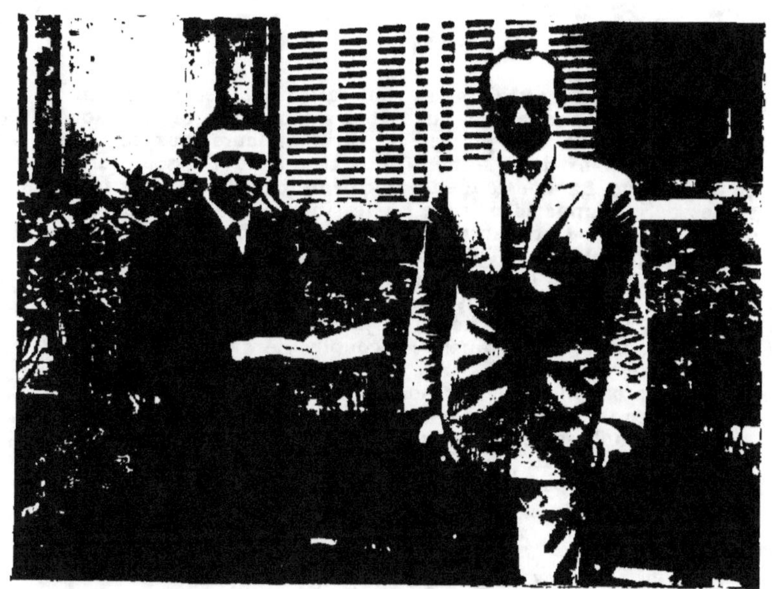

DÉLÉGATION BELGE — MM. RENÉ MOULAERT ET JOHAN DE MEESTER, du Théâtre Flamand.

Photos G. René

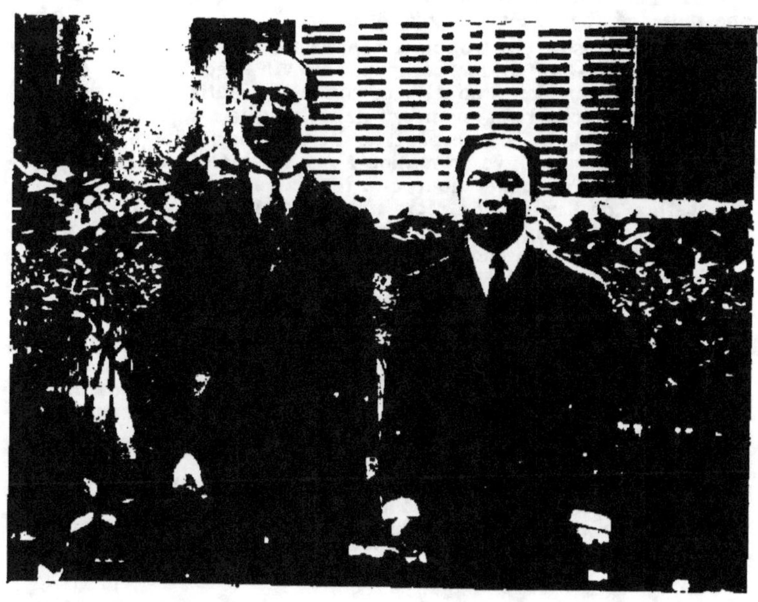

DÉLÉGATION CHINOISE — De gauche à droite : M. KUNGCHEN KOO et M. CHÉOU KANG SIE, délégués chinois.

Les décors de ces trois actes sont faits avec des plans simples, à étages, permettant aux acteurs d'occuper la situation
qui leur convient. Les projecteurs dirigent leurs feux sur les
motifs principaux de la scène, — que ce soit un Tyl sculptural
et rauque, un Lamme rondelet, une Nele défaillante, des fantoches de la chimie meurtrière ou le sinistre trio des « Saturé
de Bel Esprit ». Entre autres tableaux, nous nous rappellerons
le départ du bateau de Tyl pour la Flandre, avec sa montée de
voiles, le duel de Tyl et du marquis, dans du noir sillonné
de rayons blancs, et la conspiration des chimistes sur les vertes
cîmes de l'alcool réformiste, et le jazz tailladé par des jets de
serpentins, tandis qu'évoluent les couples de danseurs derrière
les écrans.

Nous sentons bien que ces notes sont incolores. Décidément,
il n'y a rien de plus difficile à traduire en imprimé que d'unanimes applaudissements. A un certain degré de plénitude, le
théâtre est une forte pensée, une jaillissante littérature, une
hallucinante peinture, une obsédante musique, et tout mouvement.

PARIJANINE.

De la *Tribuna*, 5 juillet 1927 :

La troupe ambulante qui s'intitule Vlaamsche Volkstooneel
donne des spectacles populaires, mais selon des principes d'art
très stricts, partout où elle pense être comprise du public : à
Bruxelles, à Anvers, à Amsterdam, à Rotterdam, dans les salles
des philo-dramatiques paysannes et dans les cinématographes
de villages. Elle voyage avec un matériel de scène et des
appareils électriques compliqués qu'elle monte et démonte avec
une patience et une ténacité d'apôtres.

Le premier soir, la troupe a représenté à la Comédie des
Champs-Elysées un drame religieux du VIIe siècle : *Lucifer*,
du bon Joost van den Vondel : et comme garantie de l'ortho-
doxie du spectacle, nous avons vu dans la salle un gros prêtre
chevelu et éloquent, une espèce de Père Semeria belge, sans
barbe, qui expliquait avc animation à ses voisins ce qui se passait sur la scène. Sachez donc que le drame avait pour sujet
la rébellion de Lucifer. Le récit biblique était suivi avec défé-
rence et commenté avec candeur. Lucifer se révolte contre
Dieu parce qu'il a entendu prédire par Gabriel l'avenir surna-
turel de l'homme et la future incarnation du Verbe. Il s'in-
surge contre l'idée d'une supériorité possible de l'homme sur
l'ange. De là, la conspiration entre Lucifer, Beelzébuth, Apo-
lion et Belial, puis la guerre avec les anges fidèles et la défaite
des rebelles. Tout ceci en vers durs, gutturaux et sonores dont
on ne perdait pas une rime ni une syllabe, même lorsqu'ils
étaient récités, pour ainsi dire, à l'unisson, par plusieurs.
(Quant à les comprendre, c'était une autre affaire.) Mais cette
fois, le spectacle a eu de la valeur surtout pour nos yeux.
Adoptant les critères de la mise en scène ultra-moderne, le
directeur (et premier acteur) Johan de Mester avait renoncé à
une représentation impossible du Paradis, et il s'était contenté
de faire apparaître les héros surhumains sur une sorte de scène

10

pyramidale où ils se mouvaient devant un fond noir. Il s'était efforcé de nous transporter autant que possible dans l'Au-delà, en leur donnant des costumes irréels, des visages d'or et d'argent, des aspects extatiques ou grotesques et en variant la lumière projetée sur les personnes, pour interpréter sans doute par cette fantasmagorie continue les changements de leur état d'âme (« La lumière psychologique » de Bragaglia !). Pour les anges rebelles, il les éclairait de bas en haut par des lueurs sinistres. Expédients raffinés et toutefois élémentaires, susceptibles non seulement de séduire un public cultivé, mais aussi de frapper l'imagination du peuple : interprétation anticlassique d'une tragédie classique », disait le programme.

Le second soir, la même troupe a porté à la scène : *Tyl,* « tragédie comique », d'Antoine Van den Velde ; c'est le poème du héros populaire flamand, celui que nous tous Européens nous avons appris à aimer depuis longtemps grâce au roman de De Coster et aux notes de Strauss. Ici, de Mester n'a pas seulement satisfait ses caprices de metteur en scène, en profitant de l'extraordinaire diversité des éléments qu'il avait sous la main, pour mettre ensemble les tableaux les plus rudes, les plus extravagants, les plus ironiques et les plus savoureux. Mais il s'est révélé en même temps un acteur moderne plein de spontanéité. Il a réussi à tenir en haleine jusqu'au bout ceux qui ne le comprenaient pas, c'est-à-dire presque tous. Et, à la fin de la soirée, il a pour la seconde fois réalisé ce miracle de faire applaudir frénétiquement un drame par des auditeurs qui ne comprenaient pas le flamand.

Silvio d'Amico.

REPRÉSENTATION
du 24 Juin 1927

(GRAND THÉATRE DES CHAMPS-ELYSÉES)

TROUPE ANGLAISE DE MISS SYBIL THORNDIKE

MÉDÉE

D'EURIPIDE

Traduction de Gilbert Murray

Médée, fille d'Aietès, roi de Colchide .... Sybil THORNDIKE.
Jason, Chef des Argonautes, roi d'Iolchos .... Hubert CARTER.
Leurs deux enfants .... Mary et Ann CASSON.
Creon, souverain de Corinthe .... Lewis T. CASSON.
Aegeus, roi d'Athènes .... H. R. HIGNETT.
Servante de Médée .... Lilian MOUBREY.
Serviteur .... John H. MOORE.

Chœur des femmes de Corinthe : Zilak Carter, Margaret Webster, Iris Baker, Ursula Granville, Barbara Morley, Harder, Renée Rubens.

Metteur en scène : Lewis T. CASSON.

Chœurs réglés par Penelope SPENCER.

Du *Daily Mail*, 26 juin :

« MÉDÉE »
au Théâtre des Champs-Élysées

Je remercie Miss Sybil Thorndike de son excellente représentation de *Medea* au Théâtre des Champs-Elysées. Cette représentation a éveillé chez nous des souvenirs très agréables qui nous ramenaient à la *Médée* de Catulle Mendès jouée par Sarah Bernhardt il y a trente ans. « Eheu ! fugaces labuntur anni »... Pour une soirée qui vous intéresse et vous rajeunit de trente ans, on peut certainement montrer quelque reconnaissance !

Trop souvent, on n'accorde à Euripide que la troisième place dans la Trinité des grands poètes grecs. Il représente aux yeux des savants l'esprit romantique en opposition avec la pureté classique de Sophocle et la sauvagerie titanique d'Eschyle. Ces hellénistes peuvent avoir raison ; mais, à mon avis, il est le plus moderne, le plus humain des trois.

En supprimant quelques détails, qui ne sont pas essentiels, on pourrait interpréter sans anachronisme cette *Medea* en costumes de nos jours.

Le sujet est le même que dans des centaines de pièces tragiques et comiques. C'est le conflit de l'amour et de la jalousie dans une âme féminine. Jason a abandonné Medea pour faire un mariage d'argent. L'épouse trahie est poussée par une passion sauvage à assassiner sa rivale, le père de sa rivale, les deux enfants de Jason qui sont ses propres enfants afin de punir l'infidélité de son amant. Et, au milieu de ce carnage affreux, elle analyse le désordre de son esprit avec la pénétration et la lucidité d'un Meredith ou d'un Proust. Le monologue dans lequel elle exprime ses pensées atteint les plus grandes hauteurs de la rhétorique tragique. Elle est tantôt l'incarnation de la mère embrassant désespérément ses enfants, tantôt la femme furieuse injuriant son amant parjure.

Un type de coureur de dot

Jason est le type du coureur de dot. Ce trait avait d'ailleurs été bien décrit par Corneille qui, dans sa *Médée*, faisait dire à Jason : « J'accommode ma flamme au bien de mes affaires ». Observation qui pourrait s'appliquer aux messieurs louches qui vivent de ce que le Code pénal français appelle avec tant de discrétion : vagabondage spécial ».

Curieusement moderne

Le raisonnement et la psychologie de cette *Médée* de 2.500 ans sont tout à fait modernes et pourraient fort bien se retrouver dans une pièce de nos jours.

Médée assassine sa rivale au moyen d'un voile et d'un diadème qui brûlent la chair de la victime. Après les meurtres, elle s'enfuit dans un char tiré par des dragons ailés. Rempla-

çons le voile par n'importe quel genre de mort violente et
le char par un aéroplane, *Medea* peut être donnée comme une
tragédie actuelle du type Grand-Guignol.

Nous n'avons rien inventé, pas même les « Echos Mon-
dains »; car *Euripide* nous confectionne un genre de publicité que nos agences n'hésiteraient pas à adopter. Jason rappelant à Médée les avantages qui résultaient de ses relations
avec lui, remarque avec colère que toute la Grèce parle
d'elle. « Vous me devez tout ; je vous ai amenée ici ; si
vous habitiez encore votre trou isolé, tout le monde ignore-
rait votre existence. En ce qui me concerne, peu m'importe-
rait d'être riche ou d'avoir la voix d'Orphée, si personne n'en
savait rien. »

Un personnage impressionnant

La Medea de Miss Sybil Thorndyke est très frappante ;
ses attitudes sont sculpturales ; une voix vibrante et une
bonne diction unies à une grande sensibilité artistique lui
permettent de faire vivre le texte et d'en mettre en valeur les
sentiments variés et passionnés. M. Hubert Carter est un
Jason charnu. M. Lewis Casson est admirable dans la scène
merveilleuse du messager ; Miss Lillian Moubrey, dans le rôle
de la Nurse, est excellente.

La mise en scène de la tragédie et les effets de lumière sont
bien réglés. Le chœur est très bien dirigé par Miss Penelope
Spencer. La musique de scène se borne à un roulement de
tambour occasionnel. L'effet produit par l'approche et l'arrivée du messager, ainsi que par la clameur dans la ville, est
terrifiant.

En somme, à moins que vous ne trouviez indispensable
d'aller au Grand Prix, vous ne pouvez mieux faire que de
vous rendre à la matinée de *Medea*, qui aura lieu cet
après-midi, au théâtre des Champs-Elysées.

LE CRITIQUE DRAMATIQUE.

REPRÉSENTATIONS
24 au 27 Juin 1927
(COMÉDIE DES CHAMPS-ELYSÉES)

SHUZENJI MONOGATARI
(LE MASQUE)

Pièce de MM. Albert KEIM et Albert MAYBON
D'après KIDO OKAMOTO

Traduction de MM. Kuni MATSUO et Steinilber OBERLIN

Musique française de MM. MAUPREY et CADOU

Thèmes musicaux japonais de M. HIRAOKA

*Décors exécutés par BERTIN
d'après les maquettes de FOUJITA*

*Mise en scène japonaise de M. OMORI
Costumes de Madame YANAGI*

Yashaô ....MM.	Firmin GEMIER.
Tora	Robert GOT.
Yoriié	Richard WILM.
Jiro	MARSAC.
Le Bonze	CLARIOND.
Un villageois	Goro YANADA.
Un villageois	MATHIS.
Marchand d'Amasaké..........	PORTERAT.
Une folle	Yasushi WURIN.
Le chef des Soldats	GASTHONS.
Un Soldat	SUZUKI.
Katsura ....Mmes	Rachel BERENDT.
Kaedé	CAVE.
La Magicienne	Marguerite LAUGIER.
La Nourrice	Elisabeth HONT.
Une Jeune Fille	HARUAKO.
	UTEAU.
	JORGA.
Les Danseuses	SHIZUYE.
	SIMONNOT.
	ROUVIER.
	DARLEY.

De *Comœdia*, 26 juin :

FESTIVAL INTERNATIONAL DU THEATRE

LE GALA JAPONAIS

Ce spectacle est assez différent de ceux que nous avons vus ces jours derniers, lors des précédents galas du festival international. Jusqu'ici nous avons entendu des artistes danois, hollandais, anglais s'exprimant dans leur langue. Cette fois, au contraire, ce sont des artistes français, M. Gémier en tête, qui jouent, en français, une traduction d'une œuvre japonaise, mais qui la jouent scrupuleusement suivant les meilleures traditions nipponnes. C'est un spectacle curieux, présenté avec beaucoup de soin et de goût, d'une couleur locale fort pittoresque, et dans des décors ravissants. Les Japonais n'étaient pas sur la scène ; ils étaient dans la salle. Et quelques charmantes Japonaises, dans leur costume national, avec leurs larges ceintures brodées, donnaient une note agréable d'exotisme.

Le drame que nous avons entendu hier, *Le Masque (Shuzenji Monogatari)* se passe au 13e siècle ; mais il est moderne : son auteur, M. Kido Okamoto vit encore, et l'œuvre se joue je crois bien, en ce moment même à Tokio. La traduction en a été faite par Kuni Matsuo, un Japonais qui parle fort bien notre langue, et par M. Steinilber Oberlin. L'adaptation théâtrale est due à M. Albert Keim et à M. Albert Maybon, l'orientaliste connu.

Il ne s'agit pas, dans cette œuvre, des « japoniaiseries » qu'une certaine littérature trop facile a longtemps mises à la mode. Nous ne voyons ni mousmés, ni geishas, ni cerisiers en fleurs, ni mignardises puériles. Une action simple et pathétique célèbre quelques-uns des grands thèmes lyriques dont s'est toujours inspiré le Japon, aussi bien à l'époque féodale que de nos jours : une certaine grâce chevaleresque dans l'amour, le mépris du danger et de la mort, la foi dans l'art, et ce stoïcisme japonais qui est l'âme même de la nation. De toute façon, qu'il soit question de la guerre, de l'art ou de l'amour, il s'agit toujours de quelque chose qui dépasse l'individu, et à quoi celui-ci est prêt à se sacrifier. C'est, au fond, la véritable définition de l'idéalisme... Mais l'auteur a tenu dans l'ombre, tout en nous les laissant entrevoir, d'autres aspects plus matérialistes, de ce Japon d'autrefois : les violences, les luttes sanglantes, les crimes et les assassinats qui marquèrent l'époque des premiers shogoums... Il y aurait des comparaisons assez curieuses à faire, à cet égard, avec notre moyen âge occidental. Mais ceci nous entraînerait trop loin.

Nous sommes devant la modeste demeure du vieil artisan, Yashaô, sculpteur de masques. Ses deux filles l'aident dans son travail : Kaédé, douce et modeste, fiancée à Tora l'apprenti et Katsoura, ambitieuse, et qui rêve d'une autre destinée.. Le prince Yoriié vient réclamer à Yashaô un masque qu'il lui a commandé ; celui-ci refuse de le lui donner ; il n'est pas satisfait de son travail, les traits de la mort sont sur ce masque... Le prince s'emporte : Katsoura, alors va chercher le masque et l'offre à Yoriié... Le prince en est satisfait et emmène avec lui Katsoura, dont la grâce lui plaît... Le vieil artisan est au désespoir : il a livré une œuvre qui n'était pas parfaite : il sera déshonoré aux yeux de la postérité.

Au second acte, au bord d'une rivière qui coule des montagnes, nous assistons à une nuit de fête, la fête populaire des morts... Musique, danses et chants. Parmi les villageois, des mimes y figurent sous les traits du marchand d'amasaké et de la Folle du pays... Tout à leur amour, le prince Yoriié et Katsoura paraissent. Une magicienne annonce au prince qu'il est menacé d'un grand danger; mais il méprise cet avertissement : un samouraï n'a pas peur de la mort... Et voici que dans l'ombre, surgissent les soldats du shogoum, l'ennemi de Yoriié... Cet acte est presque tout entier en danses et en mimique. On sait la place qu'occupe la mimique dans l'art et le théâtre japonais.

Au 3ᵉ acte, un Samouraï blessé arrive chez Yashaô... C'est Katsoura qui a pris les vêtements et mis le masque de Yoriié, pour donner le change à ses ennemis et le sauver. Mais son sacrifice est inutile : un bonze vient anoncer que le prince est mort. Katsoura va mourir à son tour, et se réjouit d'aller retrouver son bien-aimé... Yashaô, le grand sculpteur de masques, qui avait pressenti sur le visage orgueilleux de Yoriié l'apparition des stigmates de la mort, voit sur les traits de sa fille mourante une extase divine, et domptant sa douleur, il saisit aussitôt un pinceau pour fixer la première image d'une œuvre dont la perfection traversera les siècles...

> Tout passe. L'art robuste
>   Seul à l'éternité,
>   Le buste
>   Survit à la cité.

Yashaô aurait-il lu Théophile Gautier ?

*
* *

M. Gémier et ses camarades ont réalisé un véritable tour de force en interprétant cette pièce. M. Gémier nous a fait l'effet d'un grand artiste japonais; les attitudes, les gestes, les expressions, la diction, tout était scrupuleusement étudié. Et je ne crois pas qu'il puisse y avoir un artisan japonais plus japonais que M. Gémier. Il faut associer à son éloge Mme Rachel Berendt qui, fort bien grimée, a joué le rôle de Katsoura d'une façon remarquable, dans un style parfait.. M. Robert Got (Tora), M. Richard Willm, (Yoriié), M. Clariond, Mme Cavé (très gentille Kaédé), Mme Marguerite Laugier (la magicienne) ont droit aussi à des compliments. Mais il y avait aussi quelques artistes japonais dans la troupe : M. Yanada, et surtout M. Wurin qui a dansé et mimé le rôle de la folle avec l'art le plus savant et le plus curieux.

Deux très beaux décors exécutés par M. Bertin, d'après les maquettes de Foujita : paysages sévères et âpres de montagnes, dans les tonalités grisâtres de certaines estampes japonaises. Une musique de MM. Mauprey et Cadou, d'après des thèmes musicaux japonais de M. Hiraoka accompagnait heureusement le spectacle. Louons sans réserves la mise en scène de M. Omori.

Etienne REY.

De l'*Echo de Paris*, 28 juin :

SHUZENJI MONOGATARI (LE MASQUE), pièce en trois actes d'*Albert Keim* et *Albert Maybom*, d'après *Kido Okamoto*. (Comédie des Champs-Elysées).

Après le Danemark, les Pays-Bas et l'Angleterre, la Société Universelle de Théâtre, pour son festival d'art dramatique, nous fait visiter le Japon. Mais, au lieu de nous donner comme guides des Danois authentiques, d'authentiques Hollandais, de vrais Flamands et de véritables Anglais, ce sont des artistes de chez nous, et même de l'Odéon qui, autour de M. Firmin Gémier, se sont chargés d'animer devant nos yeux cette précieuse série d'estampes japonaises.

Car tel est bien le principal attrait du spectacle, qu'il nous débarrasse du Japon de pacotille auquel on nous avait trop souvent accoutumés.

La vieille légende, d'où la pièce est tirée, est un peu succincte, mais non sans grandeur.

Yashao, le sculpteur de masques, rêve de réaliser un chef-d'œuvre, mais toujours la matière a trahi sa pensée. Jamais rien de ce qui est sorti de ses mains, dont l'habileté est pourtant célèbre, ne l'a satisfait. Et il faut que le prince Yoriié le menace de son épée pour que Yashao consente enfin à lui livrer son masque qu'il lui avait commandé et que chacun, sauf le sculpteur, s'accorde à juger admirable.

Le prince Yoriié, en même temps qu'il emportait le masque, a emmené dans sa suite la fille de Yashao, l'ambitieuse et amoureuse Katsoura.

Un groupe de partisans l'assaille ; alors Katsoura, ayant appliqué sur son visage le masque modelé par son père à la ressemblance du prince, cherche à détourner sur elle les coups des assassins. Mortellement frappée, elle se réfugie chez Yashao, où elle apprendra que son sacrifice fut inutile et que le prince Yoriié, lui aussi, avec toute sa suite, a été égorgé. Du moins se rejoindront-ils dans la mort ; cette pensée l'exalte, et revêt alors ses traits d'une telle beauté que Yashao, malgré sa douleur, se hâte de les fixer avant qu'elle expire, sûr, cette fois, que le chef-d'œuvre est là...

Des décors de Foujita, d'une extrême habileté, et des costumes de Mme Yanagi, de la plus scrupuleuse exaxctitude, l'ingénieuse et évocatrice musique de MM. Cadou et Mauprey, les danses de Mr. Yasushi Wurin, la mise en scène de M. Omori concourent à créer une atmosphère dans laquelle les figures et les gestes prennent une couleur et un relief hallucinants.

On a dit que M. Gémier avait joué le rôle de Yashao comme un grand artiste japonais ; disons, une fois de plus, comme un grand artiste, tout simplement.

Mais il est bien vrai qu'il semble japonais à ce point — et avec lui tous les interprètes fournis par le second Théâtre-Français, Mlle Rachel Berendt, si harmonieuse et sensible ; Mlle Cavé, si intelligente ; M. Richard Willm, magnifique et impressionnant, et les excellents Robert Got, Marsac, Clariond, Porterat — oui, tous semblent à ce point japonais que nous étions presque étonnés (et ravis) de les entendre s'exprimer en langue française...

Franc-Nohain.

Du *Figaro*, 28 juin :

Aux précédents galas du festival international de théâtre, nous avions entendu des artistes de diverses origines s'exprimant dans la langue de leur pays. Les organisateurs de ces soirées ont reculé devant l'expérience qui, pourtant, eût été curieuse, de nous présenter une pièce en japonais. C'est dans une traduction, d'ailleurs élégante, qu'ils nous ont donné le *Masque*, version française, de MM. Kuni Matsuo et S. Oberlin, adaptée par MM. Albert Keim et Albert Maybon, d'après Kido Okamoto.

Le drame, qui se passe au XIIIe siècle, mais qui est de composition moderne et se joue en ce moment à Tokio, célèbre à travers une action très pathétique les grands thèmes lyriques de l'amour idéal et de l'art immortel.

Un prince exilé et qui est en lutte avec le « Shogoun » voisin, Yoriié a commandé un masque représentant ses traits à un célèbre sculpteur. L'artiste, qui a travaillé pendant de longues années à cette œuvre et la trouve encore imparfaite, refuse de la livrer. Il s'y résout pourtant, sur les instances de sa fille aînée, qui rêve de hautes destinées et dont la grâce charme le prince, qui l'attache à sa suite.

Après un intermède de danses et de chants, nous apprenons la mort du prince, dans un guet-apens. Katsura, en revêtant le masque de celui qu'elle aime, a tenté en vain de détourner sur elle les coups destinés à Yoriié. Mais elle a aussi été frappée dans la bataille et elle revient mourir près de son père.

Cette pièce, d'une saveur exotique fort curieuse, a été représentée à la perfection. M. Gémier et ses camarades, hommes et femmes, ont réalisé ce tour de force de faire vivre devant nous des personnages qui, autant que nous en pouvons juger, étaient exactement japonais. Leurs gestes, leurs attitudes, la manière dont ils se groupaient, faisaient défiler devant nos yeux une suite d'estampes de l'art le plus raffiné.

Ces visions délicates étaient encadrées par de fort beaux décors exécutés par M. Bertin, d'après les maquettes de Foujita. Une musique de MM. Mauprey et Cadou, d'après les thèmes japonais de M. Hiraoka, complétait le vif agrément de ce spectacle, que M. Omori avait mis en scène avec le goût le plus sûr.

Maxime Girard.

De l'*Illustration*, 2 juillet :

C'est encore à un spectacle étranger que nous a conviés la
Comédie des Champs-Elysées, mais, celui-là, en langue française. Il s'agissait d'une pièce japonaise, *le Masque*, de M.
Kido Okamoto, adaptée par MM. A. Keim et Albert Maybon.
Ce dernier est un orientaliste érudit, qui a particulièrement étudié le théâtre nippon. Une mise en scène très soignée, dans
des décors du peintre japonais Foujita, restituait l'atmosphère
avec une exactitude pittoresque. L'action se passe au treizième
siècle. Elle est sentimentale et dramatique. Pour sauver le
prince qu'elle aime et que pourchassent ses ennemis, la fille
du sculpteur de masques se sacrifie héroïquement et son père
exécutera un chef-d'œuvre en fixant l'image de la mort sur sa
figure extasiée. Cela se déroule au ralenti, avec un minimum
de texte, des couplets poétiques et des intermèdes de panto-
mines, de danses et de chants. Si nos habitudes sont un peu
déconcertées, nous goûtons néanmoins la recherche de la composition ainsi qu'une simplicité savante et harmonieusement
stylisée. Mmes Berendt, Cavé, Laugier, MM. Robert Got,
Wilm, Jiro entourent avec scrupule M. Gémier, qui atteste
par son jeu, ses attitudes et sa psalmodie même la parfaite
connaissance qu'il a des traditions de cet art exotique.

ROBERT DE BEAUPLAN.

De l'*Œuvre*, 27 juin :

Cette représentation clôture avec éclat le cycle international.
Et, décidément, l'effort entrepris par Gémier n'aura pas été
inutile. Bien loin de là !

Le drame représenté hier à la Comédie des Champs-Elysées
se passe au XIIIᵉ siècle, mais a pour auteur et pour traducteurs
des écrivains modernes : MM. Kido Okamato et Kuni Matsuo (côté Japon), et MM. Oberlin, Keim et Maybon (côté français, ou du moins européen). L'action est d'une simplicité
poignante. Elle met en contact (comme la plupart des œuvres
japonaises) des personnages animés des plus nobles, des plus
généreuses pensées, avides d'héroïsme, d'abnégation et tendus
vers un idéalisme sans cesse proclamé.

Dans la pièce de M. Kido Okamato, un vieil artisan, Yashao,
sculpte des masques, aidé de ses deux filles, la douce et sensi-
blé Kaédé (fiancée à l'un des apprentis de son père) et l'ambitieuse et rêveuse Katsoura. Or, un prince, Yoriié, se présente
chez le sculpteur et veut prendre livraison d'un masque commandé. Mais Yashao refuse de s'en dessaisir, car il juge son
œuvre imparfaite. Et puis, les « traits de mort » sont empreints
sur le masque et le vieil artiste en conçoit de l'effroi. Un
sombre pressentiment l'anime. Peu importe ! Le prince veut
sa marchandise. Alors Katsoura va chercher le masque, le
remet à Yoriié, qui emmène au surplus la belle donatrice
car elle lui plaît. Désespoir du père, moins peiné pourtant du
départ de sa fille que de la livraison d'une œuvre d'art imparfaite. Et ceci est vraiment beau.

Le second acte se compose surtout de chants, de danses, de scènes mimées destinées à célébrer les amours du prince et de Katsoura, à nous montrer les manœuvres du Shogoum, l'ennemi de Yoriié.

Mais, au troisième acte, l'action devient plus dramatique. Un samouraï blessé surgit blessé surgit chez le sculpteur. C'est Katsoura, qui a mis le masque du bien-aimé pour le sauver. Dévouement inutile! On vient annoncer, en effet, que le prince a péri, victime de ses ennemis. La jeune femme n'a plus qu'à le rejoindre. Mais, avant de disparaître, le visage de Katsoura exprime une telle béatitude, quasi divine, que, domptant sa douleur et plus artiste que père, le vieil artisan saisit son pinceau, se dispose, d'après la mourante, à esquisser les premiers traits d'une œuvre vouée à l'immortalité.

Sentez-vous la simple et farouche grandeur d'un tel scénario ? Il a inspiré aux auteurs des scènes d'une harmonieuse noblesse, d'une vibrante éloquence, d'une réelle beauté de forme et de pensée.

De plus, l'ouvrage bénéficie d'une mise en scène vivante, colorée, très finement et exactement pittoresque (les décors de M. Bertin ont été exécutés d'après les maquettes du peintre Foujita, le plus parisien des Japonais), et d'une remarquable interprétation. Il faut admirer la façon merveilleusement intelligente dont M. Gémier a composé son personnage. C'est une des créations les plus saisissantes, les plus aiguës du grand artiste (et il en compte quelques-unes). Mme Rachel Berendt, si sincère, si personnelle, si intéressante toujours ; M. Robert Got, fin et précis ; MM. Wilm, Clarion, Mmes Cavé et Laugier (les meilleurs éléments de la troupe odéonienne, complétés par MM. Yanada et Wurin, artistes japonais) secondaient à la perfection leur chef de file.

Une musique de MM. Mauprey et Cadou ajoutait encore à l'agrément d'un spectacle de haut goût.

Edmond SÉE.

Du *Temps*, 27 juin :

Pour clore le cycle de ces manifestations internationales, nous avons eu une soirée d'art nippon. Elle nous a été offerte par M. Gémier en personne, qui avait pris les traits de Yashaô, sculpteur de masques. Son zèle et son amitié, rassurez-vous, ne l'ont pas converti tout à coup en samouraï. Il s'agissait d'une représentation en langue française. L'ouvrage, signé d'un dramaturge contemporain fort célèbre au Japon : M. Kidô Okamoto, a été adapté par MM. A. Keim et Albert Maybon. Nos lecteurs connaissent M. Maybon, qui adressa au *Temps*, pendant son séjour à Tokio, des lettres vivantes et documentées. C'est un orientaliste d'une fine érudition, particulièrement averti des questions dramatiques. On lui doit un livre sur le théâtre japonais qui est une excellente et claire introduction à l'étude de cet art si chargé de traditions complexes.

Le plus vif intérêt du spectacle est dans sa présentation. La mise en scène établie par M. Omori et les décors exécutés par M. Foujita assurent à la pièce le cadre le plus fidèle et le plus authentique. On nous propose une suite d'estampes dessinées d'un crayon minutieux et lent, avec toutes sortes de grâces attentives et avec cette précision extrême dans le tragique décoratif qui laisse, transposée à la scène, une impression singulière.

Yashaô, sculpteur de masques, est un artisan inspiré des dieux. Il apporte à son labeur une foi de tous les instants. Le métier le tient aux fibres et remplit son âme. Il vit sur la montagne dans une chaumière étroite, légère et fragile comme un jouet. Ses deux filles sont auprès de lui. L'une, Kaedé, sage, modeste et tendre, reste docile à son destin. Elle accepte de devenir la femme de Tora, l'apprenti au cœur simple et loyal qui reprendra la tâche paternelle. L'autre, Katsura, nourrit des rêves plus orgueilleux. Elle souffre de sa condition obscure. Elle aspire à connaître les grandeurs de ce monde. Elle roule dans sa tête des contes merveilleux où un prince, beau comme le jour, s'éprend d'une jeune paysanne. Ces états d'âme et ces chimères sont exposés au cours d'une conversation qui met aux prises les deux sœurs et le fidèle Tora. Les phrases cheminent à petits pas, sans hâte et sans caprice, avec d'aimables complaintes, des haltes et des intonations suspendues. Un film au ralenti avec de gracieuses fleurs poétiques.

Et voici le prince attendu, le fier et valeureux Yoriié. Il arrive du fond de la salle, suivi d'un chevalier porteur du sabre et d'un bonze au crâne tondu. Il s'avance avec une noblesse majestueuse, franchit la rampe et s'arrête devant la chaumière de Yashaô. Il vient réclamer à l'humble sculpteur le masque commandé depuis de longs mois. Il s'agissait de reproduire les traits de son auguste visage... Yashaô, prosterné, pousse de grands soupirs. Il est indigne de l'honneur qu'on lui a confié. Cent fois il a pris et repris et recreusé ce masque. Il voulait en faire jaillir la vie. Vains efforts ! Il n'obtenait que l'image d'un spectre, d'un fantôme, d'un mort. Et il se lamente, et il gémit, et il se frappe le front contre le sol, et les plaintes, lentement psalmodiées, renaissent obstinément, et cela dure sans fin. Katsura, cependant, est allée chercher l'objet de ces profonds tourments. Elle offre le masque au seigneur. Chacun s'extasie devant la perfection de l'ouvrage, tandis que le malheureux artisan poursuit sans faiblir ses protestations douloureuses. Katsura a mis tant de grâce dans son geste et tant de séduction dans sa voix, que le jeune prince en est charmé. Il l'engage et regagne avec elle son palais.

Le second acte s'ouvre par un divertissement. On voit M. Yasaki Wurin, qui, travesti en femme, interprète un rôle de folle dans une sorte de pantomine trottinante. La folle joue de l'évantail, elle feint d'être égarée. Elle pleure et s'agenouille au pied des arbres, et se relève sans bruit et fait mille petits jeux silencieux. Elle est enveloppée d'une robe épaisse qui traîne sur les talons. Elle a un visage étrange avec des joues plates et blanches comme des gâteaux de farine et deux points roses aux pommettes... Yoriié reparaît bientôt, en compagnie de

Katsura. Elle laisse paraître dans ses regards tous les bonheurs du ciel. C'est un duo d'amour où l'on parle des fleurs de lotus et de la joie d'être au monde... La tragédie va venir. Un coup de tonnerre l'annonce. Les ennemis du prince cernent le palais. Les voici se glissant parmi les buissons, tandis que les éclairs sillonnent la vallée en papier peint.

Au dernier tableau, enfin, longue et traditionnelle agonie de l'héroïne. Pour sauver le maître, Katsura a pris son apparence en se servant du fameux masque. Elle a été frappée de mille coups. Elle vient expirer chez son père. Elle exprime avec abondance la félicité de son cœur. Elle connaît tout à coup la vanité du sacrifice. Le prince est mort dans la bataille. Elle ira donc le rejoindre au royaume des ombres. Yashaô dans le même moment découvre la raison de ses propres angoisses. En sculptant le visage du prince, ses doigts pressentaient malgré lui cette fatale issue. Tandis que sa fille rend l'âme avec un sourire d'extase, il saisit fébrilement ses pinceaux pour fixer à jamais cette tendre et sublime image.

Il y a une certaine grandeur simple dans le dénouement, une poésie dont on pressent la fine qualité, un art plein de stylisations naïves et de simplicité savante. Le ralentissement de tous les mouvements provoque d'abord quelque lassitude, mais donne finalement à l'ensemble une grâce particulière.

La mise en scène, je vous l'ai dit, est une perfection. M. Gémier tient le rôle de Yashaô. Il montre une science achevée de l'attitude et de la composition. Il accentue trop, à notre gré la psalmodie du texte. Mais il ne fait en cela que suivre avec scrupule la tradition des interprètes japonais. Mme Berendt joue dans un sentiment excellent l'héroïne sacrifiée. MM. Robert Got, Richard Wilm, Jiro, Mmes Cavé et Laugier apportent le meilleur concours à cette entreprise délicate.

Pierre Brisson.

AU STUDIO DES CHAMPS-ÉLYSÉES

M. Gaston Baty avait gracieusement mis à la disposition des congressistes, des places leur permettant d'assister à une représentation de *Maya*, la belle pièce de M. Gantillon.

M. Silvio d'Amico, l'éminent critique de la *Tribuna*, a consacré à cette soirée, l'article suivant :

De la *Tribuna*, 7 juillet 1927 :

Gaston Baty, metteur en scène de style moderne, jeune, intelligent et mû par des intentions qui, peut-être, ne sont pas toutes d'ordre esthétique, chef d'une croisade contre la routine des théâtres boulevardiers (et, au Congrès, promoteur d'idées contestables dont nous nous occuperons un autre jour), a invité les congressistes à voir comment il a remis en scène cette *Maya* de Gantillon qui, il y a environ trois ans, n'avait pas beaucoup ému les Parisiens, tandis que maintenant, dans sa nouvelle édition, elle attire chaque soir un public plus friand et plus sensible dans la petite salle du Studio de l'avenue Montaigne.

Il est possible que cette Maya qui apparaît à première vue et même, à certains égards, après réflexion, comme la dernière création de l'art contemporain fasse penser à Zola, à Maupassant, au Théâtre Libre et à ce Girotondo de Schnitzler que Bragaglia nous a présenté il y a un an aux *Indépendants*. Souvenons-nous de ce qu'a dit le poète : — Chacun voit ce qu'il veut dans un fait ; mais le fait est autre chose.

Il s'agit d'un cycle de petits tableaux qui ont pour centre une maison de plaisirs de bas étage, dans une atroce ruelle de filles galantes, au milieu des bas-fonds du port de Marseille. Mais la succession âprement naturaliste des clients de Bella, la fille publique, déroule un leit-motiv lyrique qui n'est autre que celui-ci : la courtisane est une forme inerte, où chaque homme en passant infuse son esprit, c'est une matière à laquelle chacun donne le visage et l'âme qu'il veut, que chacun crée à nouveau, d'après son propre sentiment. (Comme vous le voyez, ici encore, triomphe la célèbre doctrine du relativisme.)

Cela commence par une espèce de rapide prologue entre deux personnages symboliques, le navigateur qui débarque et la fille qui l'accueille, prologue en prose, mais où se témoignent une emphase grandiloquente et des procédés de rhétorique qui rappellent certains alexandrins de Victor Hugo. On passe ensuite au cinématographe des mâles en quête du baiser. Voici l'ouvrier dégradé qui ne cherche que l'assouvissement physique. Voici l'homme qu'une femme qu'il n'a jamais possédée a rendu fou et qui rêve de satisfaire son désir avec Bella ; voici le septentrional qui dans les câlineries et, par moments, dans la quasi-maternité de la prostituée, retrouve quelque chose de son pays lointain, de la tiédeur du foyer et même des pures intimités familiales. Voici l'artiste qui se contente de demander à la courtisane un prétexte à des lignes et à des couleurs. Mentionnons encore le soutier, éternellement enseveli vivant dans le charbon et qui, aux genoux de Bella, se lamente sur sa captivité ; le vagabond qui croit reconnaître en elle une créature aimée et depuis longtemps perdue ; enfin, l'homme de couleur magiquement débarqué de l'Inde, qui revoit en cette femme, *Maya*, la changeante créature de l'illusion, et chante pour elle l'invocation à la danseuse céleste Apsara, vase de volupté.

Mais soit grâce au poète, soit grâce à Baty, soit grâce à tous les deux, dans la turpitude de toute cette luxure, passe vraiment un souffle de tragédie humaine, qui n'est pas l'effet d'une simple reproduction réaliste.

Chacun des neuf tableaux se compose de deux parties, dont la première se passe devant un décor qui représente le port de Marseille, la seconde, dans la chambre de Bella. Ce sont les allées et venues des hommes, c'est la fangeuse représentation de la vie des courtisanes. Par une sorte de « compénétration des plans », l'histoire de Bella s'entrecroise avec celle de Fifine, petite jeune fille à son premier amour, et par moments aussi avec la rapide apparition d'une vieille matrone, « Notre-Mère » : Fifine, Bella, Notre-Mère, trois moments d'une seule vie et d'une seule femme.

Composé aux trois quarts de détails répugnants et immondes qui semblent tirer l'intérêt en tous sens, ce spectacle a pourtant une profonde unité et un charme amer.

Acteurs et actrices, groupés dans un ensemble excellent, traduisent l'œuvre, tableau par tableau, avec une vivante cohésion. C'est un peuple d'âmes nocturnes, dominées par le visage de Bella (Marguerite Jamois) et dont le défilé se termine par le délire de l'Indien, auquel un homme de couleur authentique, Benglia, donne des accents d'une sauvagerie mystérieuse.

La seule faute de Baty dans la mise en scène de ce drame, c'est peut-être qu'il l'a un peu trop enfermé dans une chambre ; il n'a pas assez profité de la vaste mer (le décor du port de Toulon, par trop stylisé, n'a aucun pouvoir suggestif). Il eût fallu faire voir l'illusion dolente de toute une humanité misérable, abordant de tous les rivages vers la chair de Bella. Mais cette suggestion nous est donnée avec un barbare exotisme par les chants de l'Indien qui, à la dernière scène, projette d'un coup sur toute l'œuvre la lumière et la voix d'une désolation universelle.

SILVIO D'AMICO.

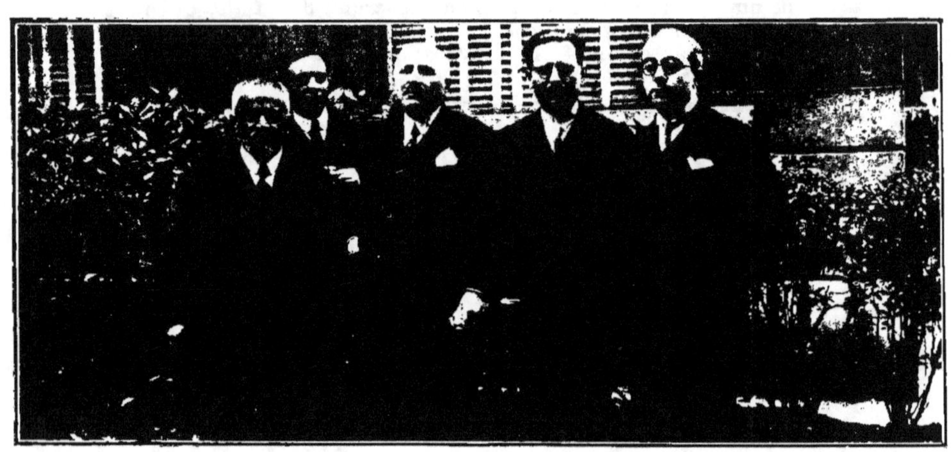

DÉLÉGATION HELLÉNIQUE — De gauche à droite : MM. VOCOS, PETROCO-CHINO, ARAMIS, PÉRITOS et POXIRIDY.

DEUX LETTRES
DE ROBERT BLUM

Du *Wiener Tageblatt*, 23 juin.

LE FESTIVAL INTERNATIONAL DU THÉÂTRE

Paris, 20 juin.

Après avoir vaincu bien des difficultés, Firmin Gémier a réussi dans son entreprise : le Festival International du Théâtre a lieu actuellement.

Il était bien difficile de choisir la nation qui serait susceptible d'organiser la soirée inaugurale. Finalement, c'est au Danemark qu'échut cette noble tâche. L'ouverture du Festival a donc eu lieu le 10 juin en présence du Président de la République. La troupe du Théâtre Royal de Copenhague interpréta devant un public d'élite « *Erasmus Montanus* » la comédie de Ludwig Holberg.

Les soirées suivantes furent consacrées aux théâtres russe, hollandais et anglais.

Le tragédien Louis de Vriès qui est aussi fort connu à Vienne, obtint un grand succès avec *Ghetto* de Herman Heyermans.

Une soirée brillante fut celle que l'on consacra aux danses espagnoles de la danseuse Argentina. Cette étoile fut découverte à Paris ; son talent, sa renommée et aussi ses cachets ont atteint des hauteurs imprévues par le temps qui court. Cette artiste, avec son rire tantôt innocent, tantôt provocant, dégage un charme érotique incroyable. Sur sa figure chatoient toutes les nuances de ses sentiments. Elle possède un brio remarquable dans ses mouvements ; tout son corps respire une sensualité diabolique et exquise qui fascine le public et déchaîne des tempêtes d'applaudissements.

La danseuse Argentina, c'est la Patti de la danse.

Son passage triomphal constitue un véritable événement artistique.

Aujourd'hui commencent les représentations anglaises avec *Sainte-Jeanne*, de Bernard Shaw.

Vers la fin juin, une troupe viennoise devait venir. Moïssi y avait été invité par Firmin Gémier. Hélas ! il semble hésiter à accepter cette invitation ; il y a lieu de le regretter. Les Viennois attendaient avec impatience un succès à Paris.

Malgré la température élevée et malgré que la saison soit avancée, les Parisiens ont voulu montrer leur enthousiasme pour l'idée d'un art théâtral international et ils viennent en masse aux Théâtres des Champs-Elysées.

11

Il est d'autant plus regrettable de ne pas voir les **Viennois** qui sont sympathiques au public parisien. Leur absence crée un vide sensible dans le Festival International.

Du *Wiener Tageblatt*, 1ᵉʳ juillet.

On sait que Bernard Shaw a écrit sa « Sainte-Jeanne » spé-. cialement pour la grande tragédienne anglaise Miss Sybil Thorndike qui est une célébrité mondiale.

Après de longs pourparlers, Gémier a enfin réussi à décider cette grande artiste et sa compagnie à venir donner des représentations au cours du Festival et ce, pendant une semaine.

La première de ces représentations a eu lieu au Grand Théâtre des Champs-Elysées et le succès fut extraordinaire. Les Parisiens fêtèrent Miss Sybil Thorndike d'une façon merveilleuse. A la fin de la représentation, elle fut littéralement couverte de fleurs. Devant cette réception, la grande comédienne versa des larmes de joie.

Sainte-Jeanne de Shaw est une pièce de bravoure : c'est de l'excellent théâtre. Miss Thorndike joue avec une audace tragique le rôle de cette héroïne. Elle conquiert le public ; elle l'enthousiasme. Elle évite les exagérations. Les artistes qui l'entourent sont excellents. Les costumes sont d'un beau style et d'une belle couleur. La mise en scène de Lewis T. Casson et la musique de John Foulds sont remarquables.

Après les représentations du Théâtre Populaire Flamand qui joue avec succès la tragédie de Joost Van Den Vondel, *Lucifer* (1654) avec une interprétation et une mise en scène tout à fait modernes, le Festival donne comme pièce de clôture *Le Masque* de MM. Albert Keim et Albert Maybon, d'après le drame japonais de Kido Okamoto, traduction de MM. Kuni Matsuo et Steinilber Oberlin, musique de scène de M. André Mauprey et André Cadou.

M. Gémier qui créa le rôle principal et ses artistes de l'Odéon firent preuve d'un remarquable talent d'interprétation. Ils n'étaient non point des artistes français, mais vraiment de grands acteurs japonais. L'expression, les gestes, la manière de parler, tout était rigoureusement observé. La pièce elle-même est d'un poète japonais Kido Okamoto, encore vivant. Elle intéresse et elle réussira certainement sur les scènes allemandes.

Une garden-party organisée par le ministre Edouard Herriot dans les jardins de la fondation Rothschild, clôtura dignement le Festival et le Congrès du Théâtre. Tout-Paris et les membres du Congrès y assistaient.

On avait mis beaucoup d'espoirs en ce Congrès International du Théâtre et l'on peut dire qu'ils n'ont point été déçus.

C'est un merveilleux prologue de succès pour les événements futurs de l'Art dramatique qui peut désormais inscrire sur son tableaux les beaux mots suivants : « Rapprochement des peuples »

VUE D'ENSEMBLE

L'extrait suivant de l'*Impartial Français* signale l'intérêt que les congressistes ont pris aux représentations françaises données pendant la durée du Congrès. 28 juin :

Au moment où notre théâtre fait, en Angleterre notamment, l'objet de discussions passionnées, une demi-heure de conversation avec tel grand critique étranger jette un jour bien instructif sur l'origine de certains malentendus qui ne sont pas toujours d'ordre exclusivement esthétique. Quoi qu'en puisse penser M. Vautel, le meilleur moyen d'être « international, mondial et humain » (ce qui est tout à fait farce, n'est-ce pas, monsieur Gaudissart ?) c'est de ne pas ignorer tout à fait qu'il existe d'autres nations que la nôtre.

Rien n'est donc plus précieux et plus intéressant que de connaître l'opinion d'étrangers compétents sur la qualité de nos spectacles actuels. Les réponses que m'ont faites à ce sujet quelques congressistes ont pleinement confirmé ce que je savais et ce que savent tous ceux à qui l'avis du public international éclairé n'est pas indifférent. On admire beaucoup la jeune troupe de la Comédie-Française et certains des récents essais de mise en scène rajeunie (*Lorenzaccio, A quoi rêvent les jeunes filles*); on s'attriste de voir les sociétaires chevronnés conserver pieusement sous le nom de *traditions* des routines absurdes léguées par des cabotins sans intelligence à d'autres cabotins sans personnalité et s'y attacher comme le lierre à de lamentables ruines; on regrette que des talents charmants se galvaudent à insuffler quelque vie à des inepties issues d'inavouables combines, mais surtout on comprend, on aime, on suit avec le plus sympathique intérêt les tentatives de nos jeunes auteurs, chez qui on trouve tant de riches promesses et, souvent déjà, de talent et de maîtrise : *Maya* a conquis les congressistes, autant par sa puissance réaliste et symbolique que par son ingénieuse mise en scène; le théâtre de M. Lenormand est certainement mieux connu et plus apprécié à l'étranger que chez nous. Il est à noter, d'ailleurs, que la critique, qui ricane au lieu d'essayer de comprendre, étant plus influente chez nous qu'ailleurs, nos novateurs en littérature, en peinture et en musique ont été régulièrement admirés hors de France plus tôt que dans notre pays. Comme jugements de détail, j'ai retenu que Gémier paraissait, dans Shylock, au moins égal à Ermete Novelli; j'ai entendu déplorer que les Pitoëff jouent des pièces si inégales dans un théâtre si sale (en cherchant bien, entre le boulevard Bonne-Nouvelle et la place de la République, on trouverait peut-être plus sale encore).

Claude BERTHELANGE.

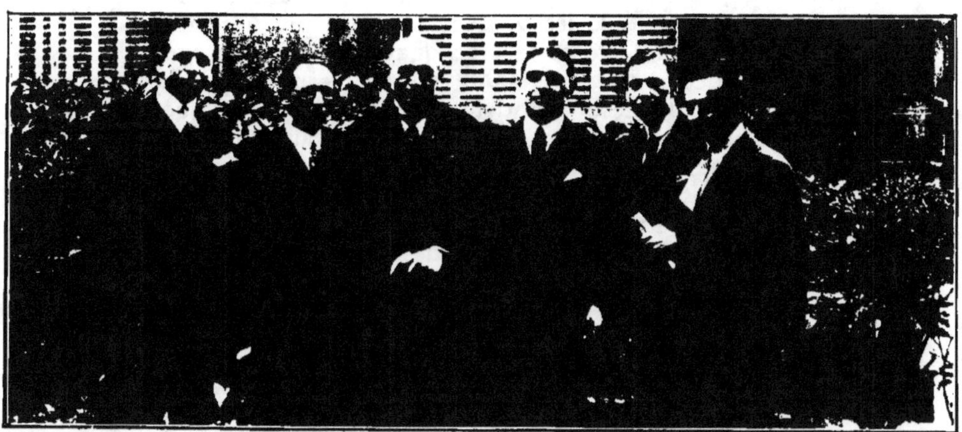

DÉLÉGATION HONGROISE

De gauche à droite : MM. WERTHEIMER, MEDGYES, GÉMIER, ADRIEN STELLA, ANDERSEN, AIGNER.

EXPOSITION DE LA SOCIÉTÉ UNIVERSELLE DU THÉATRE DE MAQUETTES DE DÉCORS ET COSTUMES MODERNES

Cette exposition a été organisée par M. René Chavance, le critique d'art bien connu, avec une compétence à laquelle tous les visiteurs se sont plu à rendre hommage. Elle a été divisée en quatre grandes catégories : le décor réaliste, établi suivant le principe du trompe-l'œil, le décor coloriste et le décor synthétique. Il y avait de plus une section belge. Dans un petit espace cette manifestation artistique fournissait une documentation très précise sur l'évolution du décor depuis une trentaine d'années.

M. Chavance rend compte ci-dessous des principaux envois:

L'ART PLASTIQUE AU THEATRE

Je voudrais dire un mot d'une exposition qui m'intéresse à plus d'un titre. Elle accompagne, au foyer du Théâtre des Champs-Elysées, les spectacles du Festival international, organisé par la Société Universelle du Théâtre.

Les maquettes de décors et de costumes qu'elle contient tendent à évoquer l'histoire de la mise en scène en France, dans ses recherches plastiques, pendant ces vingt-cinq ou trente dernières années. Encore que tout classement par catégories soit assez arbitraire, on a cru devoir adopter, dans une intention didactique, trois divisions qui résument assez clairement cette évolution.

Partant des remarquables réalisations du Théâtre Libre et du Théâtre Antoine, le décor réaliste commence la série. Les spécimens en sont malheureusement difficiles à retrouver. Néanmoins, quelques pittoresques ensembles de costumes de M. Ibels, des décors ingénieux de M. Emile Bertin et de M. André Boll caractérisent avec bonheur cette conception qui vise principalement à faire véridique.

Mais il est des conventions au théâtre qu'on ne peut supprimer. D'ailleurs certains spectacles se prêtent mal au réalisme. Ces raisons et aussi l'inévitable besoin de réaction favorisèrent le décor coloriste où les peintres se livrèrent à toute leur fantaisie et qui triompha aux Ballets russes et sur les scènes dirigées par M. Jacques Rouché.

La généreuse participation des artistes, des collectionneurs et des directeurs a permis de former une importante réunion des maquettes de ce groupe qui sont de précieuses œuvres d'art. Presque tous les tenants de cette formule séduisante s'y trouvent réunis, à commencer par M. René Piot et M. Maurice Denis qui furent à l'origine du mouvement ; M. Alexandre Benois, le grand décorateur des premiers ballets russes avec Bakst ; M. Maxime Dethomas, M. Dresa, M. Valdo Barbey, qui travaillèrent pour M. Rouché ; M. Granval auquel on doit les récentes mises en scène de la Comédie-Française ; les peintres des Ballets suédois, Steinlen, M. Laprade, M. Fernand Léger, M. Jean Hugo, M. Foujita, Mlle Hélène Perdriat, Mlle Irène Lagut, M. André Hellé, et, pour d'autres spectacles, M. Braque et Mme Marie Laurencin, M. Xavier de Courville, Mme Olga Schoumansky, M. Boris Metchersky, M. Adrien Holy, M. Simon Lissim et M. Ladislas Medgyes.

Ces ouvrages délicats et pleins de verve sont une joie pour les yeux. Certains hommes de théâtre se plaignent même que, dans un spectacle, ils accaparent l'intérêt à leur profit. D'où une nouvelle réaction qui prétendit donner à l'élément plastique une place plus modeste et suscita le décor réaliste ou constructif, destiné à mettre le jeu des comédiens en valeur ou, mieux, à créer une atmosphère à l'action. De ce dernier effort quelques bons témoignages nous sont offerts par M. Gaston Baty, M. Louis Jouvet, M. Walter-René Fuerst et Mme Vera Idelson.

Une importante section belge, le groupe des techniciens de la Société nationale belge du Théâtre, nous montre une suite de recherches parallèles réalisées par de bons artistes, comme M. James Thiriar, M. Fernand Scoufflaire, M. Jean Delescluze, M. Pierre Flouquet, M. Vasari, M. L. Beaugniet, M. J.-J. Gailliart, M. Karel Maes, M. Jean Van der Borght. Et le théâtre populaire flamand avec M. René Moulaert, M. Johan de Meester et M. Gérard Rutten, les plus audacieusement novateurs.

Il serait souhaitable que le public, trop indifférent d'habitude à cet élément, indispensable du spectacle qu'est la réalisation plastique, fût incité par cet ensemble à s'y intéresser davantage.

René CHAVANCE.

Réceptions

LA SOIRÉE DU 11 JUIN
à la Légation de Danemark

Pour fêter les artistes du Théâtre royal de Copenhague qui ont inauguré, le vendredi 10 juin, le festival international au théâtre des Champs-Élysées, S. Exc. le ministre de Danemark a donné, le samedi 11 juin, dans son hôtel, une soirée au cours de laquelle quelques artistes français et danois se sont fait entendre: Mme Robine, sociétaire de la Comédie-Française, a dit des poésies; M. Allard, de l'Opéra-Comique, a interprété des chansons de Bruno et Erlanger; MM. Johannès Poulsen et Gabrielsen, tous deux du Théâtre royal, ont dit des poésies et chanté quelques chansons populaires, et enfin Mme Ulla Poulsen, première danseuse du Théâtre royal, a dansé avec une grâce infinie, une gavotte de Louis Ganne et une danse paysanne danoise. Dans l'assistance: le comte Ehrensward, ministre de Suède; M. Enckell, ministre de Finlande; M. Andvord, chargé d'affaires de Norvège; M. et Mme Sjœsted, M. Rouché, directeur de l'Opéra; M. Gabriel Astruc, le vicomte de Fontenay, ambassadeur de France ; le ministre de France et Mme Jean Fabre ; le lieutenant-colonel Gad, attaché militaire de Finlande ; M. Steffens, M. Prior, consul général de Danemark ; MM. Gémier et Abram, directeurs du théâtre de l'Odéon ; M. et Mme Honnorat, M. Arquillière, M. Alfred Christensen, président du Comité danois à Paris ; Blondot, administrateur du théâtre de l'Opéra ; M. et Mme Raymond Charpentier, M. Paul Gsell, M. et Mme La Chesnais, M. Baldensperger, professeur à la Sorbonne ; M. et Mme Saint-Brice, une grande partie des artistes danois actuellement à Paris, ainsi que toute la troupe de Copenhague avec M. Norrie, directeur, et Mme Norrie; le personnel de la légation, etc.

La fête fut charmante et la S. U. D. T. se doit de remercier vivement M. le Ministre du Danemark d'avoir composé un aussi agréable prélude au Congrès International du Théâtre.

LE BANQUET
DU 22 JUIN 1927
SALLE HOCHE

Sous la présidence de Monsieur
le Ministre de l'Instruction
Publique et des Beaux-Arts

Etaient présents :

MM. Edouard HERRIOT, Ministre de l'Instruction Publique; LASKINE, représentant le Ministre du Commerce; DOUARCHE, représentant le ministre du Travail; DE SOUZA-DANTAS, Ambassadeur du Brésil; LOUDON, Ministre des Pays-Bas; CORNEJO, Ministre du Pérou; le comte EHRENSVAERD, Ministre de Suède; Helge WAMBERG, représentant le Ministre du Danemark; KAWAI, représentant l'Ambassadeur du Japon; LASOCKI, représentant le Ministre de Pologne; Paulo OSORIO, représentant le Ministre du Portugal; Julien LUCHAIRE, Directeur de l'Institut International de Coopération Intellectuelle; Paul ABRAM, Paul ACHARD, André ADORJAN, AFRIGAN, ALDANOW, André ALLARD, Gabriel ALPHAUD, Silvio D'AMICO, Denys AMIEL, Lawrence ANDERSON, ARAMIS, Mme ARMANDY, MM. ARQUILLIÈRE, BALINOW DE VILLEROSE, Gaston BATY, Félix BAUMBACH, Jean-Jacques BERNARD, Tristan BERNARD, Paul BLOCK, BLUYSEN, BOLLAERT, Gabriel BOISSY, Marcel BOUTET, Mme Marcelle BRECHON, MM. BREMOND-PHILBÉE, André CADOU, Alexys CAILLE, Lewis T. CASSON, CAURIER, Gustave CHARPENTIER, René CHAVANCE, Henri CLERC, COHU, COUDY, CUNINGHAM, DANA, Mme Renée DESTANGES, M. DHALIN, Mme Sophia DIMONTE, MM. DMITRIEFF, Albert DOYEN, Ashley DUKES, Robert EISLER, Edmond FLEG, Armand FOREST, Alfred FOURTIER, Alphonse FRANCK, GASTHONS, Robert GASTOU, Raymond GENTY, Lucien GLEIZE, GOLDSCHMIDT, Paul GORDEAUX, Henri DE GORSSE, Gabriel DE GRAVONNE, Paul GSELL, GUILLAUME, HANSING, Walter HASENCLEVER, DE LA HAYES, HIGNETT, HIRCHMANN, Mme S. HOLMES, MM. HORTON, ICONNICOFF, M. et Mme KEALY, MM. KIRKEBY, Van KORLAAR, KRAINIK, LEAHY, M. et Mme Roger LE BON, MM. H.-R. LENORMAND, LEONHARD, LEVINSON, Van LOON, Paulo DE MAGALHAES, MAKCEV, M. et Mme André MAUPREY, MM. MECKEL, MEDGYES, Charles MÉRÉ, André Messager, Moncharmont, Moreau-Vauthier, Palermi, Paty, Mme Paulette Pax, MM. Perney, Petrocochino, Piault, Robert Pizani, Poniridy, Maurice Potttecher, Léo Pouget, J. R. Quignon, Radiguer, Gustav Rickelt, Ripault, André Rivoire, Rolf de Maré, Rosen, Jacques Rouché, Edmond Roze, Chéou Kang Sie, Siégel, Werner Sinn, William Léon Smyser, Jonel Stark, Adrien Stella, Surahwardy, Abel Tarride, Miss Sybil Thorndike, MM. Russell Thorndike, Georges G. Toudouze, Touzaa, Mlle Valot, M. Stephen Valot, Mme Marie Valsamacki, MM. Adrien Vély, Mme Vidal, MM. Paul Vidal, Louis de Vries, Hans Waag, Raymond Weiss, Elemer Wertheimer, Winston, Alfred Wormser.

M. Gémier donne lecture des excuses.

S'étaient excusés :

MM. l'Ambassadeur de Belgique ; l'Ambassadeur des Etats-Unis d'Amérique ; l'Ambassadeur d'Italie ; l'Ambassadeur de Grande-Bretagne ; l'Ambassadeur d'Allemagne ; le Ministre de Norvège ; le Ministre de Tchécoslovaquie ; le Ministre de la République Argentine ; le Ministre de Hongrie ; le Ministre d'Autriche ; le Ministre de l'Intérieur ; le Ministre de la Guerre ; le Ministre du Commerce ; M. Pierre Appell ; M. Philippe Berthelot ; M. Léon Bailby ; M. Bourbon ; M. Dethomas ; M. Robert de Flers ; M. Landowski ; M. Julien Poirier ; M. Rabaud ; M. Paul Reboux ; M. Louis Schneider ; M. Pierre Veber ; M. Weiss.

Puis M. Gémier prononça l'allocution suivante :

Au nom de l'Union Française de la S.U.D.T. et au nom des délégués venus au Congrès, je remercie les ambassadeurs et les ministres des nations représentées ici qui ont bien voulu se joindre à M. Edouard Herriot, notre ministre à *nous*, écrivains, artistes et artisans du Théâtre, notre président, qui représente si hautement la culture française.

Ne serait-ce pas vous offenser que vous présenter M. Edouard Henriot dont vous n'ignorez plus les sentiments d'artiste puisque vous avez encore en la mémoire ses récents et admirables discours de Vienne et de Francfort. Ce grand démocrate, cet homme d'Etat n'ignore pas que le beau Théâtre développe chez la foule le goût de la science et de la vérité que le peuple a droit aux mêmes joies que les élites et qu'il est dangereux de maintenir les hommes sous un ciel sans étoiles.

Je ne voudrais pas que ce banquet vous laissât un banal souvenir.

Pour la première fois, vous voyez autour de ces tables, cordialement réunis, des représentants de toutes les corporations dramatiques. C'est la première fois que des professionnels, qui ne s'accordent pas toujours, auteurs et critiques, directeurs et comédiens, metteurs en scène et techniciens du théâtre, sont venus de toutes les nations pour prendre place ensemble autour d'un repas fraternel. Ils ont oublié les légers dissentiments, les minimes froissements qui les séparent quelquefois, et les voici conversant aimablement, la fourchette et le verre en main.

Ce petit miracle, c'est la *Société Universelle du Théâtre* qui vient de l'accomplir. A ce déjeuner symbolique elle réalise l'union si longtemps désirée de la grande famille dramatique.

N'avons-nous pas le droit d'en être fiers tous ensemble?

Jusqu'à présent, chacune de nos corporations se tenait un peu jalousement isolée des autres. Chacune d'elles veillait sans doute avec beaucoup d'activité, beaucoup de dévouement à ses intérêts particuliers; chacune s'efforçait aussi de bien servir la gloire du théâtre. Et même, de très puissantes Fédérations internationales se sont formées. C'est, d'une part, la Fédération Internationale des Auteurs. dont l'animateur fut André Rivoire, aujourd'hui vice-président de cette Fédération. C'est l'Internationale des Auteurs, fondée par l'initiative de nos amis Rikelt et Wallauer, tous deux présidents de l'Association des Acteurs Allemands et dont Rickelt ici présent est président.

Notre ami Ginisty, président de la Critique Française, vous dira que, grâce à son activité, les critiques se réunissent périodiquement en Congrès internationaux. Ces diverses associations sont très utiles, très prospères, très dignes de la reconnaissance de tous.

Mais chacun de ces groupements était celui d'une profession unique. Il fallait donc créer un lien interprofessionnel, afin de faciliter leurs travaux sur une foule de questions. C'est le but de notre Société : Créer des relations interprofessionnelles aussi bien qu'internationales.

Est-ce qu'une pièce peut vivre sans la collaboration de tous nos arts et celle de tous nos métiers ? Le progrès accompli dans une profession doit aider au progrès des autres métiers, car, enfin, le théâtre est une œuvre éminemment collective. Il n'y a pas de pièce, il n'y a pas d'opéra sans la collaboration de beaucoup d'intelligences diverses, de beaucoup de bonnes volontés. De l'auteur au plus humble machiniste, il faut que tout le monde concoure au spectacle avec une égale passion.

Eh bien ! tous ces hommes qui doivent travailler ensemble, n'ont-ils pas besoin de se connaître, de se parler, de s'entendre pour discuter leurs intérêts matériels et les intérêts supérieurs de notre art ?

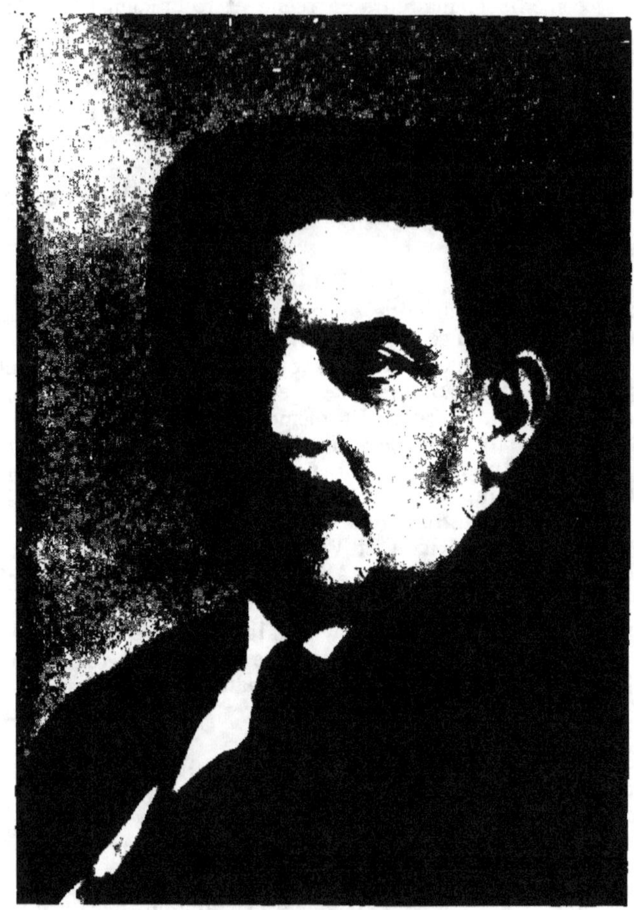

M. EDOUARD HERRIOT

Ancien Président du Conseil des Ministres,
Ancien Président de la Chambre des Députés
Ministre de l'Instruction Publique et des
Beaux-Arts, qui présida le Banquet du 22 Juin

Cela ne fait pas le moindre doute et c'est de cette évidence qu'est née notre *Société Universelle du Théâtre*.

La nécessité de concerter les efforts de tous les professionnels du théâtre, elle est en ce moment démontrée chaque jour aux séances de notre Congrès. C'est parce que des esprits très divers, des capacités très variées y participent qu'elles offrent tant d'intérêt. C'est parce que toute la famille dramatique et lyrique est là qu'il se fait une besogne prompte et efficace.

Et dans cette famille du théâtre, ceux que je désire surtout honorer aujourd'hui, ce sont nos hôtes, nos frères du dehors, ceux que je refuse d'appeler des étrangers.

Je tiens à saluer tout d'abord Mistress Sybil Thorndike; je veux la remercier, elle, son mari, M. Casson, ses collaborateurs, pour les très belles représentations de *Sainte Jeanne*. Je connais Mistress Thorndike, sa vaillance, sa générosité. C'est une grande artiste, autant par le cœur que par l'intelligence. Comme elle fut heureusement inspirée de venir en France sous les traits de notre vaillante Lorraine !

Nous gardons le souvenir des exemples donnés par le Théâtre Royal de Copenhague, les ballets russes, les Venturers, la Compagnie Hollandaise, le Théâtre Flamand, et nous saluons avec celle de Sybil Thorndike les grandes figures du Festival : Johannes Poulsen, Horowitz, Stravinsky, De Vriès, Argentina. C'est grâce à eux, c'est grâce à leurs collaborateurs et à tous ceux qui sont ici pour coopérer avec nous, que nous pouvons rêver dès maintenant de faire du théâtre ce qu'il doit être : la cathédrale spirituelle des temps modernes.

Oui, la tâche qui s'impose à nous tous, serviteurs de la pensée, c'est de construire ensemble l'édifice qui doit représenter l'idéal humain d'aujourd'hui.

J'ai entendu dire que le grand lettré qui préside ce déjeuner, Edouard Herriot, préparait un nouveau livre, plein de générosité et qu'il intitulera *L'Ethique sociale*. Voilà pour nous tous un exemple que nous devons suivre : c'est à nous tous, c'est surtout aux hommes de théâtre, d'indiquer à la société moderne, aux générations de demain, les vérités qu'elles doivent glorifier.

C'est à nous d'élever une cathédrale plus solide, plus haute, plus fière encore que les sanctuaires de granit bâtis par nos aïeux ; car la nôtre ne connaîtra plus le poids de la matière, elle sera tout esprit.

Mettons-nous donc à la tâche, depuis les maîtres d'œuvre jusqu'aux plus modestes compagnons et que chaque nation dresse dans l'immense monument la chapelle de son génie. Ce qui donnera à toute cette architecture son unité, son harmonie et sa lumière, c'est qu'elle sera placée sous les deux vocables les plus augustes : la Sagesse et la Paix.

Je lève mon verre à notre Président, M. le Ministre de l'Instruction Publique, à nos hôtes, à la gloire de cet art, qui, chaque jour, à chaque heure, nous cause tant de peines et tant de joie : au Théâtre. (*Vifs applaudissements.*)

M. Herriot lui répondit par le discours suivant :

LE DISCOURS PRONONCÉ PAR M. LE PRÉSIDENT EDOUARD HERRIOT
Ministre de l'Instruction Publique et des Beaux-Arts

Mesdames, Messieurs,

Je vous remercie de votre accueil si cordial et pour moi si touchant et je voudrais en quelques mots bien simples, mais bien sincères, vous dire la joie que j'éprouve à vous saluer au nom du Gouvernement de la République Française.

Lorsque M. Gémier qui est depuis longtemps mon ami et qui a été mon ami bien avant d'être mon collaborateur, m'a fait part de son idée de provoquer les réunions auxquelles nous assistons, j'ai tout de suite reconnu, pour ainsi dire, sa marque de fabrique.

Gémier est un homme dans l'esprit duquel les idées poussent tout naturellement comme les roses sur un rosier et, signe particulier, ce sont toujours des idées généreuses. Par bonheur pour lui, il n'a pas fait de politique, car il aurait été très malheureux, mais il peut m'être témoin de cette vérité que lorsqu'il m'a parlé de son idée nouvelle, car nous avons ensemble essayé et réalisé un certain nombre d'entreprises, j'y ai donné mon adhésion bien volontiers. (*Applaudissements.*)

C'est vous qui avez vivifié ce projet et nous voilà rassemblés pour en fêter le succès. A mon tour, au nom du Gouvernement que je représente, je salue les éminents et nombreux diplomates que je vois assis à cette table. C'est infiniment honorable pour cette assemblée et c'est un signe bien heureux des temps nouveaux de voir ces hommes, portant en eux les intérêts de leur pays, s'asseoir à ce modeste déjeuner. C'est une garantie de l'excellence des buts que nous poursuivons et sans pouvoir, sans vouloir détacher chacune de ces délégations étrangères, je les remercie toutes.

Vous savez combien la France, si elle a désiré maintenir sa

tradition dramatique, la développer, la nuancer selon les temps, vous savez combien la France a toujours été soucieuse également de connaître et de défendre la production dramatique des pays étrangers. Quelques-uns des grands auteurs de l'Europe et même de plus loin ont trouvé sur nos scènes des interprètes remarquables et devant nos scènes un public enthousiaste.

Ne pouvant rendre hommage à toutes les nations représentées ici, j'offre ces hommages comme une gerbe à la sensible et si intelligente artiste, Miss Thorndike. J'ai pu discerner tout ce qu'il y a d'ardeur et d'émotion dans son talent, dans sa vocation et chacun de nous a été touché qu'elle ait choisi les traits d'une jeune fille ingénue qui jadis a sauvé son pays parce qu'elle possédait les qualités qui font, je le crois, l'honneur de notre race et celles qui à toute époque donne son véritable charme à un être humain. (*Vifs applaudissements.*)

Excusez-moi d'avoir appliqué à une personne une courtoisie et une reconnaissance qui veulent s'étendre à vous tous et à vous toutes. Je dirai volontiers dans cette circonstance qui assemble les amis du théâtre de divers pays, ce que j'ai eu le plaisir de dire récemment à Francfort à propos de la musique : « Il faut créer un esprit international. Nous ne pouvons pas continuer à demeurer dans la servitude où nous sommes encore à l'égard de tous ces éléments matériels qui oppriment la culture et qui l'empêchent de se dégager. »

Il faut créer un esprit nouveau de paix, un esprit d'entente, un esprit de bonne volonté qui, après les grandes crises, les grandes douleurs que l'Europe vient de traverser, nous donne au moins la joie d'offrir à ceux qui nous succéderont, aux enfants qui en cet instant grandissent, une société plus sereine, plus paisible et des émotions moins dures à supporter que celles que nous avons connues. (*Applaudissements.*)

Il faut être passionné ; c'est le devoir de tout esprit noble d'essayer de dégager cette aurore et si elle n'est encore qu'à peine sensible, on la voit poindre pourtant à l'horizon encore bien chargé de nuit ; notre devoir est d'essayer tout ce que nous pouvons pour faire surgir cette humanité nouvelle.

Pour que l'art s'élève, il faut qu'il ait ses racines profondément plantées dans un sol national. C'est pour cela que, nous sommes fiers que vous soyez venus chez nous. Mais il faut aussi au théâtre, comme dans la musique, sentir que ceux-là seuls seront grands comme ceux-là seuls ont été grands qui, au-dessus des études de mœurs, au-dessus de ces épisodes où se noue une action dramatique comme une action comique, sauront faire entendre au public les grandes vérités comme les grandes lois où l'âme reconnaît l'accent qui la trouble, l'accent qui l'émeut (*Applaudissements.*)

Quand un Gœthe écrit son *Faust*, c'est une œuvre qui

troublera l'esprit de tous les hommes en quête de rêverie angoissée; quand Shakespeare écrit *Hamlet, Macbeth,* il s'élève au-dessus du terrain national. Laissez-moi croire qu'il en est de même pour nos écrivains nationaux.

Intéresser chacun au succès de l'œuvre commune, reproduire ce qui a été l'une des gloires du théâtre antique, ce fait que depuis le créateur de l'œuvre jusqu'au dernier des choristes et même jusqu'à l'homme obscur perdu dans la foule, chacun doit concourir à cette harmonie qu'est la pièce, cela est une trés grande œuvre et je vous remercie de l'avoir tentée.

Mais une œuvre de ce genre ne peut pas s'établir, ne peut pas devenir durable, vraiment vivante, sans qu'au début des hommes aient été à la peine. Je le sais bien, moi qui ai, comme vous le savez, travaillé pour la Paix. Ce n'est pas en un seul jour que l'on peut arriver à rassembler tant d'hommes, tant de pensées, tant d'intérêts, qui ont été longtemps divisés. Mais ce qui est beau, c'est de préparer l'avenir, de s'attaquer à la difficulté. Je salue dans votre œuvre, dans votre réunion, une belle aurore. *(Très bien!)*

Je ne suis ici qu'un ministre de passage qui vous donne le salut que d'autres vous donneront, mais je vous assure que dans les paroles que le ministre vous adresse, il y a surtout l'expression de la joie profonde de l'homme qui a consacré sa vie à l'étude de la culture humaine et qui se réjouit de voir germer, grâce à vos premiers efforts, les principes d'une vie nouvelle qui rendra plus tard, grâce au concours de notre France, très largement donné, une humanité plus riche d'éléments spirituels. *(Applaudissements.)*

Voilà de quoi tenter des courages comme les vôtres!

Aussi est-ce de tout mon cœur que je vous adresse mes remerciements pour votre accueil si aimable et mes vœux les plus ardents pour la réussite de votre fraternelle entreprise, qui intéresse l'ensemble de l'humanité que vous voulez, avec nous, essayer de relever et d'ennoblir. *(Longues acclamations.)*

Puis la parole passa à MM. Tristan Bernard, Rickelt et de Souza-Dantas.

La parole fut ensuite donnée à M. Luchaire, Directeur de l'Institut International de Coopération Intellectuelle qui s'exprima en ces termes :

Les organisateurs de cet aimable banquet ont exigé à l'improviste que le représentant de la Société des Nations prenne la parole devant vous. Vous reconnaîtrez avec moi que la Société des Nations ne devrait jamais rien faire à l'improviste. Du moins est-ce après mûre réflexion que l'Institut de

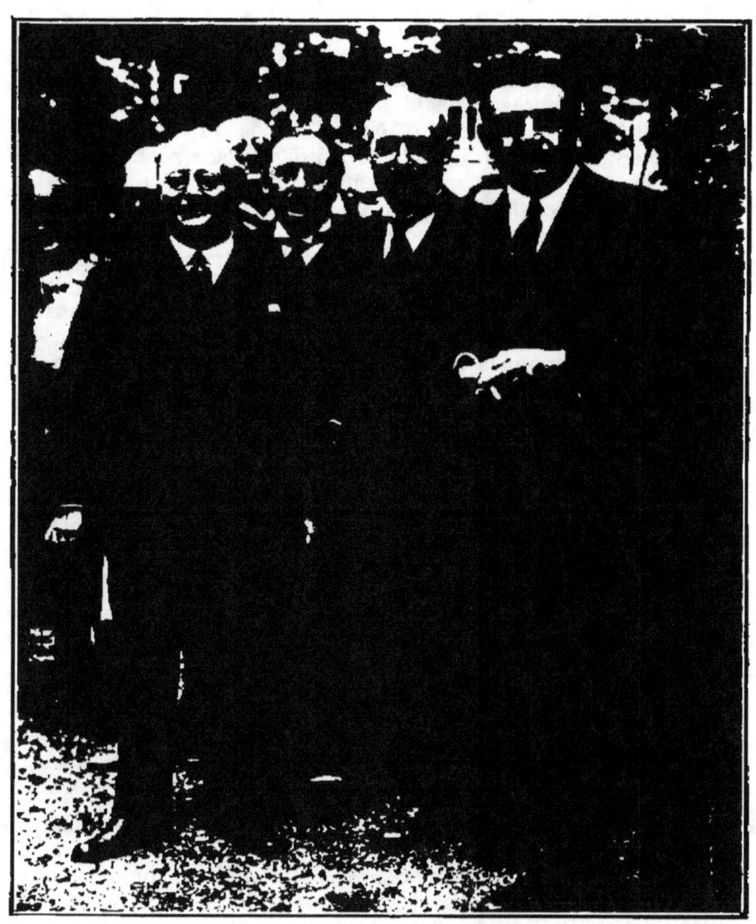

Photo G. Rero

A LA GARDEN - PARTY DE
LA FONDATION ROTHSCHILD
(25 Juin 1927)

M. EDOUARD HERRIOT
Ministre de l'Instruction Publique et des Beaux-Arts

A côté de lui (de droite à gauche), M. FIRMIN GÉMIER, le Tragédien Hollandais LOUIS DE VRIÈS et GUSTAV RICKELT, Président de la Buhnengenossenschaft et de l'Union Nationale Allemande du Théâtre.

Coopération intellectuelle a accordé l'hospitalité du Palais-Royal, et aux bureaux de la Société Universelle du Théâtre et à votre présent Congrès. Nous l'avons fait avec plein assentiment à vos efforts et pleine foi dans votre succès. Vous y êtes sur un territoire moralement et juridiquement international : cela me paraît être d'un heureux auspice pour la grandeur et la solidité de votre travail : vous l'avez certainement compris. Car votre but n'est pas seulement la défense de vos intérêts techniques et professionnels mais aussi le rapprochement des peuples. Les cœurs des artistes sont sans doute les mieux préparés aux attitudes généreuses. Dans l'œuvre que poursuit la Société des Nations vous pouvez prendre une part importante. Un homme comme Gémier n'est pas seulement un grand comédien, c'est un organisateur international, c'est un citoyen du monde. Le théâtre, représentation profonde de la vie, est le lieu où les grandes nouveautés humaines viennent chercher leur consécration. L'union des gens de théâtre du monde entier est symbolique et annonciatrice. C'est de tout cœur que je lève mon verre en son honneur. *(Applaudissements prolongés.)*

M. André Allard, vice-président de l'Union International des Acteurs, prononça ensuite les paroles suivantes :

> Monsieur le Ministre,
> Mesdames, Messieurs, mon cher Gémier,

Au nom du Conseil d'administration de l'Union des Artistes de langue française, je suis chargé de vous remercier des efforts que vous avez faits pour établir une alliance fraternelle entre tous les professionnels des théâtres du monde. Vous réussirez certainement car vous méritez de réussir ; outre votre intelligence, votre science du théâtre, vous possédez une ténacité et une énergie que vous savez mettre généreusement au service de vos camarades pour rehausser notre profession que vous honorez si grandement.

Nous sommes certains, nous tous, gens de théâtre, que vous suivez une seule politique : celle qui doit être utile au théâtre que nous aimons tant, et tous, nous vous saluons en vous félicitant de l'énergie et de l'esprit de continuité que vous avez apportés à la réussite de votre vaste projet. *(Vifs applaudissements.)*

LA RÉCEPTION DU 24 JUIN
à l'Institut de Coopération Intellectuelle

Une grande réception a été organisée le vendredi 24 juin, à 17 heures, à l'Institut International de Coopération intellectuelle.

M. Painlevé, ancien président du Conseil, président de l'Institut de Coopération Intellectuelle, ministre de la Guerre, la présidait, assisté de M. Luchaire, directeur de l'Institut de Coopération Intellectuelle.

Un thé fut offert, au cours duquel M. Paul Painlevé prononça le discours suivant :

LE DISCOURS PRONONCÉ PAR M. LE PRÉSIDENT PAUL PAINLEVÉ
Membre de l'Institut, Ministre de la Guerre, Président de l'Institut International de Coopération Intellectuelle

Mesdames, Messieurs,

Je suis heureux, comme président de l'Institut International de Coopération Intellectuelle, de vous souhaiter ici la bienvenue. Je suis heureux de vous féliciter tous et en particulier l'organisateur de cette réunion, des succès que vous venez de remporter.

Vous avez eu raison de dire tout à l'heure que la Pensée domine la force et la matière. Notre grand Pascal l'a dit : « Après la Pensée, l'univers entier ne compte pas ; car la Pensée le contient tout entier et par surcroît, elle se contient elle-même ; mais auprès de la Pensée tout entière, le moindre élan de charité l'emporte. »

Or quelle plus haute charité la Pensée peut-elle faire au monde que d'instituer la Paix entre les nations ? Mais pour assurer la Paix, il ne suffit pas de rédiger des traités, il ne suffit pas de signer des conventions internationales ; tout cela

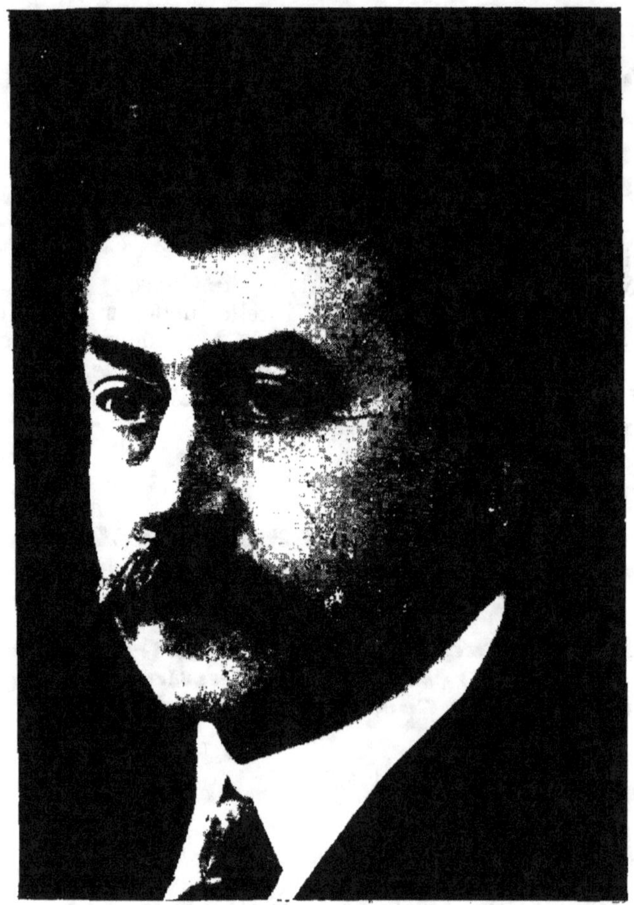

M. PAUL PAINLEVÉ

**Membre de l'Institut, Ancien Président du
Conseil des Ministres, Président de l'Institut
de Coopération Intellectuelle, Ministre de la
Guerre, qui présida la Réception du 24 Juin
à l'Institut de Coopération intellectuelle.**

serait lettre morte si l'on ne créait un état d'âme chez les peuples civilisés.

Les railleurs, naturellement, tournent souvent en dérision les espérances humanitaires. Ils ont tort. Il faut croire à un avenir meilleur. Il faut y croire pour qu'il se réalise. Ne nous lassons donc point de travailler à créer entre les peuples la confiance mutuelle et l'harmonie. Pour remplir cette tâche, le théâtre est plus qualifié qu'aucun autre art, qu'aucune autre force spirituelle; car le théâtre conquiert facilement toutes les âmes dans tous les pays; il persuade et touche sans effort.

Vous avez compris qu'il s'agissait de faire du théâtre un grand modèle d'enseignement. Il faut barrer la route aux entreprises commerciales qui déshonorent le théâtre. Le théâtre veut être digne de la mission qui lui est réservée.

Vous avez parfaitement senti d'ailleurs que pour vivre, les organisations internationales devaient être d'abord professionnelles. Voilà pourquoi, appartenant à toutes les corporations du théâtre, vous vous êtes réunis. Et vous avez donné à cette Association professionnelle une forme bien démocratique, puisqu'elle groupe fraternellement tous ceux qui se consacrent à l'art dramatique, depuis l'auteur et le metteur en scène jusqu'au machiniste.

Je suis sûr que la prospérité et le développement de votre œuvre correspondront à la générosité de son fondateur et je souhaite le plus bel avenir à la *Société Universelle du Théâtre. (Vifs applaudissements.)*

M. Rickelt, délégué de l'Allemagne, puis M. Gémier, répondirent au Président Painlevé et le remercièrent d'avoir bien voulu prouver par sa présence le vif intérêt qu'il porte à la Société Universelle du Théâtre.

De nombreuses personnalités de la Société des Nations, du Théâtre et du Cinéma assistaient à cette réception.

LA GARDEN-PARTY offerte par M. et Mme Edouard Herriot

(Samedi 25 Juin, à 17 heures)

M. Edouard Herriot, ministre de l'Instruction publique, et Mme Herriot avaient eu la charmante idée d'offrir aux congressistes de la Société Universelle du Théâtre une garden-party en le prestigieux hôtel de la fondation Salomon de Rothschild, rue Berryer.

Ce fut une manière d'apothéose que ce tableau final du Congrès, où tous les délégués purent se rencontrer, dans le cadre agréable de jardins verdoyants, avec le Tout-Paris des grandes premières.

Le Ministre des Beaux-Arts n'avait pas oublié qu'il est en même temps le grand-maître de l'Université.

Il avait convié rue Berryer les Universités françaises, avec MM. Charlety (le recteur) et Lanson à leur tête. Les Lettres et les Sciences fraternisèrent avec les Arts.

Mais ne citons aucun nom : nous risquerions d'en omettre quelques-uns et nous nous en voudrions.

Nos théâtres étaient représentés par les directeurs et les acteurs. Il y avait là des membres de l'Institut, des auteurs et des compositeurs dont la célébrité est mondiale.

Mme Herriot accueillait chacun avec sa grâce coutumière. A côté d'elle, le président Herriot avait pour tous les grands personnages de la République des Lettres, des Sciences et des Arts, les mots heureux dont il a le secret.

Et ses sympathiques collaborateurs étaient là aussi, l'aidant comme toujours dans sa lourde tâche : M. Alexandre Israël, M. Emile Bollaert, le directeur du Cabinet, M. Louis Ripault. Eux aussi recevaient les hôtes du « patron » avec la plus franche cordialité.

Des buffets étaient partout dressés.

Un orchestre égayait la fête de gaies harmonies.

Dans un coin du parc, un photographe avait installé

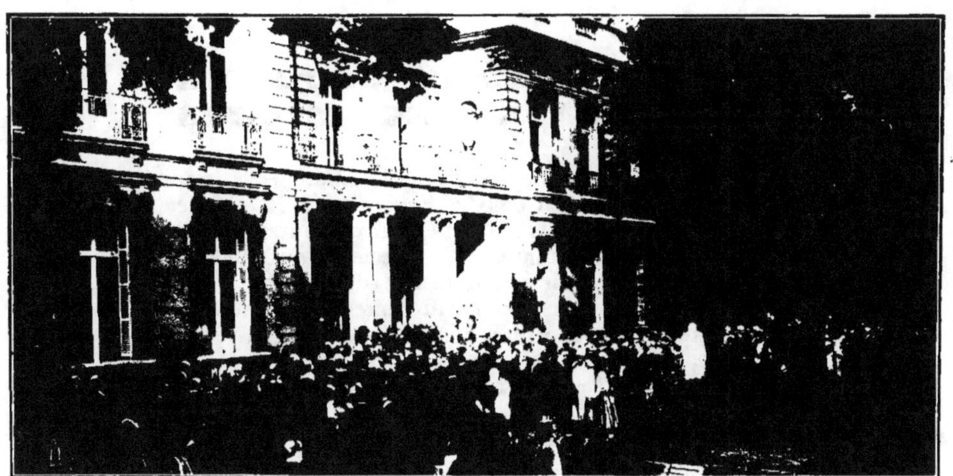

LA GARDEN-PARTY DE LA FONDATION ROTHSCHILD

sa chambre noire ; son labeur fut rude, car il eut à fixer les traits de nombreuses personnalités. Cigarette aux lèvres, le président Herriot tint à se faire « opérer » aux côtés de Gémier.

A sept heures, la fête durait encore. On se sépara à regret.

Mais ce n'était pas adieu qu'on se disait, c'était : « Au revoir ! A bientôt ! »

Le soleil de juin était encore dans toute sa splendeur. Et s'il baissait à l'horizon, comme il sied à la fin d'un beau jour, sa lumière était celle d'une aurore.

LES REPRÉSENTATIONS OFFERTES AUX CONGRESSISTES

M. Rouché, directeur de l'Opéra, M. Emile Fabre, administrateur général de la Comédie Française, MM. Gémier et Abram, directeurs de l'Odéon, M. Max Maurey, directeur des Variétés, M. Gaston Baty, directeur du studio des Champs-Elysées, avaient voulu mettre des places à la disposition des congressistes pour différentes représentations.

La Société Universelle du Théâtre tient à les en remercier chaleureusement.

C'est ainsi que les congressistes purent assister à deux représentations du *Coq d'Or* à l'Opéra.

A la Comédie Française, M. Emile Fabre les avait conviés à voir *Lorenzaccio*. Ils applaudirent d'enthousiasme la troupe de la Maison de Molière. Au premier entr'acte, M. Fabre avait eu la délicate attention d'organiser une réception au foyer des artistes. Le champagne fut servi par les charmantes comédiennes du Théâtre français. M. Fabre prononça une spirituelle et cordiale allocution. M. le Dr Eissler lui répondit au nom des congressistes et M. Mauprey remercia l'administration et les comédiens de Molière au nom de la S. U. D. T.

Enfin, les congressistes purent applaudir M. Gémier et la troupe de l'Odéon dans le *Marchand de Venise*, aux Variétés ils virent la charmante comédie *Mlle Flute* et ils apprécièrent particulièrement au Studio des Champs-Elysées *Maya*, la curieuse pièce de M. Gantillon mise en scène par Baty.

Conclusions

CONCLUSIONS

Il est nécessaire de tirer des premiers efforts accomplis les enseignements qui serviront à poursuivre l'œuvre entreprise.

LE CONGRÈS INTERNATIONAL DE LA SOCIÉTÉ UNIVERSELLE DU THÉATRE

Et d'abord quelles leçons, quels résultats le Congrès international tenu par la *Société Universelle du Théâtre* en juin 1927 a-t-il apportés?

Manifestement le rapprochement des diverses corporations théâtrales réunies pour discuter les questions relatives à l'art dramatique a été une innovation des plus heureuses.

Il a été constaté que cette méthode seule permettait d'étudier toutes les faces des problèmes et de trouver des solutions vraiment satisfaisantes.

Lorsqu'il s'agit, par exemple, d'examiner les multiples difficultés que soulève le droit de propriété revendiqué sur les œuvres par les metteurs en scène et par certains interprètes d'ouvrages musicaux, il est indispensable que les représentants des diverses professions, auteurs, compositeurs, metteurs en scène, exécutants, spécialistes de la jurisprudence théâtrale prennent en même temps part aux débats. C'est une évidence qui a frappé tous les congressistes.

Il est indispensable de même que toutes les questions générales soient traitées en commun.

Ainsi celles qui concernent l'enseignement ne peuvent être approfondies que dans des réunions tenues entre professeurs, auteurs, critiques, interprètes.

A plus forte raison, celles qui touchent à la préparation d'un spectacle requièrent l'attention de tous les collaborateurs, depuis l'auteur jusqu'au technicien de la machinerie, en passant par le metteur en scène, les interprètes, les décorateurs, les costumiers, etc.

Les recherches auxquelles donnent lieu les meilleurs plans à adopter pour la scène et pour la salle ne peuvent être efficaces que dans les mêmes conditions de coopération continuelle.

Envisage-t-on encore des institutions de solidarité entre tous les professionnels de l'art dramatique, comme les clubs, les maisons du théâtre, les fondations d'assistance, il est clair que toutes les corporations ont leur mot à dire.

Ce sont là des vérités qui s'imposèrent immédiatement au cours des séances. On fut émerveillé de la rapidité avec laquelle se produisaient les arguments favorables ou les objections. Les moyens d'action étaient immédiatement révélés; les points sur lesquels des informations plus complètes étaient désirables apparaissaient sur le champ.

D'autre part, le caractère international de la *Société Universelle* n'a pas été moins profitable que son caractère interprofessionnel.

Dans toutes les réunions, la confrontation des points de vue des différentes nationalités sur chaque problème fit avancer très promptement la discussion.

A chaque instant, quand un progrès était réclamé par les délégués, les représentants d'un autre Etat intervenaient pour dire que cette amélioration était déjà réalisée chez eux: ils expliquaient comment l'institution fonctionnait dans leur patrie; ils en signalaient les bienfaits. De cette façon, tous les assistants savaient aussitôt comment il fallait procéder pour obtenir les mêmes avantages là où le besoin s'en faisait sentir.

Parlait-on, par exemple, de maisons du théâtre, les délégués d'Allemagne, d'Angleterre, celui du Brésil, indiquaient ce qui avait été accompli dans ce sens par leurs compatriotes.

Parlait-on des conférences préliminaires entre professionnels appelés à collaborer à un spectacle, les Allemands signalaient que cette méthode donnait chez eux de bons résultats.

Parlait-on de la nécessité de sauvegarder les intérêts des musiciens d'orchestre, les Allemands encore faisaient savoir comment les revendications légitimes de ces artistes avaient reçu satisfaction en territoire germanique.

Plusieurs fois, M. Rickelt, président de la Fédération Internationale des Artistes Dramatiques et Lyriques, promit d'adresser au bureau central de la *Société Universelle* des documents qui concernaient des organismes déjà créés en Allemagne et qui constituaient la solution des questions inscrites à l'ordre du jour.

Il arriva aussi que les architectes de divers pays demandèrent à être informés des dispositifs appliqués par leurs confrères d'autres nations pour résoudre telle ou telle difficulté. Il leur fut répondu qu'il leur suffirait de poser leurs questions au bureau central de la *Société* et que, par cet intermédiaire, leurs désirs seraient transmis à toutes les unions nationales étrangères qui leur enverraient des plans et des tracés.

L'on voit par ces cas combien la solidarité internationale créée par le Congrès de la *Société Universelle* fut utile à toutes les corporations du théâtre.

Résumons les motions votées par les diverses sections de la Société.

Notons quelques grandes résolutions générales qui furent prises par toutes les sections à la fois.

1° *Organisation définitive d'unions nationales de la* Société Universelle *dans les pays où ces organisations sont déjà en voie de formation. Création à très bref délai d'unions dans les pays où il n'en existe pas encore;*

2° *Création d'une carte internationale de membre de la* Société Universelle *avec indication de l'union et de la section auxquelles l'intéressé appartient;*

3° *Publication dans toutes les nations adhérentes d'un périodique qui donnera toutes les informations internationales importantes sur l'art dramatique grâce à l'échange de communications entre les unions;*

4° *Etablissement de correspondances entre les unions par l'Intermédiaire du Bureau Central installé à l'*Institut International de Coopération Intellectuelle, 2, *rue Montpensier, Paris;*

5° *Fondation de clubs professionnels d'art dramati-*

que ou de maisons du théâtre dans les capitales où il
n'en existe pas encore;
6° Création d'un tribunal d'arbitrage international
devant lequel seront portés les litiges professionnels qui
s'élèveront entre gens de théâtre de pays différents.

Disons tout de suite comment il conviendra de procéder pour préparer le Congrès International de juin 1928 en mettant à profit l'expérience acquise.

Cette préparation doit commencer le plus tôt possible.

Dès qu'une union nationale, au cours de ses travaux, rencontrera une question qui lui paraîtra susceptible d'être utilement inscrite à l'ordre du jour du Congrès, elle la communiquera au Bureau central, qui signalera cette question à l'attention des autres unions. Ainsi, quand se réunira le Congrès, il se trouvera en face de problèmes déjà étudiés et dont la solution sera plus facile.

Il sera bon de désigner d'avance, dans les unions, les délégués qui auront à rapporter chaque question devant le Congrès.

PRINCIPAUX VŒUX ÉMIS PAR LES DIFFÉRENTES SECTIONS AU COURS DU CONGRÈS

AUTEURS

— Afin de donner aux auteurs des garanties pour la bonne traduction de leurs œuvres, il sera créé dans chaque pays un office de documentation qui pourra renseigner sur la valeur ou des traducteurs ou des traductions.

— Les sections d'auteurs de la *Société Universelle* se signaleront réciproquement les œuvres contemporaines qui leur paraîtront dignes d'être connues à l'étranger.

COMPOSITEURS

— Un périodique, édité par les diverses Unions de la *Société Universelle du Théâtre*, publiera la liste trimestrielle des œuvres lyriques représentées au cours des trois mois précédents dans toutes les nations adhérentes ; à cette liste, seront joints les renseignements les plus complets sur les œuvres énumérées.

— Il sera créé au siège de la *Société Universelle* un bureau de traduction de livrets d'œuvres lyriques. Le bureau se tiendra à la disposition des adaptateurs. Les traducteurs seront rémunérés pour leur travail, mais ils ne participeront pas aux droits d'auteur.

METTEURS EN SCÈNE

— Il est nécessaire d'instituer pour les mises en scène un dépôt public qui permettra aux metteurs en scène de faire valoir leurs droits sur leur travail.

ARTISTES DRAMATIQUES ET LYRIQUES

— Il est désirable que des troupes stables soient reconstituées.

— Il convient qu'une collaboration plus étroite s'établisse entre les auteurs, les éditeurs, les acteurs et les directeurs.

— Il y a lieu de limiter le recrutement des professions dramatiques et lyriques et d'en écarter ceux qui ne font pas preuve d'aptitudes suffisantes.

— Il y a lieu de subordonner à une licence comportant des garanties morales, financières et artistiques la direction des théâtres et des tournées théâtrales.

ORCHESTRE

— Il sera créé une école de chefs d'orchestre et d'exécutants.

ARCHITECTURE, DÉCORS, COSTUMES, LUMIÈRE

— Il sera constitué un Comité Consultatif permanent de techniciens auquel seront soumises toutes les questions relatives à la construction des théâtres et à leur aménagement. Ce Comité sera formé par les sections techniques de la *Société Universelle* dans tous les pays.

— Au siège de la *Société Universelle*, dans chaque pays, sera déposée une collection de toutes les publications techniques qui pourront être facilement consultées.

— Dans le périodique de la *Société Universelle*, seront insérées à une rubrique spéciale les communications faites par les sections techniques de toutes les Unions nationales.

CRITIQUE

— La carte de membre de la *Société Universelle* (sections de critique) facilitera dans les théâtres étrangers l'entrée de ceux qui ont besoin d'y accéder pour leur travail.

— Dans le périodique de la *Société Universelle* seront donnés des comptes rendus aussi objectifs que possible des pièces représentées dans chaque pays.

— Un Comité de Défense institué par les sections de critique de la *Société Universelle* plaidera la cause des ouvrages poursuivis devant une censure étrangère ou des tribunaux étrangers.

THÉATRES POPULAIRES ET FÊTES

— Dans chaque pays, les auteurs seront encouragés à écrire des œuvres de haute inspiration sociale qui pourront être représentées dans des solennités populaires.

— Les Comités de Fêtes populaires, les Sociétés musicales et chorales seront encouragés et soutenus par les gouvernements et les municipalités.

— Des démarches seront faites auprès de la Société des Nations pour l'institution d'une fête annuelle de la Paix qui sera célébrée à Genève.

ENSEIGNEMENT

— L'enseignement de l'art dramatique et lyrique sera subordonné à une licence.

— La culture générale, l'histoire de la littérature, l'étude des arts plastiques et de la rythmique devront intervenir d'une façon beaucoup plus complète dans la formation des artistes.

JURISPRUDENCE

— Une section juridique sera constituée dans chaque pays adhérant à la *Société Universelle*.

— Une réglementation sera établie dans tous les pays pour empêcher l'emploi au théâtre des enfants au-dessous de sept ans. Au-dessus de cet âge, leur emploi sera subordonné à l'autorisation des parents et à l'observation des lois sur l'instruction obligatoire.

— Une réglementation nationale et internationale sera établie pour le placement des artistes. Les agences privées de placement seront supprimées.

— Une législation nationale et internationale sauvegardera les droits des exécutants.

LE FESTIVAL INTERNATIONAL
D'ART DRAMATIQUE
ET LYRIQUE

Maintenant, tirons les conclusions du *Festival International*.

Cette première manifestation a prouvé que, non seulement les troupes appartenant à divers pays ne pouvaient rien perdre de leurs qualités nationales en participant à un tournoi dramatique de ce genre, mais que même elles étaient ainsi excitées à mettre surtout en lumière leurs caractéristiques originelles, leur personnalité ethnique.

Les vedettes de chaque nation ont cherché à se montrer sous l'aspect qui rappelait le mieux les traditions artistiques de leur patrie. En les applaudissant, le public avait conscience d'acclamer des tendances nationales plus encore que des individualités.

La belle cohésion des troupes a frappé tous les spectateurs. Plus que jamais, devant ces exemples, on a compris que rien ne pouvait se faire au théâtre sans un long travail accompli en commun, sous une direction intelligente, par des artistes habitués à collaborer et formant comme les rouages parfaitement ajustés d'un bel ensemble très homogène et très vivant. Plus que jamais on a compris que l'art dramatique, s'il tire assurément un grand prestige des vedettes dont la maîtrise s'affirme, reçoit autant d'éclat de la conscience apportée par chaque interprète pour contribuer le mieux possible au résultat général.

En ce qui concerne le choix des spectacles que chaque troupe a donnés, des observations ont été formulées par la presse et on a pu les lire dans les quelques extraits que nous avons publiés. Il est bon que ces spectacles soient d'un dessin très net, d'une ligne très simple et très puissante pour qu'ils puissent être suivis même par les auditeurs qui ne connaissent pas la langue. Il est indispensable encore que des scenarios extrêmement détaillés soient établis d'avance, qu'ils soient bien traduits en plusieurs langues et qu'ils figurent au programme mis à la disposition du public.

Pour la préparation du *Festival International* de 1928, nous ferons la même remarque que pour le prochain Congrès.

Il n'y a pas de temps à perdre pour organiser ce Festival. Il faut dès maintenant commencer à y travailler.

Il convient que les différentes troupes étrangères qui veulent y participer avisent sans retard de leur intention le Bureau Central de la *Société Universelle du Théâtre*, 2, rue Montpensier, Paris, et indiquent à peu près quel sera leur programme.

C'est à cette seule condition que des dates précises pourront être réservées à chacune d'elles : dès que plusieurs sociétés théâtrales sont appelées à se succéder sur les mêmes scènes dans une période limitée rien n'est plus difficile que de respecter leurs convenances en leur attribuant les jours où elles doivent paraître devant le public.

Grâce à une préparation entreprise à loisir, il sera possible de bien sérier les représentations et de réaliser la sélection la plus riche de toutes les compagnies dramatiques et lyriques contemporaines. Il faut que, l'an prochain, le Festival International fournisse un tableau de la situation universelle du Théâtre. Il faut qu'aucune initiative originale n'y soit omise. Il faut que les témoins accourus de toutes parts puissent prendre un sentiment absolument exact des qualités montrées par chaque race et se livrer à des comparaisons tout à fait instructives.

Ainsi chaque pays triomphera avec ses meilleurs éléments de succès et tous les professionnels de l'art dramatique recueilleront les plus grands avantages des modèles qui défileront sous leurs yeux.

Notons, en outre, que l'annonce faite longtemps d'avance des spectacles préparés fera naître chez un public d'autant plus nombreux le désir de les voir. Comme il s'agit, pour certains spectateurs habitant hors de France, de déplacements assez importants, il est bon de leur laisser quelque délai pour s'y décider. Le Festival International de 1927 avait tout de suite provoqué un très grand mouvement de curiosité. Nous ne doutons pas que cet intérêt déjà si vivement excité ne s'accroisse encore en faveur du Festival de 1928. Et c'est pourquoi la *Société Universelle du Théâtre* veut pouvoir sans retard en soumettre au public un programme très attrayant.

Enfin, ce qui, dans cette expérience d'un premier Congrès et d'un premier festival, fut peut-être le plus décisif, ce fut le progrès très marqué de l'idée même qui a présidé à la formation de la *Société Universelle du Théâtre*.

Cette idée, c'est, au fond, de mettre l'art au service du rapprochement des peuples.

Elle a éclaté dans tous les détails des manifestations qui eurent lieu.

A chaque instant, l'on eut le sentiment de la fraternité qui réunissait tous les assistants. L'on se trouvait au milieu d'une grande famille intellectuelle dont les représentants étaient intimement liés, quelle que fut leur origine.

Rien n'était plus touchant, par exemple, que les attentions témoignées par les artistes dramatiques et lyriques français à leurs confrères étrangers. Rien n'était plus sincère ni plus émouvant que les ovations dont nos hôtes étaient salués.

L'on notait, chez le public et chez la critique, une chaleureuse bienveillance, le vif désir de comprendre les formules artistiques les plus diverses, la conviction que la réconciliation des groupes humains peut se faire par l'accord des pensées qui les guident, la certitude qu'une alliance doit être contractée entre tous ceux qui réfléchissent pour faire luire à tous les yeux un même idéal de sagesse.

Dans les réunions du Congrès, des acclamations accueillaient toutes les paroles qui exprimaient la confiance mutuelle. C'était comme l'explosion d'une nouvelle foi. Un ironiste ayant, dans un article de journal, élevé des doutes sur l'utilité de la *Société Universelle*, ce scepticisme provoqua une profonde réprobation.

Les congressistes avaient conscience qu'il était impie de railler des hommes rassemblés pour essayer d'ennoblir les. générations qui viennent et de créer l'entente entre tous leurs semblables.

Le discours que prononça, à notre banquet, M. Edouard Herriot, ministre de l'Instruction Publique, fut haché d'approbations passionnées que l'assistance prodiguait à l'orateur.

Ce frémissement d'espérance fut consigné dans le journal *Comœdia,* qui s'y associa en annonçant son intention d'aider la *Société Universelle* à trouver des ressources financières.

L'enthousiasme grandit encore dans les derniers jours du Congrès.

Les délégués, à plusieurs reprises se levèrent au milieu des séances pour voter debout les motions qu'ils voulaient revêtir d'une plus grande solennité et pour leur donner la valeur d'engagement d'honneur.

Il est certain qu'au moment de se séparer, tous ces professionnels du théâtre sentaient que, grâce à eux, un fait historique venait de s'accomplir, la fondation définitive d'une ligue où, pour la première fois, l'art assumait la noble mission de conduire tous les peuples vers la lumière et l'harmonie.

Voici, en dehors de la France, les nations qui ont été représentées au Congrès de la Société Universelle du Théâtre :

ALLEMAGNE: MM. HASENCLEVER et LÉONHARD, auteurs dramatiques; RICKELT et VANGENHEIM-WINTERSTEIN, artistes dramatiques et lyriques; Félix BAUMBACH, HANSING et Hans WAAG, techniciens du théâtre.

AUTRICHE : M. SIEGEL, compositeur.

BELGIQUE : M. MOULAERT, metteur en scène; VAN DER PLAATSE et J. DE MEESTER, artistes dramatiques.

BRESIL: M. de MAGALHAES, auteur dramatique.

BULGARIE : Mme STOICHEWA, artiste lyrique; M. STOICHEFF, directeur de l'Opéra de Sofia; M. PENTCHEFF, artiste lyrique; M. BALINOW de VILLEROSE, auteur dramatique.

CANADA : M. WINKLER-VAUDOV.

CHINE: M. C. K. SIE.

DANEMARK : M. KIRKEBY.

GRANDE-BRETAGNE: M. Ashley DUKES, auteur dramatique.

GRECE : Mme VALSAMACKI, auteur et artiste dramatique; MM. ARAMIS, compositeur; VOCOS, auteur dramatique; PONIRIDY, compositeur; PETROCOCHINO, architecte.

HONGRIE: MM. Adrien STELLA, auteur dramatique; Elcmer WERTHEIMER, directeur de théâtre; MEDGYES, metteur en scène.

HOLLANDE: MM. Louis de VRIES, artiste dramatique.

ITALIE: MM. Silvio d'AMICO, auteur et critique dramatique; PALERMI, auteur dramatique; PRAMPOLINI, metteur en scène.

LETTONIE: Mme LIBERTS, artiste lyrique; M. LIBERTS, décorateur.

NORVEGE: M. Axel Otto NORMANN, auteur dramatique.

ROUMANIE: MM. STARK, STEFANESCO, auteurs dramatiques.

RUSSIE : MM. ICONNICOFF, décorateur; de DRIESEN, metteur en scène; de YOUFFEROFF, compositeur.

SUEDE : M. Semme FRIEDMANN, artiste dramatique; M. TUREDAHLIN.

Voici la liste des journalistes et critiques étrangers qui ont bien voulu suivre les travaux du Congrès:

MM. ADORJAN, AIGNER, ALDANOW, ANDERSEN, BELTCHEFF, BIENSTOCK, Paul BLOCK, BOGHOSSIAN, BOGINOFF, BOLGAR, DAHLIN, Mme DIMONTE, MM. EFTHIMIOU, GOMELSKI, GOLDSCHMIDT, DE LA HAYES, HEIMBRUG, Harry ISAY, Mme Nora JONUXI, MM. KRAUS, van KORLAAR, Mme LANDAU, Mme LEVERTIN, MM. LEISEROVITZ, LEISTIKOV, LOHMEYER, van LOON, MAKCEV, MAZZESI, A. O. NORMANN, PALITSCHZ, PUTZ, ROEL, ROSEN, SCHOLTE, Werner SINN, SIRCANA, William Léon SMYSER, SNABILIE, SFRIETSMA, STARK, de la TROBE, VANDERVLUGT, WAGHIDI-WELLISCH, WENBLADH, WINKLER VANDOR, del ZOPPO.

Annexes

LETTRES D'EXCUSES ET COMMUNICATIONS DIVERSES

Allemagne

De M. LUDWIG FULDA :

« Cher Monsieur Gémier

« J'ai reçu l'aimable invitation de l'Union Française et je regrette infiniment qu'il ne me soit pas possible d'assister au Congrès moi-même. Mais je compte qu'un délégué de notre Société allemande des auteurs et compositeurs dramatiques sera présent. Dois-je vous répéter que mon cœur sera toujours avec vous et votre œuvre si noble et si pleine de promesses.

« Agréez l'assurance de mon amitié sincère et fidèle. »

De M. JOSEPH CHAPIRO (*par télégramme*) :

M. Joseph Chapiro qui, dès les premiers jours, accompagna M. Gémier dans ses voyages à travers l'Europe, qui fut, on doit le dire, un pionnier de l'idée de rapprochement franco-allemand et de la paix européenne sur le terrain journalistique et théâtral, ayant été empêché d'assister au Congrès et au Festival, envoya la dépêche suivante :

« Après tant voyages depuis cinq ans pour propager idée S. U. D. T., long travail sur Kerr que dois remettre prochainement à éditeur occasion son soixantième anniversaire m'empêche d'aller Paris jour où cette idée chère entre toutes trouve première réalisation, réunissant en congrès représentant théâtres divers pays. Ayant été votre premier compagnon d'armes dans cette noble lutte pour idéal qui nous a liés d'amitié, j'éprouve besoin vous confirmer en ce jour solennel foi inébranlable et fidélité à la cause pour laquelle ne cesserai de lutter vos côtés. Malgré campagne ignoble pressé réactionnaire contre moi, dans pays où ai fixé mon domicile. Vous embrasse affectueusement. Vous prie saluer chaleureusement participants notre premier congrès. »

De M. CARL EBERT:

« Je regrette d'être empêché de venir. J'envoie mes pensées les plus sympathiques au Congrès International de l'Art dramatique et j'en souhaite vivement le succès. »

De M. Max von Shillings :

« Charlottenburg, 16 juin 1927.

« Aux membres de la Société Universelle du Théâtre,
« Très honorés confrères,

« Mes meilleurs remerciements pour l'invitation au premier congrès international de la S. U. D. T. A mon grand regret, d'importantes occupations me retiennent à Berlin et m'empêchent de participer au Congrès, mais je vous serais très reconnaissant si vous voulez bien me faire connaître les résultats de vos travaux.

« En souhaitant à votre entreprise le meilleur succès, je vous prie d'agréer l'assurance de ma vive sympathie. »

Angleterre

De M. Geoffrey Whitworth, secrétaire de la Bristish Drama League :

« Cher Monsieur,

« Je suis très content que le Festival soit en bonne voie de réussite et je regrette de ne pouvoir assister personnellement au Congrès. S'il avait eu lieu cette semaine, M. Rea et moi aurions eu grand plaisir à venir, mais le changement de date a rendu notre voyage impossible. J'ai invité M. Walter Payne, président de l'Association des Directeurs de Théâtre du « West End », mais malheureusement il était aussi empêché de nous représenter. Mais j'essaierai ailleurs. M. Ashley Dukes, j'en suis sûr, nous représentera admirablement, comme il connaît à fond les différents aspects des affaires de théâtre, ayant été critique dramatique avant d'être auteur.

« Avec tous mes meilleurs souhaits pour la réussite du congrès, je suis votre sincèrement dévoué. »

De Miss Elsie Fogerty :

« Londres. Félicitations du succès déjà commencé. »

De M. Cloudesley Brereton :

Londres, le 19 juin,

Cher ami,

A mon plus grand regret, je me vois dans l'impossibilité d'assister à votre très intéressant Congrès, ou aux représentations du Sybil Thorndike que je voudrais bien voir pour savoir au juste les réactions d'une assistance française à son jeu.

Je viens d'être invité à prendre part aux fêtes du 9e Centenaire de la naissance de Guillaume-le-Conquérant à Falaise le 2 juillet et dans un si court intervalle je ne peux m'absenter deux fois de Londres.

Tous mes regrets et tous mes vœux de succès du Festival et du Congrès que son organisateur, si réellement, mérite.

Votre,

Cloudesley Brereton.

Autriche

De M. STÆRK, président du Cartel des Artistes de langue allemande :

« Vienne, le 15 juin 1927.

« Messieurs,

« J'ai l'honneur de vous transmettre mes vœux les plus cordiaux à l'occasion du Congrès.

« Je ne suis malheureusement pas en état de répondre à votre invitation, votre lettre ne m'étant parvenue que le 13 juin.

« En vous souhaitant un cours heureux pour les discussions, je suis, avec l'expression de mes sentiments confraternels, votre dévoué. »   STÆRK.

De M. SCHNEIDERHAN, directeur du Osterr. Bundestheater :

« Vienne, le 13 juin.

« Je vous remercie pour l'invitation au premier Congrès. Je suis malheureusement empêché d'y prendre part par des affaires qui ne peuvent être interrompues.

« Je fais les vœux les plus chaleureux pour le succès de votre admirable Société et je suis, avec la plus haute considération, votre »

De M. Franz HERTERICH, directeur du Burgtheater (Vienne):

« Vous remercie de tout cœur pour votre invitation. Regrette de ne pas pouvoir venir Vous souhaite un beau succès. »

Espagne

De M. GUAL, directeur du théâtre intime de Barcelone :

Messieurs,

C'est à mon grand regret et à cause des obligations contractées envers le public de Barcelone, que pe n'ai pu goûter la satisfaction d'être parmi vous. J'y fus cependant, de cœur et de pensée dès le jour de l'ouverture.

Vous traitez, précisément, une question à laquelle je ne saurais rester indifférent. Le besoin de trouver dans le théâtre, dans l'action théâtrale, des éléments de la concorde universelle. C'est pour ainsi dire le fond de moi-même. J'avoue, d'ailleurs que quand je prêche là-dessus, je suis distraitement écouté.

L'heureux hasard qui me fit connaître Firmin Gémier plaça devant moi un homme qui était pour ainsi dire le grand livre ouvert de mes croyances les plus enracinées. Puisque vous connaissez sa bonté, son esprit cultivé et ardent, vous trouverez naturel qu'uni à lui par notre commune latinité je sois fier de me présenter ici comme un cordial et un grand admirateur de cet artiste exemplaire. J'aurais voulu, comme je vous le disais, pouvoir suivre pas à pas les travaux de ce Congrès initial de la Société Universelle du Théâtre. Mais, nous qui nous consacrons aux délices et aux amertumes de cet art prodigieux, le plus généreux et le moins compris de tous, nous en sommes les esclaves.

Je veux cependant, ouvrier de la dernière heure, vous faire part de mes espoirs et de ma ferveur devant une entreprise dont on peut espérer tant de fruit. Si j'ai sollicité l'honneur d'être inscrit dans une des sections de la Société Universelle, je me sens néanmoins incliné vers toutes les formes de l'activité théâtrale. J'ai choisi celle de la mise en scène parce qu'il m'a semblé qu'en ce moment et au début de l'œuvre entreprise, j'y étais mieux placé pour exprimer mon amour au théâtre, mes convictions dans le chemin à suivre pour exhorter enfin à l'union les hommes de nos jours trop soumis aux influences qui dessèchent l'esprit.

Je ne viens donc pas ici faire figure de technicien ou d'expert: je viens simplement saluer en vous la générosité d'un effort que tous nous désirons fécond. Je viens prendre part au combat de la paix et de la concorde.

Peut-être aurais-je dû présenter une proposition ou un mémoire. J'y ai renoncé; car je suis convaincu qu'au fond de toute adhésion sincère se trouve surtout le désir d'approuver la tâche accomplie. Il me suffit donc en ce moment de souscrire à vos vœux qui ne peuvent être que dignes de la fin poursuivie par votre noble initiative. J'aurais voulu exposer mes convictions au sujet des droits que l'on nie à l'art complet par excellence et de l'incompréhension dont il souffre, je dirai presque depuis qu'il existe. J'aurais aimé démontrer par des faits tangibles cette incompréhension, comme je le fis, voici cinq ans, à l'Athénée de Madrid, lorsque je parlai des moyens de créer un théâtre nouveau, différent de tout ce qui a existé depuis les Grecs jusqu'à nos jours en passant par les hiérarchies ecclésiastiques et les passe-temps royaux de la Renaissance.

Oui, j'aurais parlé parmi vous des intérêts qui s'appellent alternativement ordre et révolution et qui ont tant abusé de l'art dramatique.

J'eusse désiré démontrer le grand bien et le terrible mal que peut faire le théâtre, suivant qu'il est cultivé avec une sincère intelligence ou exploité de mauvaise foi; d'autant plus dangereux quand il nous parle avec le masque de la bonne foi et de la sincérité.

J'aurais souhaité de célébrer l'apostolat de ceux qui considèrent le théâtre avec dévotion, comme un des plus sûrs éléments de salut social, parce qu'il est le plus haut idéal populaire et le reflet le plus vif, le plus vibrant de l'humanité réelle.

Je vous aurais parlé de ces choses, et d'autres encore, toutes utiles à notre art. Je n'aurais ni su, ni pu m'empêcher d'appeler votre attention sur le triste rôle que souvent joue l'auteur quand il collabore sciemment ou non à des malentendus funestes, et quand il oublie sa haute mission.

Finalement, je vous aurais signalé une série d'erreurs commises à propos du théâtre, de l'opinion, des interprètes et du public même. Toutes proviennent de faux principes qui continuent à régner sur l'art dramatique et qu'on n'a pas le courage de corriger.

Je ne puis que vous laisser entrevoir mon opinion qui, se joignant à ma cordiale salutation, peut être considérée comme le préambule de notre mutuelle collaboration.

Veuillez voir en moi un ami offert tout entier à la cause commune.

Laissez-moi terminer en proclamant mon admiration envers notre ami Gémier, ce grand ouvrier de l'art et de la paix, cet homme qui monte à l'assaut de l'indifférence et qui ose être l'apôtre de l'action cordiale, au moment où s'émousse partout la sensibilité, au moment où tous ferment leur cœur à l'altruisme qui fut de tout temps le drapeau de l'art.

GUAL.

France

De M. ROBERT DE FLERS :

« Encore souffrant je vous exprime tous mes regrets de ne pouvoir prendre part aux travaux de la Société Universelle. Je forme des vœux bien sincères pour le succès du Congrès. »

N.-B. — M. Robert de Flers fut l'un des premiers à répondre à l'appel de Gémier lors de la création de la S. U. D. T.

Ce maître ès-art dramatique cet homme affable, cet esprit généreux, devait être emporté quelques semaines plus tard par la maladie qui l'avait empêché de venir assister au Congrès.

Sa mort met en deuil tout le Théâtre et particulièrement la S. U. D. T. dont il fut membre fondateur.

M. Romain COOLUS, président de la Société des Auteurs, a exprimé ses vifs regrets d'être absent de Paris.

De M. SAINT-GEORGES DE BOUHÉLIER :

« 19 juin 1927.

« A mon grand regret, je me verrai privé de suivre de près les manifestations diverses du Congrès et du Festival. Je m'en excuse mais je viens d'être souffrant et le suis encore.

« Peut-être viendrai-je demain à la séance de travail de l'après-midi car je ne voudrais pas que l'on crût à de l'indifférence de ma part au moment où s'ouvrent ces belles assises de l'intelligence et de l'art. »

Du peintre DRÉSA :

« Mon cher Président,

« L'organisation du Bal du Grand Prix, qui a eu lieu samedi prochain, m'occupe entièrement cette semaine et m'empêche de prendre la part que je voudrais au Congrès de la S. U. D. T.

« Excusez-moi donc. Vous savez l'intérêt que je prends à la grande entreprise pacifique et artistique que vous conduisez si noblement.

« Mais la fête dont je suis chargé rapporte chaque année

des sommes qui sont les seuls moyens d'existence de beaucoup d'œuvres charitables et le devoir m'interdit de préférer le plaisir et l'honneur de paraître à votre côté.

« Croyez, mon cher Président, à mon respect, à mon admiration et à mon amitié.

DRÉSA.

De M. FRESNAY, sociétaire de la Comédie-Française :

La Croix (Var) le 23 juin 1927.

Mon cher Président,

Je veux vous redire à quel point je déplore d'être absent de Paris, au moment de ce Congrès International dont je sens la profonde signification. Tout le travail que j'ai accepté pour les mois d'été m'a obligé à prendre prématurément de courtes vacances qui m'étaient indispensables.

Je souhaite au Congrès et au Festival dont vous êtes l'admirable animateur, tout le succès dont ils sont dignes.

Je vous prie de croire, mon cher Président, que je suis très cordialement dévoué à votre œuvre et que j'ai pour vous la plus respectueuse admiration.

Norvège

M. BJORNSON, directeur du Théâtre National d'Oslo, nous a fait part de ses regrets de n'avoir pu assister au Congrès International du Théâtre.

RECHERCHE D'UNE BASE ESTHÉTIQUE POUR LA PERCEPTION D'UN DROIT D'AUTEUR AU PROFIT DE L'ARTISTE-INTERPRÈTE

PAR LE DOCTEUR CAHN-SPEYER

Il y a une année environ que je m'intéresse au problème de la recherche d'une base permettant l'attribution à l'artiste-interprète de droits d'auteur.

Le sujet avait été déjà abordé çà et là, dans les Revues de droit, mais au point de vue juridique seulement ; je me suis, quant à moi, efforcé d'en faire ressortir surtout la nécessité pratique et le côté esthétique.

Depuis, on s'est attaché à l'examen du problème bien plus rapidement que je ne l'aurais supposé lorsque je rédigeai mon premier article (paru dans l'*Allgemeine Musik-Zeitung*, année LIII, n° 5).

La Conférence sur la question des droits d'auteur qui doit s'ouvrir à Rome, a nécessité de la part des nations adhérant à la Convention de Berne, des travaux préliminaires.

Ce fut aussi le cas pour l'Allemagne où une Commission des Droits d'Auteurs fonctionne depuis pluseurs mois au ministère de la justice sous la direction de la Société allemande de protection de la propriété professionnelle, Commission réunissant des délégués, des corporations artistiques, commerciales et industrielles, des spécialistes des questions juridique et des représentants des ministères de la Justice et des Affaires Etrangères. En qualité de représentant de deux associations artistiques professionnelles, j'ai été admis aux travaux de ladite Commission.

C'est précisément au problème de la perception d'un *droit d'auteur en faveur de l'artiste-interprète* que la Commission accorda sa première attention.

On s'aperçut bien vite qu'on se trouvait en présence d'une question d'ordre esthétique plutôt que d'un problème juridique ;

la preuve en est, qu'au cours des discussions orales comme dans les controverses des revues périodiques spéciales, ce fut toujours à mon article que l'on en revint.

Les juristes sont autant que j'ai cru pouvoir m'en rendre compte jusqu'ici, assez disposés à accorder à l'exécutant un droit d'auteur dans la mesure où il leur apparaît que l'interprétation est une sorte de création. Les avis ne diffèrent que sur le point de savoir quand et comment la création est réalisée.

Il ne s'agit donc, ni plus ni moins, que de résoudre la question suivante : *Quelle est la nature de l'Art de l'interprète ?* après l'avoir examinée avec les lunettes du juriste.

Pourquoi faut-il que la chose se complique du fait que, pris dans leur généralité, les musiciens sont trop peu versés dans les questions de Droit, et les juristes insuffisamment cultivés au point de vue esthétique ou musical pour qu'une solution proposée par un seul des deux camps, puisse régler la question ? C'est pourquoi le sujet même demande à être développé en même temps dans les journaux de droit avec un certain caractère musical et dans les revues musicales avec quelques précisions juridiques.

On devrait aussi s'occuper par la même occasion de l'Art théâtral ; il y a été fait parfois quelque allusion, mais chose étrange celui-ci ne fut pas jusqu'ici représenté dans les discussions.

Les commentaires et les conclusions qui vont suivre seront donc surtout d'ordre musical ; ils trouveront pourtant tout naturellement par analogie leur application aux choses de la scène.

*
* *

Le fait important pour résoudre notre problème, c'est de savoir si l'artiste interprète réalise une création personnelle.

A celui-ci s'en rattache un autre également important : Quelle est exactement la relation entre l'artiste créateur (le compositeur) et l'artiste exécutant (l'interprète) ? Jusqu'à quel point l'interprète se trouve-t-il lié — *de facto* — ou — *implicite* — par le texte du compositeur ? Où se trouve la limite entre *Obéissance* et *Réalisation ?*

Il a été assez facilement admis, tant au cours des conversations que dans les articles des journaux spéciaux, que l'on pourrait considérer le travail de l'interprète comme une création personnelle, lorsque celui-ci présenterait des compositions d'auteurs anciens (jusqu'à la moitié du 18e siècle environ), c'est-à-dire de ceux qui n'ont laissé que des œuvres incomplètement rédigées puisque leurs basses chiffrées ou non chiffrées, ne sont pas réalisées.

Nous voyons par là, quelle idée toute superficielle des choses de la musique se font des personnes dont l'éducation s'orne pourtant de quelque compétence musicale ! Pour elles lorsque l'œuvre et dans toutes ses parties rédigées au moyen de signes appelés notes auxquels l'auteur a ajouté des indications dynamiques ou autres, *tout* se trouve sur le papier !

Cette appréciation ressort, par exemple, d'une communication faite à la Commission des droits d'auteurs par le directeur et conseiller judiciaire Marwitz (parue depuis dans le n° 12 de l'année 1926 de : *Gewerblicher Rechtsschütz ünd Ueheberrecht*, sous le titre de : Extension ou restriction des limites des Droits d'Auteurs) où nous lisons : « Plus un exécutant respectera ce qui « est écrit, plus son interprétation d'une œuvre sera parfaite, « moins il pourra pourtant être considéré comme créateur « (créateur d'une chose nouvelle) ; ce n'est que lorsqu'il par- « viendra à affirmer sa personnalité par-dessus celle du compo- « siteur qu'il pourra être considéré comme créateur, puisqu'il « aura ajouté à l'œuvre quelque chose qui ne s'y trouve pas. « Le respect dû à la pensée créatrice condamnant ce genre d'in- « terprétation nous ne saurions lui accorder la récompense du « droit d'auteur. »

Une semblable opinion ne peut être exprimée que par ceux qui assimilent la tâche d'un interprète musical à celle d'un peintre copiste obligés l'un et l'autre de s'appliquer à la reproduction d'une œuvre sans la modifier le moins du monde et sans altérer aucun des détails originaux.

Le fixage par l'écriture d'une œuvre musicale est chose toute différente du dernier coup de pinceau donné à un tableau. En musique, ce travail ne représente pas l'œuvre elle-même, mais seulement le moyen grâce auquel l'interprète possédant une sorte de divination retrouvera la pensée de l'auteur et la fera revivre.

Cette divination est bien une performance créatrice individuelle.

M. le Conseiller Dr Schmoschewer a donc fort bien choisi en tirant de mon texte le passage suivant :

« Il n'est pas douteux que le compositeur lors de la concep- « tion pense aussi à une foule de détails qu'il ne pourra noter « sur le papier : car il est impossible d'élaborer une construc- « tion musicale sans y attacher une intensité sonore déterminée, « sans penser à certaines fluctuations de mouvement, sans désirer « une certaine interprétation.

« Cette vision totale de l'œuvre est pour le compositeur une « partie de l'acte créateur, partie qui se dérobe à une réalisation « graphique et n'est même pas toujours sensible pour l'exécu- « tant. Ce que le compositeur apporte n'est donc pas une chose « définitive, au point, mais seulement une maquette, ou si l'on « veut : un buste auquel le génie de l'interprète ajoutera ce qui « lui est nécessaire pour se mouvoir, pour vivre !... »

« Edward Dent, professeur à l'Université de Cambridge dit
« aussi dans un livre récemment paru, *Terpander, or Music and*
« *the Future*, la véritable musique n'est pas celle qui est écrite,
« ce sont les sons que fait entendre l'exécutant, les notes écrites,
« même celles de la musique contemporaine, demandent une in-
« terprétation pleine de fantaisie. Quoique compliquée notre
« notation est très insuffisante. »

Mais il a été dit que plus nous nous rapprochons de la musique
moderne, plus nous constatons d'exactitude dans le travail de
rédaction des compositeurs, de sorte que la liberté de l'interprété se trouvera de plus en plus restreinte ; Wagner était allé
déjà, assez loin dans cette voie ; pour: d'autres œuvres connues,
on ne pourra jamais obtenir autre chose que des exécutions pour
ainsi dire stéréotypées.

L'opinion de Schmoschewer est même, que les artistes créateurs
pourraient facilement s'opposer à l'attribution de droits d'auteurs
à leurs interprètes ; il leur suffirait pour cela, d'annoter les
œuvres jusque dans leurs plus petits détails, ôtant ainsi à l'artiste-
exécutant toute latitude d'interprétation personnelle et taxant
même celle-ci : d'improvisation intempestive.

Qu'y a-t-il d'exact dans ce qui précède ? Nous l'avons dit :
il est indiscutable que lorsqu'un auteur conçoit une œuvre, il la
réalise à ce moment en la mêlant à une foule d'éléments qui ne
peuvent trouver place dans une partition. Si cette conception
devenait, dans ce qu'il est possible d'en retrouver, une loi définitive liant tout futur interprète, elle devrait lier également le compositeur, ce n'est pourtant pas le cas.

Nous savons que des auteurs qui sont en même temps interprètes ne donnent pas toujours de leurs œuvres une exécution uniforme. Nous savons, par le témoignage de contemporains de
Beethoven, que ses interprétations étaient très diverses.

De nos jours, il nous est possible de faire la même remarque à propos de R. Strauss.

Nous savons comment des compositeurs et souvent des grands
Maîtres varièrent dans leurs indications de mouvement, d'interprétation, voire même du chiffre métronomique ! Nous savons
aussi que des compositeurs ont reconnu comme manifestement
insuffisantes les indications dont ils avaient pourtant avec grand
soin, émaillé leurs partitions.

Revenons à ce propos à Wagner, puisque Elster a dit que chez
lui, la place laissée à une libre exécution est bien restreinte ;
remémorons-nous que Wagner crut nécessaire de publier des explications sur la façon d'exécuter le « Vaisseau Fantôme » et
« Tannhauser », qu'il se plaignait dans son ouvrage sur l'art du
Chef d'orchestre de la manière dont on exécutait en les défor-
mant quelques unes de ses œuvres et principalement l'ouverture
des « Maîtres Chanteurs », remarquant que jamais on n'y ajou-

tait les modifications nécessaires à une intelligente compréhension, modifications sur lesquelles il croit, dit-il, pouvoir pourtant compter avec autant de certitude que sur l'exacte lecture des notes.

Dans des considérations qui remplissent plusieurs pages imprimées, Wagner s'étend ensuite sur une foule de détails d'exécution qu'il serait absolument impossible de faire tenir dans une partition.

Et qui, pourtant, oserait prétendre que grâce à toutes ces indications, les exécutions seront entièrement semblables ?

Examinons aussi les recommandations et explications que Schumann crut utile d'adresser à Spohr et à Taubert à propos de sa Symphonie en Si Bémol majeur. Tous ces détails aboutiront-ils certainement à l'interprétation uniforme ?

L'exemple de Gustav Mahler est là pour démontrer que même ornées d'annotations très explicites, les œuvres ne bénéficient que rarement de deux exécutions identiques.

Il est tout simplement impossible d'annoter plus abondamment une partition que Mahler ne le fit.

Le résultat ? J'ai entendu la plupart de ses Symphonies exécutées sous sa direction même, j'ai même quelquefois participé à des répétitions, je ne les ai plus jamais entendu jouer de la même façon, même lorsque le chef d'orchestre était de ceux qui furent à l'école même de Mahler.

Nous voyons donc que, même avec une tradition récente et presque immédiate, il ne saurait jamais être question d'exécutions stéréotypées !

Il en fut de même jadis ; peu de temps après la mort de Weber on déformait déjà ses œuvres, Wagner en fit la remarque.

Nous signalerons aussi les interprétations différentes que reçurent les œuvres de Wagner sous la direction d'hommes de son époque, possesseurs des traditions vivantes.

Aurait-on pu imaginer quelque chose de moins semblable que des exécutions successives de Wagner sous les baguettes de Nikisch, de Schuch, de Hans Richter ?

Pourtant on n'aurait pu reprocher à aucun d'eux de bousculer le texte de la partition.

Elster s'égare lorsqu'il croit que : « Ce n'est pas chaque pause, « chaque nuance, chaque ralenti, chaque modification au mouve- « ment ou à la sonorité du morceau qu'il s'agit de reproduire « minutieusement, mais que c'est seulement la grande ligne de « l'ensemble qu'il faut reconnaitre et retrouver, et il ne s'égare « pas moins lorsqu'il ajoute : Si lorsque Furtwangler dirige une « Symphonie, il nous semble qu'il lui insuffle une vie nouvelle, « le résultat n'est pas obtenu par des moyens, tels que le nombre « de secondes de durée d'un silence, le rigoureux maintien du « tempo une fois celui-ci affirmé, ou la réussite d'un crescendo,

« mais par la découverte de l'esprit cohésif créateur dont les
« manifestations illuminent alors les plus petits détails de
« l'œuvre.

« Il conclut ainsi : Tout autre chef qui saura retrouver cet
« esprit, pourra à son tour réaliser la performance, même si des
« variantes surviennent, car nous ne comprenons pas l'artiste lors-
« que nous savons seulement comment il respire, où il tousse,
« mais lorsque nous avons découvert sa pensée. »

Si cette opinion était exacte, on ne pourrait comprendre pourquoi tous les chefs d'orchestre d'une génération n'atteignent pas
le niveau des plus grands d'entre eux, pourquoi tous ceux d'aujourd'hui ne sont pas des R. Strauss, des Bruno Walter, des
Klemperer ; ni pourquoi tant d'instrumentistes dont l'éducation
technique fut pourtant brillante n'arrivent pas à égaler Adolf
Busch, Kreisler, Arthur Schnabel ou Edwin Fischer !

La pensée est évidemment la chose primordiale, mais comment
se manifeste-t-elle, sinon par les détails ?

Les notes restent les mêmes, nous parlons bien entendu d'un
orchestre ou de solistes dont la virtuosité garantit une exacte lecture du texte, ce ne sera donc que par une somme d'impondérables
que l'exécution magistrale se différenciera de l'exécution courante, c'est par eux que le génie de la compréhension se mani-
festera lorsque les petits détails de l'exécution ne frapperont
même pas nettement l'ouïe de l'auditeur.

Quelqu'un oserait-il au contraire soutenir qu'il eût été possible
à Nikisch de nous donner une exécution pareille à une autre de
Mahler ?

Et maintenant il faut que nous demandions — prenant texte
d'un passage précédemment emprunté au conseiller Marwitz —
si toutes les choses qui composent une performance personnelle
sont bien le résultat d'un arbitraire ?

Elles ne pourraient l'être que si elles trahissaient le texte de
l'auteur. Nous avons déjà fait observer combien peu définitif était
le texte écrit et comme il lie peu l'exécutant.

Consultons la littérature spéciale et nous verrons que lorsque
les artistes les plus sérieux et les plus compétents ont approfondi
une œuvre, lorsqu'ils l'ont examinée avec le souci de la soustraire précisément aux variations des interprétations personnelles,
ils ont été fréquemment d'opinions différentes dans leurs remar-
ques ou leurs appréciations, soit qu'il s'agît de la construction
ou de l'ordonnance d'un morceau, soit qu'il fût question du
phrasé d'une ligne de musique.

Ou bien encore, n'entendons-nous pas l'un déclarer à propos
d'un passage, qu'il a été pensé d'une manière impressionniste,
qu'il est donc sans importance de s'attacher à la note, qu'il ne
faut y chercher qu'une certaine sensation de mouvement, alors

que l'autre insistera au contraire pour que chaque note soit bien mise en valeur ! et ainsi de suite, à l'infini !

Si nous récapitulons tout ce qui vient d'être dit, nous arriverons à ce résultat, si paradoxal soit-il, que toute interprétation d'une œuvre est, et doit être un acte d'arbitraire, car à chaque note l'exécutant doit ajouter quelque chose qui n'est pas écrit.

Lorsqu'on dit : arbitraire, on pense généralement à une déformation du traditionnel.

Sur quoi s'appuie donc cette affirmation qui toujours reparaît que le « traditionnel » est le vrai ?

La tradition n'existe et ne saurait exister, car nous n'avons pas la possibilité de contrôler si ce que l'on nous présente comme transmis par une époque, concorde véritablement encore après un laps de temps avec ce que l'on devait nous transmettre de cette époque.

Nous devons aller plus loin. Même si nous avions la possibilité de retrouver sans erreur possible les nuances et les particularités d'une exécution de jadis, non seulement nous ne devrions pas les reproduire, mais au contraire nous en éloigner volontairement en beaucoup d'endroits.

Je ne veux pas redire ici ce que j'ai écrit dans un article (die Musik, année XI, n° 4) : *Au sujet d'une exécution historique correcte de la musique ancienne*, et dans mon livre : sur *l'Art de diriger* ; l'opinion que j'y ai développée est la suivante :

Les générations se différencient fortement les unes des autres dans leurs possibilités de réaction aux nuances agogiques et dynamiques, comme dans leurs facteurs harmoniques, et chromiques (Koloristisch) ; il en est de même de leur Art d'exprimer leurs sentiments par les sons. Il en résulte qu'il faut substituer aux effets par lesquels un compositeur ou un interprète obtenaient autrefois une impression déterminée, d'autres effets si l'on ne cherche pourtant qu'à obtenir une impression similaire.

La tâche d'un artiste-interprète est de savoir découvrir grâce à un organisme approprié ce qui en toutes choses influencera son auditeur, selon le désir du compositeur, et de rechercher chaque jour, après un nouvel examen des moyens artistiques dont il dispose, non comment il exécutera la note écrite, mais comment il réalisera les intentions de l'auteur.

Il parait tout à fait naturel aujourd'hui que la scène soit toujours à la recherche d'un nouveau style et l'on admet généralement qu'une interprétation des maîtres classiques à l'image fidèle des premières représentations ne serait pas possible.

On se gausserait de l'acteur qui se risquerait à déclamer Gœthe ou Schiller dans le style de la vieille école, c'est-à-dire comme la tradition le demanda jusqu'à l'apparition de l'école naturaliste.

Ce n'est que du musicien qu'on exige qu'il interprète fidèlement à la manière de ceux qu'interprétèrent avant lui ; il ne fera alors que se figer dans une tradition dont nous sommes incapables de juger le rapport réel avec la véritable pensée des auteurs.

Si ainsi que nous l'admettons, on laisse à l'exécutant la faculté de manifester ses sentiments, il est évident que l'on se trouvera alors en présence d'une extériorisation intellectuelle et artistique de sa personnalité qui ne pourrait pas être la seule résultante de son savoir technique, mais celle d'une pénétration profonde dans la pensée de l'œuvre et d'une très libre manipulation de ses divers éléments.

On pourrait évidemment rechercher, et on n'y a pas manqué, des directives pour marquer les limites esthétiques permises à ce procédé ; mais elles sont bien trop fluides et subjectives pour pouvoir sous une forme quelconque devenir le critère d'une promulgation de loi ; c'est pourquoi je considère comme impossible dans la pratique la proposition de Schmoschewer consistant à accorder le bénéfice des droits d'auteurs à l'artiste dont l'interprétation serait si purement personnelle qu'on pourrait ayant devant les yeux l'œuvre originale, la considérer comme un arrangement ou une adaptation.

On ne pourrait jamais, même en faisant juger le cas par des compétences, savoir si ce résultat est atteint ; cela, parce qu'en l'espèce, il ne s'agirait pas d'une différence fondamentale, mais de variantes graduelles.

Ce n'est pas dans les cas extrêmes, là ou des divergences d'avis sont impossibles que l'on juge si un critère est ou non utilisable, mais dans son application aux cas-limites.

Je ne méconnais pas que des objections théoriques pourraient être opposées au principe de la légitimité d'un droit d'auteur au profit de l'artiste-interprète ; mais leur énumération ne serait pas à sa place ici ; les lois doivent répondre à des nécessités pratiques.

Lorsque nous nous rapprocherons dans ces cas concrets d'un cas-limite, celui où la performance individuelle artistique particulière n'apparaît pas, il sera évidemment inutile d'essayer d'en estimer la valeur, la protection par le droit d'auteur ne saurait être envisagée là où il n'y a rien à protéger.

Aucune fabrique de disques ne ferait enregistrer de morceaux par des artistes dont l'interprétation ne sortirait pas de la banalité courante, pour la raison bien simple qu'elle ne pourrait en espérer aucun profit commercial.

Lorsqu'on a interdit le vol, on n'a pas songé qu'à la protection des gens possesseurs d'objets de valeur, mais on a voulu protéger la collectivité, dans la conviction que là où il n'y a rien à prendre, le vol s'arrêtera automatiquement et que le résultat sera le même que l'on interdise ou non de voler.

Introduire une désignation précise comme le suggère Schmoschever serait ajouter au droit d'auteur, une sorte d'estimation des valeurs, qui en fut jusqu'à présent intentionnellement écartée parce qu'elle ajouterait un facteur incertain à la loi, c'est-à-dire à la Convention de Berne.

La plus piètre composition, la plus mauvaise œuvre littéraire bénéficie de la protection du droit d'auteur. Pourquoi en serait-il autrement pour la performance de l'artiste-exécutant, dès qu'il s'agira de concéder à celle-ci, sous la garantie de certaines conditions préalablement remplies, la protection d'un droit d'auteur.

Même s'il existait ici ou là, des considérations théoriques à leur opposer, la nécessité pratique et le droit intrinsèque d'une protection de l'artiste-interprète au moyen des droits d'auteurs apparaîtrait puisque le systématique de la Science ordonne de modifier la physionomie des conceptions selon l'état des faits constatés.

De même que les Sciences naturelles amendent leurs lois basées sur l'observation de la nature, chaque fois que des découvertes nouvelles viennent les contredire, de même la science juridique doit compter avec les variations dans le Sentiment du Droit et avec les prétentions de la Vie pratique en perpétuel développement.

Dr CAHN-SPEYER.

RAPPORT SUR LE THÉATRE BRÉSILIEN

PAR PAULO DE MAGALHAES
DÉLÉGUÉ DU BRÉSIL

« *M. le Dr* Paulo de Magalhaès, *né à Rio de Janeiro,* Brésil, *le 22 janvier* 1900, *vice-président de la Société Brésilienne des Auteurs dramatiques, directeur de Théâtre,* critique du journal A Patria, *de Rio, docteur en Droit, auteur de nombreuses pièces fort applaudies, a visité, déjà plusieurs fois, en mission littéraire, la France, l'Angleterre, la Belgique, l'Italie, l'Espagne, le Portugal, l'Argentine et l'Uruguay.*

Représentant le Brésil au Congrès de la Société Universelle, *il a rédigé la très intéressante communication suivante :*

Le *Brésil,* encore mal connu en Europe, bien qu'il soit le plus riche, le plus important et le plus grand de tous les pays de l'Amérique du Sud (8 millions de kilomètres carrés et 40 millions d'habitants, avec des villes comme *Rio de Janeiro* (2 millions d'habitants) considérée *la ville la plus belle du monde* par tous les étrangers qui la visitent ; *Sao Paulo* (800.000 habitants) ; *Bélem* 350.000 habitants ; *Recife* (350.000 habitants), etc., etc., reçoit une influence directe et décisive de la culture française.

L'idiome français — obligatoire dans tous les collèges du Brésil — est tellement courant que la vente des livres français dépasse celle des livres brésiliens !

Cette influence se fait sentir également dans le théâtre brésilien, et on peut dire que les pièces brésiliennes, en général, sont du type des pièces françaises.

COMPAGNIES THÉATRALES ÉTRANGÈRES

Le Brésil accueille chaque année, en moyenne, 5 Compagnies françaises de plusieurs genres, 5 portugaises, 5 italiennes, 4 espagnoles, 1 anglaise et 1 allemande.

COMPAGNIES BRÉSILIENNES

En 1927, on compte au Brésil 35 Compagnies dramatiques nationales.

AUTEURS

L'unique Société des Auteurs, organisée d'une façon modèle, fait partie de la Fédération Internationale des Auteurs Dramatiques.

Pour juger de son importance, il suffit de dire qu'en 1926, la *Société brésilienne des Auteurs dramatiques* a touché comme droits d'auteur environ 2 millions de francs.

Je cite de mémoire quelques-uns de nos auteurs actuels les plus renommés :

Coelho Netto, auteur d'une pièce en 3 actes, et qui est une remarquable étude psychologique du paysan du nord du Brésil. Traduite en français, italien et espagnol.

Claudio de Sons, auteur de *Les fleurs de l'ombre*, comédie en 3 actes. Traduite en français, italien et espagnol.

Armando Gonzaga, auteur d'*Etelvine !* comédie en 3 actes. Traduite en français, italien et espagnol.

Gaston Tojeiro, auteur de *Où chante le sabia ?* comédie en 3 actes. Traduite en italien et espagnol.

Je cite de mémoire quelques-uns de nos auteurs actuels les *Vianna, Oduvaldo Viarma, Antonio Fonseca, Abadie Faria Rosa, Martin Fonte, Amadeu Amaral, Alvaro Moreyra, Hector Modesto Rafael Pinheiro, Marques Pinheiro, Gomes Cardine, Affonzo Schmidt, Oscar Lopes*, et dans le vaudeville : *Bastos Tigre, Marques Porto, Luis Peixoto, Carlos Bittencourt, Cardoro de Menezes, J. do Patrocinio Fillis, Ary Pavao, Domingo Magarino, Joracy Camargo, Affonzo de Carvalles*, etc.

Parmi les auteurs disparus, il faut nommer : Arthur Asevedo, Moreira Sampaio, Paulo Barrets, Abdou Milanez et Paulo Gonçalves.

Parmi les auteurs lyriques et compositeurs du passé :

Carlos Gomes, nom célèbre au monde entier. Auteur de *Il Guarany, Salvatore Rosa*, et de beaucoup d'autres opéras fameux.

Parmi les vivants : *Henrique Oswald, Guiomar Novaes, Villaolobos, F. Braga, A. Republicano*, etc.

ARTISTES

Le Brésil possède des artistes dramatiques dignes de jouer dans n'importe quel pays : *Leopoldo Froès*, créateur de presque toutes les traductions de pièces françaises, *Procopio Ferreira, Jayme Costa, Christiano de Sousa, Manoel Duràes, Joào Barbosa, Atila de Moraès, Antonio Ramos*, et parmi les femmes : *Apolonia Pinto, Italia Fausta Ivacenia de Alencar, Abigail Maia, Lucilia Pères*, etc.

Tous ces artistes savent le français et peuvent jouer dans cette langue.

LA MAISON DES ARTISTES

La *Maison des Artistes*, du Brésil, fondée il y a plus de 10 ans, est, semble-t-il, une association unique au monde entier.

La *Maison des Artistes*, du Brésil, secourt tous les gens du théâtre, de toutes nationalités sans exception.

Il n'est pas nécessaire d'être associé: il suffit d'appartenir à la profession.

La « *Maison des Artistes* », du Brésil, possède un grand hospice, construit spécialement pour les gens de théâtre vieux, malades ou pauvres ; une grande bibliothèque ; un grand bureau de renseignements ; une section de secours à domicile ; une section médicale et une autre juridique ; des succursales en toutes villes importantes du Brésil. Elle a des délégués dans toutes les villes où existe un théâtre.

Aux gens de théâtre de toutes les nationalités, la *Maison des Artistes* du Brésil paye le passage de rapatriement dans leur pays d'origine, en cas de misère.

Telle est, dans ses grandes lignes, l'organisation de la *Maison des Artistes* de mon pays. Je me permets de l'indiquer comme exemple pour les Maisons de Théâtre que la « Société Universelle du Théâtre » voudrait fonder chez les nations adhérant au présent Congrès.

Il faut faire, tout simplement, ce que nous — gens du théâtre du Brésil — nous avons fait chez nous.

Au Brésil, voici comment a été créée la *Maison des Artistes*. Un jour déterminé, tous les théâtres ont fermé, sauf le plus grand. Tous les artistes de tous les théâtres de Rio ont pris part au spectacle qui a donné un bénéfice d'environ 300.000 francs !

Ensuite, grâce à des donations particulières et à une subvention annuelle du gouvernement brésilien la *Maison des Artistes* est devenue l'admirable institution qu'elle est.

Pour l'entretien de la « *Maison* » sont données, chaque année, trois grandes fêtes après minuit, c'est-à-dire après les spectacles. De plus, nos *vedettes* versent, facultativement, de fortes sommes mensuelles.

Les autres artistes contribuent tous plus ou moins aux dépenses. *Ceux qui ne peuvent pas payer ne sont pas des associés au sens littéral, ils n'ont pas le droit de vote. Mais tous sont accueillis dans la « Maison », en cas de maladie ou de misère ; tous ont droit d'aller finir leurs jours dans l'hospice des artistes !*

Voilà ce que je puis dire d'une façon très résumée et même très incomplète sur le théâtre brésilien, pour ne pas abuser de l'hospitalité qui m'est offerte dans le procès-verbal du Congrès de la Société Universelle du Théâtre.

Paulo de Magalhaès.

Paris, 24 juin 1927.

TABLE ALPHABÉTIQUE
DES NOMS

TABLE ANALYTIQUE

www.ingramcontent.com/pod-product-compliance
Lightning Source LLC
LaVergne TN
LVHW010959180726
843502LV00004B/1251